江冰◎著

岭南乡愁

LINGNAN XIANGCHOU

广东高等教育出版社
Guangdong Higher Education Press
·广州·

图书在版编目（CIP）数据

岭南乡愁 / 江冰著. —广州：广东高等教育出版社，2021.11
ISBN 978 - 7 - 5361 - 7137 - 4

Ⅰ. ①岭…　Ⅱ. ①江…　Ⅲ. ①散文集—中国—当代　Ⅳ. ① I267

中国版本图书馆 CIP 数据核字（2021）第 215300 号

岭南乡愁
江　冰　著
陈国梁　图

策　　划　黄红丽
责任编辑　靳　辉　曹容娟　曾广博
责任技编　吴练武
责任校对　彭翠颖
营销总监　姚永清
鸣　　谢　郑伟聪、邱丽芳伉俪

出版发行　广东高等教育出版社
地址：广州市天河区林和西横路
邮编：510500　营销电话：（020）87554153　87551436
网址：www.gdgjs.com.cn
印　　刷　佛山市诚铭印刷有限公司
开　　本　787 毫米 ×1 092 毫米　1/16
印　　张　17
字　　数　369 千
版　　次　2021 年 11 月第 1 版
印　　次　2021 年 11 月第 1 次印刷
定　　价　58.00 元

序

湾区文化的书写者

章以武

十年前，参加广东省作协的研讨会，江冰进入，我眼睛一亮，温润如玉，风度翩翩，笑口盈盈。何方人士？旁边友人告知，他是广东财经大学人文与传播学院的院长，也是年过五十的人了。我思忖，多少岁不重要，看起来多少岁很重要。

后来，江冰的各种信息频频传来。

“这座城，把所有的人都变成广州人！”

金句！

江冰是“外来客”，在江西有“文坛三剑客”之称。他对广州如此深情！将广州的开放、包容、强大概括得这般贴切形象！

后来又知晓，他是中国小说学会副秘书长，也是多类评奖项目的评委。他对广东的作家情有独钟。对支撑广州文学半边天的女作家张欣的小说，他热情推介；对有“深圳叙事野心”的小说家吴君的作品精准褒扬；对低调美丽的女诗人陈美华的诗甚是惊叹；对粤派批评领头羊陈桥生的学术著作《唐前岭南文明的进程》发表意见，那是开拓了岭南文化研究的新边疆啊。江冰的评论口味宽而杂，东辣西酸皆有兴趣，都能共鸣。最近他的新书散文随笔《老码头》可佐证。

因天赋禀异吧，江冰口才一流，出口成章，当然离不开文化视野的宽广。中外名著、地域文化、书画神韵、酒仙茶道、青砖黛瓦、唱咏声线，林林总总，都能说得头头是道，抵达人的心间！为此请他做各种讲座的络绎不绝，各地作协、社科联、图书馆，还有文化大讲堂、文学下基层，等等。为何如此受青睐？名声在外，滚雪球，杂得亲切。还有什么诀窍？有！

读厚厚的书，跟你说浅浅的话！真功夫。

江冰红尘练心，修行不在庙里，而在民间的日常世俗里。不是吗？江冰是美食家，不仅为口福，更是为把粤文化的精粹之一美食介绍给大众。客家的酿豆腐、东江盐焗鸡，潮汕的香煎蚝仔烙、冷冻剥皮牛，广州的银记肠粉、干炒牛河、芝士焗龙虾、鸡枞菌蒸排骨，听了都让人齿颊留香。江冰深知人生就是各种感觉的寻觅。他把美食的兴趣注入使命感了。食在广州，可缓缓归矣！

在广东文坛，小说高手、散文大家、学术精英，多矣，尤其诗坛兴旺发达，诗人多得都做成自己屋子里的君主了，开心就好啊。然，一年四季总在风里跑，讲心不讲金，眼观八路，热烈拥抱生活，段位高级的杂家，少之又少。江冰是一个！该赞赞啰。

（原载《广东文坛》2020 年 8 月 10 日）

目 录

岭南之南：广府炊烟袅袅

岭南之北：古道雄关豪迈

岭南之西：秦汉风云越两广

岭南之东：山海间有文脉商道

岭南美食：茶盏间最浓的乡愁

岭南之南

广府炊烟袅袅

我的乡愁犹如一张拼图

童年记忆里的故乡

福州，我长大的城市，我视为童年记忆故乡。如果梦中出现祖屋，那是一座被大榕树覆盖的小楼，东街口与南门兜之间，白山与乌山之间。还有更久远一点的福州远郊马鞍军区大院，红砖宿舍楼，大门有兵哥站岗，田野有农伯耕地，山坡有军事战壕，山顶有雷达基地；楼后是野山环抱，春天摘桑果，夏天偷石榴，秋天扒杨桃，冬天打松果，前后楼养鸡，顺带种玉米。幼年遭遇“文化大革命”：摸爬滚打，南征北战，男童斗殴，女娃吵架，停课闹革命，冲击大军区，世间武斗，硝烟弥漫，儿童世界，依旧疯狂玩耍。骑车冲大坡，猫身钻水道，石头战打破脑壳，学游水掉进池塘；男孩女孩界限分明，却在有月亮的夜晚，一块玩红军抓白军，女孩尖叫，男孩骄横，胜败终止于女孩全体逃进女厕所。家家大门敞开，捉迷藏躲猫猫没有禁区，无邪的童年，就在马鞍军区大院，就在铜盘小学，就在福州城边。

小吃味道中的故乡

我对广州濑粉特别喜爱，第一次遇到，有一种久别重逢的感觉——仿佛老友重逢。而我才来广州十年，为何如此？难道那小小一碗的濑粉中藏着童年，藏着家乡？藏着某种神秘的召唤吗？细腻粉质的大米制品，加入海鲜和其他荤味，熬成一锅，可口鲜美，十足小吃风范。一回看电视节目介绍福州小吃锅边糊，突然醒悟童年记忆顽强，福州城的锅边糊与广州城的濑粉之间有某种相似性：米粉类、汤呈糊状、海鲜味道、滚烫入口。说实在的，我在福州长大，虽然离开三十多年，曾经也就回去过一回，但童年记忆始终盘旋不去。而濑粉其实就是广州的米粉，这又让我回想起南昌炒粉——当地的早点加名菜。肉丝豆芽黄芽白菜梗加辣椒，铁锅大火快炒，师傅边炒边用锅铲下料，锅铲一敲锅沿，佐料爽快进锅，哐哐哐！动作麻利，眼花缭乱；铁器相撞，声音悦耳。南昌，我生活了十多年，炒粉炒田螺是最深的印象。小吃里的故乡记忆，原来也是可以延续叠加的，一如广州濑粉、福州锅边糊、南昌米粉。在深圳还待了五年，记忆匆匆，恐怕与没有特色小吃多少有关。所谓乡愁，常有童年味道相随。

父母居住地即故乡

20 世纪 70 年代，我的军人父亲由福州调往江西吉安。我从知青插队的福建转到吉安，翌年恢复高考，即离开吉安到南昌生活。父母居住的城市也就成了探亲的地方。一晃四十年，直至今年父亲去世，似乎都没有真正了解那座城市。我最后离去时写道：告别一座老城，告别一条小街，没有祖屋，没有亲戚；远处有百年老酒飘香，近处是匆忙崛起楼盘，熙熙攘攘的居民，往复着开门七件事的庸常。一个人的逝去或远离，只留下相识不久的邻居的几声叹息，没有街坊间的记忆，少有熟人的面孔，老城十年前就被重组，青年时代的回忆，徒留一盘炒米粉一坛瓦罐汤，难道食物记忆最顽强？走到小街尽头，默然伫立十秒，告诉自己，告别了——父亲居住的城市，几无牵挂，唯有怀念。这个故乡其实是记忆淡薄的，但又是父母生活了半辈子的地方。

乡愁似一张拼图

福州、吉安、南昌、深圳、广州，随着年龄和阅历的增长，我的故乡地盘在叠加中扩大。也许，这在当下中国已然成为一个广泛现象，尤其是那些颇有游子气质的家族。没有故乡的游子，在城市里的漂泊感将日益加深：祖籍地遥远了，出生地淡漠了，成长地换了若干城市场景。生存的四处漂泊——故乡于是有了第一第二第三。其实，全看情感依恋，全看父母根系，倘若无有，倘若淡忘，故乡二字就可能被悄然抹去，就像儿时的蜡笔涂画被白色覆盖，覆盖了，也就空白了。反之，我又奇异地愈加迷信：大至地域小至生活空间对个人无可置疑的影响，每个人都是那个地域那个空间里生长的一根青藤，一旦机缘相遇，一旦生命相连，哪怕短暂，即刻呈现差异性——那么鲜明，那么不可调和，背后依稀可见青藤生长的本土。那么质感，那么坚固！全球化尽管惊涛骇浪，本土依然如千年磐石，屹立不动。明乎于此，我心自安：有情感维系处即故乡，有记忆依恋处即乡愁。无论她是唯一或多个，抑或如我构成一个拼图。色彩斑驳的乡愁拼图啊！

人生短暂
如夕阳西下，若
人做了什么、想
芸芸众生大多沉
史铭记不至于
我的乡愁

如白驹过隙，世事苍茫
年代又为谁记得我们这一代
什么呢？历史大书下笔太狠，
，吹为他留点笔墨，让历
也无味。
拼图。
2021.10广州

广东：离大海很近，离世界不远

2003年第一次访问开平碉楼，惊叹于碉楼的中西合璧，一座座碉楼颇有些不协调地静静屹立在田野村落，寂寞近百年地讲述着自己的故事。是岭南乡姑错戴了一顶洋帽子？抑或是中国武士穿着一身古罗马盔甲？我当奇迹看。知闻开平碉楼入选广东唯一世界文化遗产，第一个念头：外国评委看重其中西交流的特征。同时心中愤愤：依旧是一副“欧洲中心论”眼光。我的迷惑还在于开平碉楼里看到的两幅放大照片：一幅是北美甘蔗林里戴着镣铐的华人劳工，衣衫褴褛，不堪折磨；一幅是几百名男青年聚集开平码头，准备随海轮赴国外务工，人群蜂拥而至，其表情跃跃欲试。—— 二者给我传达了完全相反的历史信息。难道码头是骗局，镣铐才是苦难结局？

我带着疑惑，开始广州生活。十年后，我在《广州文艺》杂志主持“广州人，广州事”专栏，一做就是四五年，疑惑得以渐渐解开。当历史迷雾逐次散开，一个结论清晰地跃入眼帘：广东，离大海很近，离世界不远。碉楼恰恰是面向世界的物证，中外文化交流的结晶。而两张照片又均为事实，同时展示了历史的不同侧面。“一枚硬币的两面”似无法囊括：一个多边形立体的多面，无数个交错的意外，抑或是并不意外的历史交错。比如海外移民，不同历史时期会呈现出不同情形，甚至截然相反的结局。真是瞎子摸象，各具真理。

这几年“北上广”一线城市成为热点话题，广州地位始终被质疑或“唱衰”。北京首都地位不可撼动，明里暗里较劲的就是上海、深圳，现在又有杭州、天津、重庆等城市，大家都急不可耐地要挤入一线城市，不争面子争口气。近日，一张邮票选了北、上、深、杭四地风景，广州一些文化人不乐意了——我注意到微信朋友圈里一些文化人埋怨：广东本地人“不争气”还不要紧，“不生气”才是麻木。前几日去广州老城荔湾区开会，听句话入耳：从从容容生，淡淡定定活。不过言者倒不淡定，恨不得一抱抱个大金娃娃。网上热文《有一种“一线省份”叫广东》，谈及广东人之淡定——举例为腾讯微信总部落户广州珠影对面的 TIT 创意园。据说当时微信总部连牌子都不挂一个。TIT 创意园我去过多次，平常安静得如中低价位花园住宅区，谁料到卧着一条大龙，身价连城却素面朝天。对于广州人不争的态度，有人认为：老广从不稀罕荣辱，一向处变不惊，既为南大门，有风自来，面朝大海，春暖花开。文化人急，与老百姓关系不大，茶照饮，地球照样转。也有人认为：这恰是广东性格，宠辱不惊，不卑不亢，淡泊自在。

2016 年以来，广东财经大学社会学系师生在顺德乐从镇的鹭洲村与沙滘村，对当地的华侨问题展开田野调查。这种“不放过每一片树叶”的乡村行动，从田野起步，从历史与现实中寻求真相，不受限于当下流行观念，回到历史现场。我惊奇地发现一个事实与一个观念：事实基于爱国华侨资助乡民向海外求生存求发展；观念基于他们对国家边界的多重选择。世界、非洲、生存国、故土祖国，均已纳入生存活动区域，同时亦进入观念视野。

麦博士团队的调查中，有一位华侨引起我的兴趣。乐从沙滘村近代出过一位著名“侨商”陈泰（1850—1911）。陈泰最初在马来西亚挖矿致富，后回到沙滘村定居，他将三个儿子派往南洋、马达加斯加、留尼旺从事贸易活动，还大量资助族人在不同的地区投资贸易。在陈泰雄厚资本的支持下，沙滘村陈氏族人的生意遍布南洋和东非。人员、资金、商品在这个以沙滘村为中心的网络里来回流动。沙滘村也因此成为乐从远近闻名的富裕之村。由此可见，几百年以来，广东人一直向海外向世界流动、移民，谋生存、求发展。可谓“凡有日影处，皆有广东人”。

还有一个例子同样具说服力。即被誉为“中国第一侨乡”的广东台山，她不但在海外移民与本土居民人数的比例上全国领先，而且曾经是最早的国际化区域。台山被称为“小世界语社会”，台山话夹杂英语成为习惯，台山人钱包里装着“万国货币”，历史上曾有台山一县的侨汇收入占全国侨汇三分之一的盛况。还有潮州的侨批、汕头的开埠、广州的十三行与黄埔古港、珠海的容闳、客家的下南洋等，不胜枚举。广东人的视野早就面向大海，广东人的足迹早就遍布世界，所以，他们的目光不会局限于故乡，不会纠结于一时一地的毁誉得失。明白了这一点，也就不难明白广东人特有的从容与淡定。广东：离大海很近，离世界不远。我个人在明白这一点道理的时候，倍感“广东社会”精彩的一面，同时，也将其视作美丽广东文化独特的一份魅力。

那是今晚广州的中秋月吗?

中秋在即，月饼地位下降，柚子热销，广州人最爱梅州客家柚，可惜上市还待时日，闽东平和柚大举入市，举目皆柚，八毛至五元一斤。赤面关公足下，一套船木沙发，厚重质朴，小椅一把，主人要我拿起，沉重不能提动，亦是岭南本土挚爱的传统家私，与关公的青龙大刀倒是绝配。早上吃了江门台山的特产——自家冬蓉月饼，由一丝一丝新鲜冬瓜晒干加糖腌制而成，有山村淳朴味道，有手工自然贴心——遂中秋心愿。广州各酒家月饼，大多太甜太腻太油，被迫敬而远之。感谢台山冬蓉一份清香。

广州的中秋活动大多安排在晚上，文化公园的灯会宣传最有力度。但从微信朋友圈里看微友们的图片分享，番禺、佛山、清远乡镇里的活动，风生水起，活色生香，独具传统风味，淳朴又久远。譬如叶问徒弟郭富的家乡，村宴长桌摆上，草龙蜿蜒顶起；锣鼓铿锵，村民踊跃；香火点燃，传承祝福——那是佛山的舞火龙。譬如清远门口岗村的舞狮表演，狮子富丽堂皇，威武雄壮，两只大眼亮闪闪，仿佛告知观众：我就是吉祥，我就是乡土的期望。在各种展览会、诗歌朗诵会大行其道的当下，我倒是更看重这样的传统民俗活动，因为它们更久远、更诱人，也更具岭南地方特色。

从阅读中得知：月饼竟与胡饼关联，亦是西域外来的。儿童时代乃大陆物质贫乏时代，似乎没有过中秋节的奢侈，部队大院，军事化管理，顶多在食堂黑板上加个二角钱带荤的菜，晚上抬头望月，听大人说几句嫦娥吴刚之类的闲话，印象中也仰头仔细看过月亮，努力分辨哪个是树下玉兔，哪个是被罚的吴刚。回想一下，城市一般家庭吃月饼，似乎从经济复苏的20世纪80年代开始，以后逐年讲究，大约五年上一个台阶，到了2000年后，逐年竞逐奢华之风，中秋送礼接近奢靡，礼盒几乎是以月饼名义，送鲍鱼送人参送洋酒送虫草，据说还有镶金的贵重之物，饼也越做越大，登峰造极，直至八项规定出台。小小月饼，近三十年，实在地演绎国人节庆送礼由简而繁、由朴而靡的交际历史。

夜色降临，我从面向珠江的落地窗努力仰望两次，才看到隐约飘浮在云彩中的月亮。珠江岸边的灯光染红半个天空，中秋月失去了衬托的底色，唉，城里的月亮，只好借微友的图来欣赏：宏大的“小蛮腰”——广州塔，占画面一半，另一半一轮明月当空高挂，圆而明亮。心中忐忐忑忑，那是今晚广州的月亮吗？

鸟语花香中的“本土化”

过岭南进广东到羊城，那是“鸟语花香”之地。“鸟语”指粤语，也称白话，外地诗人称当地人说话像鸟一样歌唱；“花香”指四季如春，繁花似锦。花城广州初春季节，盛大花市近于尾声，而花与果相连，轮到佳果开花登场。常见三种——荔枝、龙眼、芒果，似乎也是一夜之间，挂满枝头，细碎淡白或淡黄，一瞥而过，小花成簇，不仔细看，还以为是满树冠新发出的嫩叶——均是低调且朴素的花，却酝酿着八月夏季绚烂的丰收。木棉花落尽，枝干始发叶，从喧闹到安静，倒欲发显示英雄树之伟岸，默默伫立，等待明年的繁花。此起彼伏，岭南花市从不落幕。

与鲜花为伍的是岭南佳果。进入夏天，佳果登场。除了名头响亮的荔枝、龙眼、芒果之外，小粒成串的黄皮味道特别：甜甜酸酸中裹挟一种异香，不是流行的味道，却带有几分特立独行风范。剥开果皮，轻轻一挤，果肉果汁一起入口，丰满果肉包裹着一颗果核；果肉晶莹，果汁丰盈，果核竟然如未琢玉石般耐看。成串黄皮挂在树上，亦是婀娜多姿，绿叶黄果，随风飘拂，潇洒自

若。岭南佳果中，她属阴柔女子，空灵飘逸一类；每年产量似乎不大，却占有炎夏果品一席。愈是奇异，似乎愈加显示本土特色。

粤人无鸡不成宴，鹅亦吃得风生水起，尤其是广东潮汕。鹅肥体大，肉虽比不上鸡嫩，但粗犷造型，酱香透彻，颇有食肆菜品大将之风，尚存山村旷野气息。羊城郊外乡村老店，古法炮制，更具风味。肥沃大块，嚼劲十足，兼具烤制、焖烧、蜜汁等多种风味，各家不一，均称本土特色。大盘上席，规模宏伟，我食半只，价一百元，亦是盘大肉实。满口肉香，食之难忘呵。一瓢一食，亦是本土。

美食之后，可见民俗。广东人节气祭祀，较内地人突出且明显，颇有章法，坚持不懈，亦成日常。印象中广东潮汕最重祭祀，没料到粤西吴川亦不示弱。近去吴川，无意间进了市郊一村三圣庙，印象深刻。不但庙宇轩昂，而且两进三层，有专人管理香火，供品丰富，却也家常。但令我诧异的是：宗教民间，普泛信仰，包容群神共处，和谐一室。儒、道、佛三足鼎立，民间神各得其所。从前在清远北江边已感受三元归一，不仅儒道相携，而且与佛家亲近。据说此为广东明清两朝宗教合流缘故，是合乎岭南民众祭拜多神有求必应之心理呢？还是地方性思潮浸淫民风？我询住持：为何进门三神端坐，赤面关公居中，白发孔子于右，手拿书本文昌公于左呢？住持答：关公皇叔为尊。我即言：孔子是历代皇帝封的圣人。住持听了，顾左右而言他。我则大惑不解，礼仪尺度何在？看看三楼八仙供台，四仙一排，两排分坐，其中却有孙悟空孙大圣探头出来，不免滑稽，仿佛正剧中插科打诨的角色呢！村中信众颇多，似乎还做饭烧水，有一男子席地而坐，闭眼哭诉什么，旁坐数人倾听，是一种祈祷还是集体安慰呢？居然还有扶乩画符，开了眼界。二楼有北帝、妈祖，三楼供送子观音，看来村民有求必应，各取所需，互不干涉，抑或皆大欢喜，均有衷心供奉，以至人神同欢。四季祭祀，古法不变，广东本土文化底色之一。

吴川在湛江，名头不及雷州半岛，那里有石狗，百越遗存，已列入广东四大文化之一，但其方言独特，民俗殊异，似又独树一帜，并非雷州文化统辖。且自古海河码头，三江汇流。改革开放后，以收废品起家，涉足建筑，多房地产老板。风闻民风剽悍，风俗古旧，重经商，轻读书，对读书人尊敬程度远低于雷州半岛和高州。踏入吴川，询问众人，笑而不答。引我拜访粤西唯一状元林召棠故居，广东文化开发较迟，历史上只有 9 名状元，比起占了鳌头的江浙——江苏 80 多人，浙江 60 多人，是为小户。但道光吴川名声大振，林召棠 38 岁殿试夺魁，一举成名天下知。林家不似雷州半岛土著，乃闽南迁入。据说六世祖钻研堪舆，赴江西学习道法，归乡按风水规划林氏村居。此后家族渐渐发达，科举兴旺，官宦功成者，赐地买田，范围遍及粤西，远至高州，每年秋收，收租获粮，稻米满车，聚集霞街，可谓富甲一方。有经济基础，必有尖端人才，代代积累，世家发奋，终有状元，天下闻名。不过，林状元世评“三清”——清秀、清瘦、清廉，与林则徐清流一路，官运不达，最高正五品，与状元多至宰相，相差甚远。不过荣耀吴川，振奋文风，那是水到渠成。但我感觉文风似乎不如高州延续传统，20 世纪 80 年代后即以建筑地产老板为傲，风气陡转，文脉中断。其中历史缘故，是否值得玩味追究呢？可见俱在广东，看似渊源同一，其实不然。何况本来百越南蛮之地，偏偏有梅岭古道、潮汕沿海、客家南下三股移民力量介入，还有西江、北江、东江，移民流徙，中原士民南迁——又如何不碰撞，不交汇，不变化呢？正所谓历史风云际会，地域气象万千。

广东广州美食，在北方菜衬托下，更见细腻精致。今年夏天去东北，尝上长春地道东北菜。粗犷豪放，粗瓷大碗。一笼蒸老豆腐，铁制汤勺一瓢，辅以豆瓣酱、洋葱末即食，豆香纯朴，但稍显简单；绿豆芽加点韭菜炒粉丝，色相尚可；血肠五花肉煮酸菜，虽然肥而不腻，但用材方式粗放；玉米面成糕，火锅焦煳成一尾翼，分量实沉；完全不经刀工，只用手扯杂菜：叶呵葱呵豆芽呵，长短间，乱纷纷一盘——原态蔬菜，豆酱凉拌。弱在工艺粗糙，或拌或煮；优在形态原初，黄绿杂呈；弱在食材味道少了交汇，无有煎炒炸烹；贵在老家农家、淳朴传统，一个“烀”字，近似大锅干炒焖熟。远离“疏影横斜水清浅”之雅致，亲近“春在溪头荠菜花”之清新。上菜开餐前，居然两位毛头小伙拱手祝福，用小小花轿抬来几瓶啤酒，且辅之锣声响亮，乡村气氛即刻浓郁弥漫。真是“咱爸咱妈地头坑头”，粗瓷大碗浓浓乡情。这样气派，我想一定会让广东风城厨子惊上一惊吧？

日常感受之后，也可以小小提升。网上一个段子说：“北京把外国人变成中国人，上海把中国人变成外国人。”同属一个级别“北上广”的广州呢，我以为“是一个把所有人变成广州人的城市”。也许，你并不以为然——其实你不懂广东人，其实你不懂广州人。温水煮青蛙，滚水泡浓茶；冬瓜薏米煲老鸭，汤汤水水做粤菜。他们看似随和包容，看似低调不争，看似不排外，其实骨子里有一份顽强，有一份说好了是坚守，说歹了是顽固的生活态度——任你风吹雨打，我自岿然不动。这种态度基于日常生活的“闲庭信步”，基于世俗人生中的点点滴滴，貌似不深刻，貌似很家常。仔细体会，广东的民风与内地迥然不同，尤其是被列入“北上广”的广州。注重日常生活，注重感官享受，注重休闲娱乐，注重个体开心。既保有传统生活方式的浓重痕迹，又带有西风熏陶的丝丝缕缕。且别小看这种街坊气氛、街坊气场。风云际会，历史机缘，这样一种生活态度，每每影响天下，镇定全局。比如 20 世纪八九十年代，

由于广东文化吻合了整个时代的民众心理，暗合了一种在广东稀松平常在内地却别开生面的普遍情绪，便成就了一场伟大且意义深远的“文化北伐”：粤语、粤菜、流行歌曲、商业观念，加之“小女人散文”与张欣、张梅都市小说，一道北上，惠及全国。无形中证实了一条经济学的规律：有需求，就会有供应。

张欣的都市小说，从一开始就独树一帜。因为她的目光始终盯着都市——与乡村联系淡漠的都市生活。不似大多数内地作家，表面上写都市，根子却在乡村。张欣笔下，都市的时尚，活色生香；都市的生活，纠葛缠绕，气象万千。注重当下都市，张欣独一份。张梅小说始终浮现一个形象：羊城街坊行走的年轻女子，不一定有大理想的献身精神，却一定有着面对日常生活小事的“恍惚眼神”。即便她的长篇小说《破碎的激情》，也多是岭南阴柔的“小气象”，而有意疏离时代历史的“大格局”。黄爱东西的随笔，更是以“小格局”取胜，来自日常的细微感受，构成随笔散文的“生活质感”和血肉肌理。梁凤莲的长篇小说《西关小姐》也充满了对于广州老街的描写，日常生活中流露的本土热爱洋溢全篇。她们的文字阴柔委婉，接续前辈作家欧阳山《三家巷》的地域传统，与岭南文化有着天然缘分。

文学之外，还有艺术。所谓广艺术家，比较其他省份略有不同，大致有三类：完全本土的；青少年甚至童年迁徙来的；近三十年改革开放以后进入的。他们的创作又可以分为三类：完全本土生长的；本土生长却向北方致敬的；外来入籍却一心向南方致敬的。不过，虽然出处不同，但广东的一个好处是：英雄莫问出处，笑迎八方来客，汇集各路英雄。商场如此，艺坛亦是。第一次在广州市区公共汽车亭广告栏看到许鸿飞雕塑大幅图片，十分震惊，直觉其与广东本土文化具有天然亲切感：务实低调，注重日常生活，专注感官体验。不是纪念碑，亦非民间艺术；不是古典正统，亦非底层草根。不由联想到南宋《货郎图》，但似乎又非同类。她是什么呢？上个月去广东本土雕塑家许鸿飞的石磨坊艺术工作室参加活动，仔仔细细地将“肥女人”系列观赏一遍，慢慢领悟其系列雕塑名扬天下的缘由。恰如专家所言：许鸿飞的“肥女人”不臃肿、不累赘、不丑陋，不但肥而不腻，而且活力十足，有力量、有质感、有勃发生命力。且在美学上突出一种与肥胖臃肿相反的指向：飞动、快捷，乃至轻盈。这些特质又与雕塑人物的天然幽默感、日常喜气感交融汇合——深得百姓喜爱，是一种并不高高在上、接地气、重日常的艺术方式和艺术风格。这一点也暗合了广东本土文化气息，与本土生活态度与方式如影随形。许鸿飞石磨坊艺术工作室里，展览多幅著名画家黄永玉的国画书法作品，珍贵异常。这位已逾 90 岁的艺术顽童，笔墨放肆，挥洒自若，笔下生风，趣味盎然，与“肥女人”相映成趣。什么趣？谐趣。发乎自然，发乎天真。亦可视作广东地域“本土化”底色之一。

今年遇到两位奇人：一是止庵；一是李淼。奇人奇观，余音袅袅，回味悠长。比如，读李淼的随笔，有一种在天空飞翔的感觉：清冽得不无仙气、空阔得不着边际。翻看简介，居然是著名理论物理学家。幸好还有同时代读大学的经历，可以揣测当年音乐学院学生刘索拉一篇小说名扬天下，是如何成为这位理科生跨界文学的一个召唤。老实地说，他笔下的宇宙暗物质，我所知甚少。好在他优雅的文笔，以及文青气质，使我们在诗意的向往上有可能找到共同的兴趣。尽管如此，我依旧对他充满好奇。“弦与空气是这么简单。光落在画布也很简单。”读读这样的句子，你不会觉得美丽中包含着一种玄机吗？在与他对谈的沙龙里，我时时感受他的诗意：他毫不顾忌地坦白自己本质上是一个诗人，他谈如何受到北大校友海子诗歌影响，如何在日本俳句中找到感知世界的路径。读他的《向往另一种生活》，通篇溢满生命的感觉，活跃、明朗、健康、真挚，毫不虚饰……

如果是冬天呢？冬天一定是在广州过的，即使十二月，桂花依然生长和开放，任何一个普通小区里都可以闻到桂花香甜的味道。作为已经退休、全副精力将工作与生活融为一体的人，我并不会体会到晚年的那种秋刀鱼之味。写作之后的饮食环节一定要在餐馆中完成，也许是下午茶吧？饮茶的馆子里坐满了年纪与我相仿的人。直到现在我也说不上一句完整的粤语，这不要紧，广州向来是最包容的城市。

我再次明确地铁定地喜欢上了这种感觉——在弥散和跃动中，能够不经意地一下子抓到事物的本质。像一只悠然游动的大章鱼，触角四散，随波逐流，突然，触角收拢，抓住猎物，一击而中。止庵与李淼，都是跨界的文学人：一个是执业十多年的医生，一个是著名物理学家。他们摆脱了这六七十年以来大陆文学不少束缚与陋习——因为真挚面对世界，所以忠诚一己内心，保持这种与生俱来的感觉。我喜欢，由衷地喜欢。

我的“本土化”思索，就是在这种既弥散又尖锐的感觉中展开的。我宁愿暂时抛开那些学术成规、那些理论框架，而用一己真挚真切的感觉去接近事物的真相，去触摸本土文化的形态，去感知她们的气质，而并非一开始就摊出精神——这个稍嫌庄严庄重的招牌。招牌有可能很大、很显眼，但也有可能遮蔽许多。包括细节，包括那些日常生活点点滴滴。行文至此，仿佛天定，我读到新出报道：刚刚获得国际安徒生奖的中国儿童文学作家曹文轩，在今年香港书展上的一个讲话：“今天，不再安于自己批评家的角色，而一个个争当思想家。我们的文学批评进入了有史以来最好大喜功的时代”，“精微的文本解读几乎没有了”。我颇有同感，深以为然。

中秋游羊城：一条老街一个古村

国庆中秋，小长假，不离广州，逛逛羊城老城老街老村庄。首选恩宁路——广州老城荔湾区著名骑楼街，被誉为“羊城最美老街”，与上下九、宝华路、多宝路等名街相连，是20世纪30年代羊城时尚繁华之地。八和会馆、红声影院、詹天佑故居、李小龙父亲院楼等名胜，均为当年风头。联想到梧州、玉林骑楼，这里是效仿样板吗？风云流散，繁华一梦呵。

恩宁路一侧，西关老店顺德陈添记坐落在一条旧巷，门面破旧，却是西关大屋。老店一向只卖艇仔粥、猪肠粉、爽鱼皮三样。出名的是爽鱼皮，鲮鱼皮制作，切丝后放入雪柜冷冻，佐料为花生、芫荽以及淋上面的酱油芝麻，食之爽口弹牙，既有鱼肉鲜美，又有类似老海蜇的脆劲，风味独特，鱼食佳品。整条小巷站满食客，慕名而来者多打包带鱼皮走，排队买单，坐满大堂，可谓酒香不怕巷子深，破旧趟栊门难掩地道美食。

恩宁路侧的宝华面店亦为西关名店，誉满羊城。30元一碗的鲜虾云吞面，是广州云吞面中的顶级上品，亦为此店最贵招牌。亮点有二：猪肉馅裹着一只鲜虾，有头有尾，鲜活入味；面汤讲究，鲜味在一般云吞面之上，浮着几段韭黄，看似随意，其实衬出暗香。至于细如银丝之细

面，形色尚可，口感却远非面条上品，只能算本地人喜欢的那一口。西华面店，广州云吞面的中南海呵。

恩宁路骑楼街面均在维修，当年商界的繁华气氛荡然无存，似乎唯余几家铜器老店入眼。有全手工打制，手工加焊接，模具浇铸几类。民间艺术，民俗楷模，岭南趣味，文人介入少，说不上高档。我凭直观喜欢，购一罐一壶，有把者俗称“汤婆婆”，古人冬日暖手之物。

八和会馆为粤剧会馆，名扬天下，爱好粤剧者自称“八和子弟”，年年远渡重洋访者众多。附近粤剧博物馆，让我喜出望外：戏台华丽，楼馆巍峨。凡有华侨处皆有粤剧，粤剧南来北往，兼容并蓄，民间趣味，民俗色彩，岭南风格。史载雍正年间：女优颇众，歌价倍于男优。茶楼酒馆，田间地头，红船顺珠江流域水网，四处演出为生：“梨园歌舞赛繁华，一带红船泊晚沙。”一个宫廷，一个文人，两股力量于粤剧似乎影响有限，在不断的民间演出中，粤剧吸收变化成长定型，似乎既无昆曲江南诗文浸润，亦无徽班进京升入庙堂之身价——是这样的吗？我在朋友圈讨教方家。

有当地学者冯穗钧专研颇深，他认为粤剧一向在民间发展，虽不涉宫廷，却涉政治。1854 年艺人李文茂响应太平天国起义，开始了红船子弟的革命传统，随后清廷火烧琼花会馆，粤剧禁演，不过其间改用戏棚官话（桂北方言）演出时，吸收了外江戏的优点，唱腔更加丰富。后来男旦“勾鼻章”为两广总督瑞麟演《四郎探母》时，因扮相神似瑞麟已去世的妹妹，故深得瑞麟母亲喜爱，有此上层路线，八和会馆得以成立，这可能算是粤剧第一次倚靠官府。不过，八和会馆成立大戏《六国大封相》（有人说是专门请与陈梦吉齐名的才子“奉革举人”刘华东编剧，实际是确实由刘编剧，但刘早在1841年去世，此剧并非为八和专门写的），依旧是用官话演出并流传至今。辛亥革命时粤剧涉入政治更深，除了多名艺人加入同盟会，还有演出筹款，不过确实要等到民国成立之后，禁演的政治影响才消退，当时由金山炳、靓次伯、白驹荣、千里驹等名伶发起，粤剧恢复用白话演出，才真真正正算回到民间。而说到“诗文浸润”，不得不提大名鼎鼎的“南海十三郎”，在他之前粤剧的演出用语十分俗俚，难以称雅，后来这个富N代学霸加入编剧界，终使粤剧用词能带诗书气可登雅堂，并影响后辈唐涤生等著名编剧。——朋友圈一时火热，话题弥散，我深深受益。

粤剧博物馆门前朴素无华，进门左转，曲径通幽。回廊尽头岂止一个“幽”字了得？简直是如《桃花源记》般豁然开朗，好一个水榭亭台，不由惊叹！且喜一株杨挑有花有果，十足南粤风采。据说此果没有四季，花开四时不歇，花果轮回不止。与其交相辉映的是香蕉，枝叶肥大，花果亦无视四季，实在劳模！吾独自赞赏，欢喜无以言表。时间有限，不及细看，下次再访。

羊城分河南、河北，其实就是以珠江为界，珠江之南为河南，珠江之北为河北。河南为海珠区，河北是天河区。黄埔古村坐落河南东头，是大名鼎鼎黄埔古港所在地。国庆中秋双节期间举行的祠堂文化节，名头响亮：岭南祠堂文化节——今年第五届，由广州市海珠区文联策划组织。民俗寻游，阵势浩大，非同凡响。岭南本土元素，祠堂活动丰富，色彩斑斓，为羊城节日飘红一角，渐成节庆，名载史册。让原有旅游点的祠堂，成为文化活动点，乃文化节成功之处。尤其是游客参与体验，最受欢迎，看来此为趋势。画展、木雕、草药、剪纸、木刻……其中版画木刻点最佳，画家亲自指导木刻与拓画，体验生动而难忘。有一对老外青年男女，全神贯注练习木刻，似乎已达旁若无人境界。

昨恩宁路购铜器一双，今黄埔村买建盏茶盅一对。建盏为宋代名瓷，其精妙在于陶烧制高温中之曜变斑纹。曜变斑在釉面上的分布最无规律，变化万千。“唯恍唯惚。惚兮恍兮，其中有象。恍兮惚兮，其中有物。窈兮冥兮，其中有精，其精甚真，其中有信”，可谓鬼斧神工，拜大自然所赐，令人遐想，似古琴袅袅余音，美妙不可言传。

艺术一条街，看新鲜看珍品看艺术家的奇思妙想，或有知音；美食一条街，双皮奶姜撞奶猪脚姜，本土小吃风头最劲，时常成为外地游客最后的记忆，有文化的记祠堂记艺术，而有文化没文化的都记住小吃，记忆顽固且深刻。政府行为与艺术市场结合，让艺术家进驻祠堂，或是祠堂文化节有效操作方式。艺术品市场一条街充实旅游内涵，艺术家个体既有画室又可展示，标价出售作品。但我疑惑在祠堂的祭祖功能如何完成？国外学者认为，祖先崇拜是国人唯一信仰。祖先虽亡，亡在肉身，灵魂不去，始终护佑子孙后代趋利避害，吉祥万福。所以，宗祠祭祖乃传统乡村社会最为重要活动。看当下乡村活力，此为重要指标。城市化后，如何维系或有所替代呢？活在陌生人的城里，新的祠堂何在？

徜徉广州：季节轮回之间

老城小巷

广州东山，中西合璧之地，东风西风交汇，既有东方禅宗，又有西方美术，百年气场，羊城氛围，东山少爷，西关小姐。依旧是东山风景，呈现于菠萝蜜成熟的季节。

东山与西关，东山少爷与西关小姐，广州两个城市历史品牌，相映成趣，互有纠缠，因为性别想象，不妨生出暧昧之情，不妨演绎缠绵无尽。时光亦老，东山亦老，街道混杂各个年代的建筑，洋楼精致，却多破败；文革前后的单位宿舍，最为粗陋；新近楼厦，虽然高大，却亦是无装饰少变化、无内涵少美感的钢筋水泥方格石块。一个城市的文化，就在这些断代鲜明的建筑中一步步地颓败下去，内涵抽空灵魂抽空……唯有在墙角年年绽放的水君子、勒杜鹃，以及那几家永不装修的老店，让人略微静心，刹那间忘却人世，恍惚时光百年凝固不动。

读西关遗少材料，背着六榕寺古木制琴，在欧洲寻访琴友。日内瓦湖边安静小镇，远方雪山，面前石头小屋，敲门进屋，墙上挂着八大山人水墨画，胡子花白的欧洲人拿出一张明代琴，两人相对而坐，对弹半日。此情此景，若以影视画面表达，将是何等美妙。《聂隐娘》里有，但大陆作品里少而又少。落花无语，秋风瑟瑟……即便捉对厮杀的年代，我们民族依旧古风不绝；即便战地黄花分外香的岁月，亦非高粱花子一统天下。

广州老城区，旧街小巷，浓郁市井味道，破旧老房子，变化的是招牌上的价格，不变的是走鬼地摊小吃店面。恐怕十元一份蒸笼饭是羊城市面最便宜的价格了，多为街坊生意，所以有免费自助的汤水，货真地道的粤式煲汤，大猪骨煲节瓜。二十五元一斤的红烧猪手，手就搞蹄。比较恐怖的是兔子肉，杀死剥皮现卖，保持屠戮现场，阿弥陀佛。客家豆腐，是我所爱；梅菜肉饼，食饭首选。喜欢一个地方，从喜欢食物开始。美食使人热爱，吃货热爱生活。

凉茶亦是羊城招牌，街坊老住户，无论长幼，只要土著，头疼脑热，首选凉茶铺，铺主半个郎中，一问一答，对症搞定。刚调广州，带学生去西安实习，学生一出火车站，就到处询问：有无王老吉。此为羊城第一凉茶铺。凉茶铺还兼卖龟苓膏、凉粉等，都是祛湿降火的传统食品。老街小吃店，老人与青壮年各占一半，不似内地老人多不在外食饭，但老人与少年有别，老者多食粥与拉皮，后者多食笼仔饭与煲仔饭。

一座城，除了电视塔，金融大厦，大剧院，图书馆，市民中心，她的基础仍在街坊民间，老街的传统小吃，菜市场，餐馆，老楼，居民，构成一个经久不变的气场，代表着一种本土生活方式，无论风云变幻，日出日落，周而复始，从容淡定，自在运行。在街头吃一碗猪红配芋头糕，或西关濑粉配炒粿条，呆呆地小坐，痴痴地观望，想象着老街的前世今生，想象着三家巷民国爱情，虽与我无缘，却心生痴迷……

广州一大好处，尊重隐私，邻居好处。我的一梯四户邻居，除了我均为广东人，平时点头问好，微笑迎人，有困难时，出手相助亦是点到为止，不上门，不深谈，不纠缠，不嫌贫爱富——至少表面不会。也不拒绝交流，交流中自觉回避隐私。

羊城雨后，一派清新，鸡蛋花、白兰花、水君子、神仙果，叶子肥绿，果子挂枝。只是小年的芒果，寥寥无几，与去年的一树热闹构成明显反差，引我惊讶。还是木瓜树皮实，无所谓大年小年，不在乎风寒雨冻，任你四季轮回，我只是层出不穷地开花结果，收了上面的大木瓜，小的接踵而至，仔细端详，那大小木瓜的下面又冒出小花，勃勃生机，从不歇息。据说，香蕉、芭蕉、杨桃等等，均是四季果实，可谓南国一景。

立春

大年初一，享受空城，车稀人少，空旷清静——这个充满移民和乡愁的一线城市。特意坐坐地铁，体验空车。所有司机，享受快车道，如骏马奔驰，几近脱缰。关于春晚，网友吐槽一片，达到南北出奇一致。我则被抢红包游戏抓了关注……首次中途退场。

江面无舟，路上车少，酒吧关门。偶有营业，亦是客稀，寥寥无几，这个老外在此约会吗？近年关，难道新区空城即在眼前？无人空场，寥阔中生出几许寂寞。不过，倒亦是另一番风景……

花城花市行花街，春日助兴，名家送福，亦是例牌节目。可惜控制入场，无法向连登、卢延光索字，岭南书画大家呵。因为飘雪寒冷，鲜花受损，进了花市，才知前几日去朋友大棚购兰花十足优惠，在此一谢。新鲜的是佛前庄严的金莲，颇具神秘；还有小资调浓郁的风信子，清丽可人。总体数量似少于往年。

手机是花市娱乐利器，自拍杆蔓延各年龄层次，与家人朋友即刻互动分享，就是互联网时代连接之意义。谁都是现场记录者。

久不至北京路，意外大佛寺整修，焕然一新，金碧辉煌，在市中心繁华地段有如此大的动作，可见财力雄厚。大道有岸，法力无边。只比得门口的金猴黯然失色，失了几分豪气。这金猴，果然跳不出如来佛的掌心。

转过大佛寺，出花街即是北京路步行街，以北京命名老城街，表明岭南从来都在中原文化光芒之下。不过，小吃却不管那些，兀自保持着古老的称呼：香港撒尿牛肉丸。这撒尿二字源于粤语吗？十多年了，依旧刺眼，真是受不了。还有濑尿虾，也是屎呵尿呵，实在不登大雅。不过嘴巴不饶人，一翻舌头，吃货瞬间缴械投降，还要什么汉语原则？唉。花城美食，气场强大，不能俯首称臣，就老老实实做她的子民吧。

羊城冬天有点冷，游泳馆里亦有点冷。快到年夜饭了，提前一天消耗。自励：游泳使人进步，喝酒使人落后。五花马，千金裘，呼儿将出换美酒，与尔同销万古愁——切记：李白斗酒诗百篇，喝的不是五粮液，农家水酒而已。

立秋

转眼，一年立秋风至，轻盈展翅。多美的句子，宣告炎热结束，然而，这是北方中原的节气。广州的立秋，因为受苏迪罗台风影响，炎热依旧。医院门前大屏幕预告冬病夏治的“天炙”，电视里推荐着心水煲汤——石斛文竹沙参煲瘦肉，小区游泳儿童班如火如荼，荔枝刚下桂圆主打……夏日正酣，酣畅淋漓，直至十月，方有凉风长袖上班日。这座羊城呵，中原节气印在报上，自家节气则在餐厅应季煲汤新换的菜单上，汝毋知吧？

一场秋雨一场凉，这意境刚刚体会一半，太阳就照耀大地，闪烁在花叶晶莹的雨珠上，太阳底下没有含蓄阴沉幽暗暧昧不明，全是明晃晃，全是烈日灼心，没有一丝侯孝贤电影里寥阔的冷调子，不由地想起十五年前在深圳读到的诗句：在没有寒冷没有季节的城市奔走 / 更想在下雪的时候回一趟故乡。羊城，珠三角大抵如此，所以东北籍鲍十、李贺，笔下乡愁浓郁，多少亦是这没有伤春悲秋季节惹的祸，张欣、张梅小说景象无悲凉之状，黄爱东西的四季弥漫日常情调，花开花落总与煲汤相连。我散步的路上，香蕉、木瓜开花结果，周而复始，哪有四季消长？阳台的勒杜鹃亦是向阳盛开，一茬一茬，烈日愈盛，花愈怒放。这个入了秋的广州八月底，唯有夜晚凉风传达些许秋意。闹心事两件：开学啦要忙碌，年轻同事发图诉苦；散步路上一棵白玉兰树无端枯萎，立在绿色葱茏之中，更显无人过问的悲苦。这些大概亦是我——广州悲秋心绪吧？

越秀区开会，进小巷，意外见到状元桥。虽然四周高楼挤压，依旧有涌流一条，中学倚桥，牌坊支撑；新亭一座，名甘泉亭，可惜匾上无章，亭柱无联。好端端仿古，却无相当内容，不禁惋惜。请教百度，广州有五座状元桥！吓一跳，坐下细看，方知此座与明状元有关，实在大有来头。立起四望，为何修桥建亭，水淌清流，却不留下碑石刻字，唤醒记忆？

羊城老城区与新城区之区别，除了历史建筑所蕴含的传统之外，就是遮天蔽日的大树了，枝繁叶茂，高大成排，护卫老街旧巷，衬托老房子的沧桑。时间，有时候就是最好的艺术家，雕刻历史，沉淀时光，赋予底蕴，塑造一座城市。没有老街老屋老店老树老城区，城市再这么现代，也不免轻浮苍白。我喜欢老城。

午后阳光，一个人午餐。热爱本土，寻找老店。简陋门面，餐桌塞满直至小街。意外发现门外老墙前有一座位，安坐如棋。在十多个品种的荷叶蒸饭中享用我最爱的梅菜肉饼。辅以黄豆酱、生抽、老醋、辣油，细品梅菜逗引的肉香，梅菜内部交汇，酱醋外部包围；白米饭下，大片荷叶居然新鲜，清香犹在。分量足够，味道鲜美，仅十元，价不贵。店里店外一片粤语，都是街坊。一桶紫菜蛋花汤，大碗自取。面对老墙，遥想羊城先民，一千年之前，大概就食这样的肉饼这样的蛋汤吧。

久不见阳光，格外耀眼。羊城周末，大街车少人稀，老街旧巷却是人声鼎沸。沙园市场，抓我眼球的是那些没吃过、很少吃，或永远不敢吃的生猛食鲜，山珍海味，应有尽有，见所未见，却直接上市民餐桌，淋漓尽致，鲜活生动。

端午

羊城扒龙舟日子，城里城外忙着起龙舟，从水塘掩埋的黑泥里抬上岸，清洗上油，焕然一新，准备重新下水，进入比赛。木棉花开过，芒果花消失，盛大花季正式开启，或有香或无香，或灿烂或素雅，主角恐怕是凤凰木，红花满冠，耀眼以至辉煌，还有许多叫不出花名的角色，甚至奇异到近于妖，这大概是亚热带的一个特色吧？花绚烂至极而妖，勾人魂魄的妖，实话说，有的亲切喜欢，有的心生惊悚，细细想想，也一时糊涂：妖的界限在哪里呢？

端午晨起，去近处菜市场买艾草、菖蒲，寻找未见，只好下载图片以遂心愿。古人形容艾草，“端午时节草萋萋，野艾茸茸淡着衣。无意争颜呈媚态，芳名自有庶民知。”可见其味道虽然清淡寻常，百姓却是喜欢。菖蒲叶子又直又尖，形状类似宝剑，又呼“蒲剑”，有端午节“手执艾旗招百福，门悬蒲剑斩千邪”之说。观张择端《金明池争标图》，原来北宋汴京亦有龙舟竞赛。我去开封时，见过城内湖塘，并不开阔，但据说当年水师练兵处，军舰布阵，声势浩大。千年之前，中原黄河流域水量充沛，皇帝亲观龙舟，民间当有民俗基础。遥想北宋端午，京都又是何等壮观。只是不知龙舟盛况，在广大北方维持多久，又有多么辽阔的地域呢？而我原本以为，端午节遍神州，而扒龙舟却是南方浩荡水

势专利呢！

作家张梅说，感谢屈原老先生用生命为我们换来了一天假期！放假是很好很好很好很好的纪念方式，我们还想以同样的方式纪念：孔子、孟子、庄子、韩非子、曹操、刘备、孙权、诸葛亮、李白、杜甫、苏轼、白居易、刘邦、项羽、康熙、雍正、乾隆、孙中山等365位历史名人。

端午节在广州被直接称呼为“龙舟节”，今年首次实施三天假期。这几日，连天大到暴雨，可谓端午水涨扒龙舟。羊城节日亮点也就是扒龙舟。值得一说的是它的民俗色彩，唱主角的不是政府而是村庄，准确地说是大广州这个一线城市的城中村对传统之延续之承传。清末民初，广州古城墙里的老城区域不大，盘踞如今珠江两岸偌大地盘的都是有年代的村落。这些村落大多拆迁，居民上高楼，宗祠盖新屋，好的留条老街，差的痕迹全无。但老村河涌尚存，于是龙舟藏身冬眠处还在。比如，我住处对岸的猎德村，数排三十层以上的村民大厦对着猎德大桥，新建宗祠广场前的河涌连接珠江，龙舟大概就是从那里启动。印象深刻除了珠江水面锣鼓喧天，火炮齐鸣，呐喊声浪外，就是媒体报道龙舟如何从水里抬出清洗上油，竞赛后又如何再次沉入水中等待来年重出江湖，伴着一起一落的种种仪式，以及村民百家宴、龙舟饭等等，我有一种神秘敬畏之感，仿佛神明自然召唤于隐约之中……

步行北京路，寻找老城故事

“是是非非地，明明白白天。”天下城隍庙分四等级，都城隍统管省府。进大门梁上悬一巨大算盘抢眼，仰头细看，较日常所用算盘，上格少一行珠子。道长告知：人算不如天算。

猛然见到如此年轻俊朗的道长，精神一振。道长笑容可掬，自言毕业于中山大学，西关人。一下拉近距离，让道教走下神坛，步入生活。讲解亲切生动，热爱之情溢于言表。

正厅有世界最大铜版画，男女阴阳，男女有别。东墙为男：盘古开天地，三清端坐于下。西墙为女：女娲补天居上端，下为玉皇大帝。文昌帝君坐东墙画前，管学业。

斜对月老新君管姻缘，求佳偶。南汉国王坐正中，衣冠南渡，太平一方，护国佑民，得一方百姓拥戴，奉为羊城神明，即城隍爷。大厅五进制，五根柱子南北纵向，此为皇帝御封。

左右城隍爷为百姓尊奉的清官，右边城隍爷为大明忠臣杨继盛，左为海瑞。城隍庙即是城市佑护平安之地，亦是道教之宫。汉至明，道教均为国教，儒家对官员，释家对百姓。都城隍庙有木雕石雕砖雕，还有灰塑陶塑，各有讲究，岭南特色。致美斋，南国酱宗，1608 年开始生产，没吃过致美斋不是广州人。

同行者多为地道正宗广州人，广州成长。纷纷回忆童年打酱油，大缸盛油，竹筒卖油。故土老店，异常亲切，忆旧话语滚烫，让在军队大院长大、远离街坊、永远异乡人的我羡慕不已——有故乡且一生不离，多好！

北京路，自古官道，东哥开讲，言之凿凿：原来这里是一个大湖，连着南越王宫；不远处天字码头，各个朝代的总督来广州，必乘船上岸从官道到城隍庙。北京路地下有十一层不同朝代的路面，乃老城中心。

东哥详说：北京路在五代十国南汉朝时有一个西湖，是皇家宫苑，现只剩下教育路九曜坊遗址，内有池塘和若干太湖石，整体建筑当年被末代王刘鋹所焚。刘家几代皇帝皆为暴君，但不影响刘龑神像稳坐城隍庙正中位置几百年。

活动发起人李老师，深情怀念父亲李瑞然：我做中学老师的父亲拍了四万多张照片，记录羊城变迁，80 多岁还上街找景，被誉为“羊城草根摄影第一人”。走在父亲生前拍照路上，讲述往事，有点激动……

流水井，其实是一条书院街。清时各姓祠堂接待来省会考试的本族学子，学子骑白马进城，到此下马休息，马渴饮水。

清官府不许汉人在城里建祠，恐聚众造反；广东人聪明，做成了书院，掩护祠堂。名记者富哥对老城如数家珍。

据传南越国王赵佗长寿至 104 岁，乃羊城第一食客吃货，大龟大蛇，珍禽奇兽，无所不食。宫殿遗址考古，发现巨大龟壳，可见喜食。岭南自古深通食疗养生。故步行内容之一为寻城揾食。

南越王墓中发现的食物种类繁多：蛇、黄牛、家猪、家鸡、山羊、水鱼、龟、黄鱼、广东鲂、虾、鲤鱼、河蚬、青蚶、禾花雀等，琳琅满目，食谱甚广。可见，食在广东确有渊源。

第一站广州非遗老店——盲公刘南乳花生，广州百年小吃，四代传承，正宗老味道。承传人明哥去过新加坡见大世面，中年返穗，接手老店。明哥本事名声遐迩，资深饮食业咨询顾问，若名医诊断，三个月不赚钱不收咨询费。

第二站阿姨牛杂，据说北京路一带味道最正。竹签为筷，食之叫好。牛肠牛肚嚼劲，最喜喉管爽脆。虽非大碗喝酒大块吃肉，却是岭南味道，淳厚质朴，耐人寻味。牛杂不同，口感殊异呵！

活动收尾于老茶楼，体味广州老城茶馆风景。茶楼妙在以老广州街坊门铺为墙，瞬间回到老城旧时光，恍惚悠然，满满穿越感。

一盘鸳鸯鸡先声夺人，白切鸡、豉油鸡各半，一浅一深，色泽分明；五柳蛋，养眼可口，酸姜酸笋加入，做法讲究；小汤包、牛肉丸、叉烧拉肠，各具风采，均有来头。

近距离见全媒体达人广东电视台的金玲，手扶神奇摄影架，上安三台手机，同时摄像，直播活动现场，轻声解说，随时互动。全副披挂，火力正猛。快手抖音，追捧者众。

北京路文化步行，触摸广州肌理，见识民间达人大咖。夫子曰：三人行必有吾师。真切！实在是卧虎藏龙，高手在民间。

弥足珍贵还有步行者情怀一致，民间传统文化不可绝传于我们这一代。习之传之，知行合一，身体力行，为羊城添彩增光。

春天，从城里到郊外

头号顺德菜“捞起”：主角猪肚丝，富有内涵的肉香，在嚼劲韧与脆之间变得耐人寻味，并不过火烹油，而是素面朝天，妙在四周佐料围绕：姜丝、椒丝、洋葱丝、榨菜丝、芋头干丝、红白萝卜丝，加些许花生米、腌辣椒，淋几滴香油、蚝油、红椒油，装盘清爽靓丽，色相清秀可人；充分搅拌后，肚丝如众星拱月，大放异彩。捞起捞起，一如美人出浴，妙不可言；口齿生香，食之难忘。

广州越秀区，广府居民原点。穿过石板路老街，早餐热气，怀旧情调隐现。老城先人亦是这一粥一粉吗？咸骨菜干粥，荤素搭配之典型，咸骨与大米熬制，辅以本地菜干，再点缀黄豆，肉香米香菜香豆香融汇贯入，暗香浮动，舌齿弥散。一粥入口，通体舒畅。狭小店面，低矮阁楼，竟然亦是顺眼舒服。

少开火，少做菜，只为逛逛菜市场。走过甜品店，学老广喝碗杏仁糊芝麻糊红豆沙绿豆沙。红豆沙里加陈皮，绿豆沙里掺海带。食疗无处不在，不禁追问：药材入食如何形成传统？源远流长。潮湿烦热之地，并非广东一处。但唯有老广愈演愈烈。缘由何在？缘起何时？一时惘然。

雨中花都。山坳中，油菜花成片。花都，划归广州，城外一个区，梯面为山区。梯面地名入眼，心头一动，浮想联翩：天梯、梯田、高山、高地……此名何时诞生？似顺德逢简：千里相逢，简约之美——可谓诗意盎然，三生三世十里桃花，平添古诗词典雅之美。

访范仲淹后人山居。农庄春雨不止，淅淅沥沥；山间云蒸雾绕，朦朦胧胧。桃花沐浴，刺桐挺拔，黄花风铃木自在潇洒。她们虽无油菜花阵势，却如山间高人，孤高清傲，各具风姿。还是农舍天井瓦檐水珠亲切，坠落成串，滴滴答答，悦耳动人。淋湿母鸡一只，咕咕护住鸡崽；三条大狗，乖乖绕膝乞怜。农家茶、农家饭、农家酒，闲坐话范公。

广州郊区从化，流溪河畔，青山连绵。徒步十公里，阅尽春色。桔林十里，桃花十里，更有李树十里。青笋破土，毛竹满坡。靠山吃山，竹筒饭就地取材，青竹截断，凿一方盖，内置大米腊肉排骨，荷叶加盖，置铁架上大火烧烤，竹筒烧黑，肉饭飘香。入口软糯，腊味有嚼劲，米香荤香，完美融合，比起砂锅饭的醇香更多一份竹子的清新，油而不腻，回味无穷。

从化大盘鹅，再次挑战我的美食记忆：羊城深井烧鹅、黄埔古法烧鹅、清远田螺煲鹅、潮州澄海卤鹅……大盘鹅出场，气度不凡，大将风度，首先盘如开口小盆，其次鹅块排列如阵，最最要紧的是本地肥鹅隔夜腌制，卤料充分渗透，既牢牢锁住肉香，又保证了鹅肉的嚼劲。奇特处在于既有烧鹅的皮肉焦脆，又有焖烧焗锅之透彻。大块进口，满嘴生香，味蕾十万，疯狂盛开，何须三生三世十里桃花？从化溪头村大盘鹅横空出世，足矣足矣！

竹翠橘黄，桃红李白。菜花野地，枇杷枝头。小雨怡情，水洗青山。近观野花烂漫，远望青山如黛。赤桐花红似木棉壮丽，羊蹄甲一树繁茂白花如雪。旅友手机虽小，却收入羊城远郊美景。初春雨中徒步，细雨扑面，青山满目，回到童年：无忧无虑，没有烦恼。

春末访黄埔军校

新洲码头，坐水上巴士，与公共汽车一般，滴卡上船，一元钱一票，便宜且宽敞，江风浩荡，波澜起伏，沿岸军舰停泊，货轮维修，仍有疍家旧船，抵达深井码头，发现仍有客运小舟，招呼游人，他们是去哪里呢？相当城中村载客电摩，多半去公共大巴无法抵达之偏僻处。难道过岸，或是另有沙洲小岛？飞机高铁，坐车、行船，今人追求速度。但亲近古人慢生活的唯有舟船，而且舟愈小，愈接近。最好摇橹划桨，一叶扁舟，多半梦中。

黄埔军校名动天下，几乎遮蔽了长洲岛。其实岛上埋伏千年深井古村。不仅有名校古庙古炮台，有吾爱之深井烧鹅以及茶茗雅居，还有文塔宗祠古建筑。深入岛心，内有大片古村建筑，成坊成里，石板铺路，街道俨然。虽然被新楼切割，坚固门楼、严肃祠堂仍在，古风犹存。

惊诧的是近代女作家凌叔华就出自长洲岛凌氏。凌与丁玲、林徽因并称为 20 世纪 20 年代“文坛三才女”，作品遍及世界，影响深远。遥想凌当年为京城名媛，黄埔军校开学典礼之翌日即于京城家中，以燕京大学外文系学生身份，召开文化名人聚会，招待印度泰戈尔。徐志摩、胡适、林徽因、丁西林等名流云集。惊动京城媒体无数，其抓眼球指数，远在黄埔典礼之上。凌父为康有为同榜进士，并点翰林，授一品顶戴。

凌祖籍于此，小岛亦有名门呵。

“雨纷纷，旧故里草木深；我听闻，你始终一个人。斑驳的城门，盘踞着老树根；石板上回荡的是，再等。雨纷纷，旧故里草木深；我听闻，你仍守着孤城。城郊牧笛声，落在那座野村。缘分落地生根，是我们……”周杰伦的《烟花易冷》即此境界。人走楼空，忧伤主调。只是阳光明亮，没有雨，天惆怅。

龙潭古风天后诞

广州海珠区龙潭村一年一度的“娘玛诞”（亦即天后诞）大型巡游活动自明代开始，已有几百年历史。巡游队伍中的“肃静”“回避”“天后元君”等牌匾自清代保存至今。在我看来，巡游队伍有三重特色：古风；节庆；时尚。仪式古风犹存，乡村欢乐节日，新人装扮时尚，带笑游戏。

巡游活动由约三十个细项组成，其中有八名大汉抬着天后像乘坐的龙轿（銮轿），由带刀护卫以及十三太保兵卫护，有女子（旱）龙舟队、凤艇队，还有天女散花、舞龙、舞狮等等，鲜艳夺目，五彩缤纷！

天后诞的祭拜仪式简洁而欢快，无一丝肃穆。鸣炮之后，两妇人持供盘绕场一小圈，到天后驾前供奉。众小童在喇叭指挥下，踊跃趋前，发出鸡鸣咕咕声，女指挥亦借喇叭发声，并与众小童跳跃，引得围观者欢笑一片。随即舞狮，豪华南狮，专业舞姿，刚劲豪迈。

双狮登高取物，屋檐悬挂绳索串联三物：生菜一颗；双喜香烟一条；龙眼树叶一串。伏地敬贺主人并奉上三物。接着舞龙，绣球导引，彩龙腾飞，绕场三圈。仪式后继续巡游。旗帜领先，官牌紧跟，刀手护卫，天后座驾启动。

供奉两担紧随，金猪一担，花果一篮；七仙女与六金鸡靓丽可人，少女着古装戴花环，小童则头顶金冠，扮作雄鸡。旱龙船众妇人，神采奕奕，还有粤语号子喊出。压尾的是社区社工服务队，统一T恤，已是现代服装了……

城中村，宅基地不大，但家家高楼拔地而起，握手楼逼仄，内部环境较差，河涌边以及村民广场则靓如花园，构成反差。街道清洁工随时清扫，多操外地口音，外来工成群。本地村民闲适淡定，老人孩子沿湖而坐，石案石凳傍着榕树，河涌碧波，人树倒影。可谓古村古桥古屋，古风犹存，传统延续。

龙潭村供品应该具有珠三角特色。今天所见并不繁复，抓我眼球的是生菜、桂圆树叶。生菜意头最普遍，生发生发，发财致富，人财两旺；桂圆即为龙眼，和谐村名，绿叶勃发生机，亦为旺盛喜兆。还有红枣、花生、纸糖合成供品，还有岭南佳果蔬菜等。戏台上正上演粤曲，日常中的神圣，生活气息扑面而来。

羊城“鬼市”：没有幽灵，唯有生活

看过报道，读过文章，我对羊城广州的天光墟神秘夜市，充满向往。几分神秘加几分诡异，隐藏在夜色之中。

约上邻居阿 P 凌晨三点起床，车抵海珠桥底。一条老街，人影绰绰，夜市开张。摊主大多男性，少数女性，自行车拖大包就地铺开，各种货物琳琅满目，无奇不有。恰逢海珠桥封闭维修，“鬼市”顺势上桥，摆满步行道。台风“利奇马”影响，凌晨依然闷热，江风不兴，少有清凉。

昏暗街灯，夜色朦胧。摊主无言，顾客安静，各备小手电，挑选货物。不过，你看了地摊上无数旧物，油然而生亲切。因为大多是十几二十年甚至三十年前的生活用品，真不知道是哪些卖破烂的人，从大量的旧物中挑拣出来，重新上市。

盒装过期药品，整箱白酒香烟；20 世纪 80 年代走私的两个喇叭卡带录音机，大量盒带与 DVD 碟；还有少数头饰、玩具、摆件，多为廉价大众货。大批量的有衣物、鞋子、锅碗瓢盆餐具，甚至有旧轮胎、火钳、锯子、锤子、算盘、杆秤、BB 机、电筒、菜刀等等。

凡是从前日常生活中所用的东西，你想到的有，你没想到的也有。那些被人抛弃的旧娃娃、梳妆镜、塑料盆景，我看不出还有什么用处。但摊主日复一日把它们摆出来，仿佛一往情深地等候新的主人，让它们重新回归温暖的家。

在这些破烂中间，我们既可以看到从前物质贫乏时代的影子，同时也可以想象今天底层的贫困人士花着三五块钱，买回去还可以顶点用。大部分的东西都在三、五、十块左右。有的就直接打出十块钱一件。

这些被富裕家庭遗弃不用的旧物，我将其归类为破烂。而破烂之外的旧物，却有一些属于可以收藏的纪念品。比如毛像章、旧书籍、旧字画；比如木雕艺术品，比如瓷制观音像、铜制关公像；还有钱币、烟灰缸、打火机、文具，等等。

惊讶看到了一张春宫图，工笔细致，纤毫毕现，与我从前在古籍中见到的有些异样，少了缠绵，多了喧嚣。但，到底哪些地方不同？电筒光恍恍惚惚，模模糊糊地我也说不清。

凡是古画，均有疑似内行者仔细推敲，反复观摩，盘桓许久不去。这大概就是淘金吧？

看上去似乎高档的古玩，比如古瓷、古书画，难辨真伪，大多赝品。但夜色中，傲然而立。摊主的衣装、神情亦较卖日常品者庄重几分，让我另眼相看。

有三样东西上眼：一把东阳刀，刀鞘黝黑，造型冷酷，开价 200 元，忌讳凶器，作罢；一块端砚，造型奇异，但仔细端详，花纹粗糙，开价 1500 元，拉倒；还有一个古风浓郁的瓷枕头，面相北狮，又说貔貅，摊主亦不甚了了，开价 80，有点动心，思虑冥器，恐怕晦气。我抱着玩老虎机放口袋里的五张大币，惜无开张。

据说，这里的买卖规矩，自成体系，俨然一个江湖：买卖铁规矩，不问来源、只谈价格、不问真假。有人用 10 元买到上千年的文物，有人囤了一屋子的假货。

据典籍记载，广州人民路、大沙头等地也曾有这种深夜“鬼市”。以前大多都是家道中落者，晚上偷偷贩卖家当。后来渐成行市，当下越秀区、海珠区各存留一市，今天光顾的海珠桥底名气最大。

在广州居住多年的广东人阿 P 告诉我：摊主有一批广州话相当地道，应该是老居民，抽烟喝酒底层粗人；一部分外地口音，可能后来入行，好像有一些河南人。他对这一带比较熟悉，十几年前送孩子读书，天天路过。

他又说这条街上有一家广州老面馆，黄色碱水面捞起，新鲜猪油拌面，哇，十分油香。他抬头去找那个店门，走了半条街也没有看到，颇为遗憾。

或许，就像眼前的天光墟，有一天也会消失吧？夜市养活了一批城市底层人。

2000 年老城广州的包容体现在方方面面，一个在黑暗夜色中进行的行业，如果没有什么违法，我愿意它存在下去。城市底层边缘，亦是城市版图一角；从前生活镜子，亦是社会学视野的活跃现场。

晨光熹微，保安出现，开始收市；摊主顾客，静静退去；“鬼市”不鬼，没有幽灵，唯有生活。

广州人的深山雅居

觅山居

江冰：从广州开车，两小时下高速，到达粤北清新浸潭镇，从镇上转山路进山，跟着导航寻找文友陈露推荐的雅士山居。意外发现，越走越窄的山路边上的树上，却越来越密集地挂着山居的蓝色招牌。“彩虹”台风刚从广东转向广西，但余威尚在，风歇息雨不止，山路旁多见山上的黄色水流汹涌而下，甚至漫延路面，车轮驶过，溅起白色水花；目光所及，山洪奔腾，一旦雨大，心中忐忑不安，担心山路塌方，误我美丽前程。车进大山，雨渐渐地稀落，雨刮由疾而缓，窗外景象由糊而清，是喀斯特地貌吗？突兀崛起的山峰如国画一般，大雨导致的山雾烟云如或浓或淡的水墨，晕染其间，辽阔缥缈的境界活脱脱地呈现出来。

陈露：寻找位于浸潭深山深处的21度山居，为随后过来的江冰教授“探路”，以防随“彩虹”台风而至的泥石流，独自驾车在蜿蜒山间左拐右转。车至桃花湖，刹然另一番景致，蕴藏深山的俊黛容颜披纱绕缭，曾数次被强行掀开的头盖终究顽强一己妆容！风之下，雾之中，四野荒瀑，素颜不需浓艳，若高雅琴士一曲天地悠远，人在其中，孤袤神思！那些年那些月，数万劳力建起一个巨型水库，曰龙须，多好的名字，足够的精气神！雨雾中的湖上，龙须洒扬，龙须拂荡，洛神的典雅若水中央！我是诗人吗？我是画家吗？那是我手泼的水墨，那是我手书的静土，那是我手栽的桃花，那是我手绘的远山雅士图！

见山居

江冰：萍说，那是多大诚意，让我们开三四个小时的车去访山居，那又是何样的仙人呢。车子转过大山，驶进一条山谷，谷底一条大河，大河两边田地开阔，雨虽然未止，但并不影响景象阔气大方，我脑海里刹那间跳出四个字：明亮山谷。粤北群山逶迤，先秦时已有众多土著部落，这个被称作桃源片拱水村的山谷，又是谁最早发现的呢？或者是一支败军，失了联系，索性放倒军旗，就地垦荒安家，过起世外桃源的日子……总之，那第一位明亮山谷的造访者，第一眼的注视，一定是满意欢喜，旋即欣喜若狂，一眼爱上这长长的山谷。青山如黛，峰峦如画，云飞雾绕，漫延天地。万籁俱寂，唯有谷底大河水流湍急，挟台风余威发出轰鸣，连日暴雨，使得山洪倾注而下，河床顿时满溢，狭窄处水流猛然腾起，左冲右突居然形成三四尺高浪花，煞为壮观。车至山谷尽头，一座设计现代的白

色建筑赫然眼前，山居到了！

陈露：车子七拐八弯之后，碾过一条山涧流水已溢满路面的乡村水泥道路，一个豁然开阔的山谷呈现眼前，山水积成的池塘浮着无数白点，那是山区独特的“清水鸭”，肉质鲜嫩而少腥味，有青草的芬芳。一幢白色的小楼屹立于四周原野，是那样品质高格，不染俗气。看满车子黄泥水，想到江教授风雨不改，大山深处寻山居，那大抵也是人生一种高贵！那是何等的高雅无量！隐逸的理想或者在如此安静的自然里释放一种现代都市无法觅得的智思，觅得一种人生自省的禅道！

访山居

江冰：文友陈露撑把大伞已在门前等候，刚才行驶途中的蓝色招牌，到此归结为一种感激：召唤我回归自然，靠山靠水靠友情。山居主人是广州来的林姑娘，学的服装设计，酷爱天下旅行。“世界这么大，我想去看看”——她是实践者。陈露介绍：这是老板娘。她反应很快：叫我小林就好，客栈主人是我男朋友，摄影师，不巧，出差台湾，考察民居。我暗暗忖度男朋友的含义。问她哪里人，汕头。哦，潮汕女子传统风盛，但她又是那一类的人呢？她的人生又是怎样与寻找家园结缘呢？一个山谷里的人生故事，引我好奇。

陈露：山居女主人一袭素雅长裙，施然迎面，有点谨慎地微笑问道，可是陈馆长？我说是的，客人随后就到，我打前站，因为台风。按广东人当下习惯，对女主人称“老板娘”。山居女主人赫然纠正，叫小林吧！转身跨过一条有点园林味道的直板麻石桥，将我引入一间茶室兼餐厅。茶室摆设多是从乡村搜回来的杉料老物件，椅桌很有南方家具代表性，亦可看出山居主人的生活趣味和试图营造一种朴素古意的氛围。透过落地大玻璃才仔细观赏山居内环境。女主人几句询问过后，恰到好处地让陌生客人生出如家如常感觉，适意随意，我便独自泡茶等候江教授他们的到来。雨水时密时疏，斜飘树梢，几棵古樟树在雨中似散发一种幽香怡宁。我说，难得这几棵古樟，实在珍贵。小林应声，原是一间学校，几年改造，老樟也是吸引他们的缘由。

倾山居

江冰：摄影师，未谋面的山居主人，也是广州的一位年轻的媒体人。晚间茶话，合伙的金融人小马表述清晰：山居是摄影师的作品，所有的设计都是他一点一点地构想创意，包括主楼风格：西式与传统的冲撞对接，生出灵感。看来摄影师是山居主心骨——林姑娘从茶室兼餐厅柜台拖出一幅书法装裱，柔柔地说，摄影师的字。此刻，爱意盈盈，并不掩饰。“松下问童子，言师采药去。只在此山中，云深不知处。”——无来由地冒出这首唐诗，念头一转，内心又暗嘲自己，是否把古人的隐逸之情硬生生依附到这位“70后”艺术家头上呢?

陈露：与江教授于山居内适意闲逛。庭院面积不大，也就是原来学校半个足球场大小，却设计得错落有致。古树，泳池，木梭过道，卵石小径，篱笆装饰，墙内墙外，山居一词，恰如其分。江教授思维极快，要跟上他的话题有点吃力。弗洛伊德和梭罗都描述过人与自然环境的关系，两者学说不一样却指向同一观点：人在安静自然环境下最有智慧。道家的“道说”更是指向人与自然的种种奇妙关系。山居，或者就是沉淀浮躁所在？山一重水一重的到来，就是享受此刻宁静！山居主人跑遍天南地北，累了，就找个好地方停下，让疲惫的灵魂休养生息，继而悟出其实也可作经营来。自己如是，世间他人，何尝不如是?

江冰：山居之夜，无数次醒来，因为昨晚主人盛邀的茶聊。浓浓红茶，淳淳茶话，话题都是年轻时的寻找，中年时的家园。几个“70后”的广州人，因旅游结缘，十多年遂成挚友，志同道合。水师看了，言方位正中，坐北朝南，面对三个水塘，左边山如屏障，右边两座峰峦，可谓左青龙，右白虎。院内两棵大树，一棵香樟，一棵冬青。于是，大家决定，合伙盘下小楼，投资改建客栈，历经四年，困难无数，超过预想。紧赶慢赶，今年中秋国庆试营业了。于是，真的有了一个可以发呆的去处了。借问酒家何处有？牧童遥指杏花村。

陈露：如果宁静倾听一种声音，强大的内宇宙与自然界的声音，纯粹的安宁，在风雨夹扫下依然可以宁神，那是多大的定力！还有人可以安静如老僧的檀香吗？还有人可以寻觅一种纯粹的思想吗？还有人可以在雾霭中听到天地神妙的话语吗？在静夜深处，在缈缈逶迤的大山之间，能听到神一般呓语吗？一场风一场雨，秋已至，时间轮回，声音渗入记忆便成生命元素，真的可以听到纯粹的声音吗？江教授烟雨访山居，他能听到一种纯粹的安静的声音！他能听到一种来自人与自然最纯粹的声音！

山居外

江冰：山居右侧，一排土屋老房子，黑瓦黄墙，门窄屋矮。我往那门前一站，不由地想到那句老话：人在屋檐下，哪能不低头。不过屋檐下站着一位满脸笑容的农家婆婆，见我即搬出小凳，大声说：坐坐。我听不了粤语，但大概知道请我坐，即唤同行翻译。采访得知，婆婆姓甘，有三子四女，全部城里打工。她也随子女住城里，只是偶尔回村看看老屋。老屋开有一间小卖部，卖烟酒酱醋等，一个侄坐店，去年少生意，侄亦进城打工。拱水村原有二三千人，现在只剩下几十人，数都数得清。八年前，因为村里没有了小学生，撤并学校，校舍废弃，后来才有了几个广州人来建山居小楼。我问她七十五岁为何不回家，她说随子女，带孙辈，以后孩子赚钱再回村盖新房。

江冰：不久前，我在连南上山看瑶寨，亦是十室九空，自然村因人口锐减撤并不在少数。看来乡村空洞化已然事实，几千年的乡村文明，真的就此崩盘后继乏力吗？甘婆婆连连请我们进屋吃晚饭，直说有菜，再加把米就好。我进屋一看，果不其然，破旧饭桌上尽新式电器，电磁炉平锅里炖着排骨，电高压锅里大概就是米饭吧。甘婆婆乐哈哈地看着我，却不知道我的心里百感交集。因为听甘婆婆说，祠堂好几年没有活动了，有的村民几年不回老屋了……

陈露：山居外便是拱水村，当年被称作“寒极”的贫困村。为改变生活他们也曾尝试大批移民，往平原地区迁移。然更多青壮年还是往外打工以获得生活水平提升。数年过去，一众留守儿童也长大，或随父母迁居他处，或在外读书打工，小学校由于生源越来越少也只能撤并。村庄满目低矮破旧的泥砖瓦房，见证了当下农村普遍凋敝现象。山居内外，是截然两种反差强烈的生活现状。墙内墙外，心生惘然。我们总爱把乡村空心化现象归咎为城镇化，归咎为对乡村保护不力，事实上农村生产力严重落后于社会发展也是重要根由。山居作为“民宿”新业态的存在，也许就是城市与农村“资源”置换的一种渠道？也许就是大山深处让我们聆听自然的一种自省？山居内外，雨中的雾霭群山，答案在哪？

注：《广州人的深山雅居》一文是与文友陈露尝试以微信表达方式对同一事物从不同角度描述。我们谓之“微信体散文”。

秦砖汉瓦：成就南越王宫

论及岭南，南越王赵佗、六祖慧能、孙中山三人不可不提。赵佗居功甚伟，“岭南”二字由他而起，南越王国成就岭南版图，广东、广西、海南也由此确立。

秦始皇三十三年（前 214 年），赵佗任龙川县令。秦二世时，天下大乱，赵佗果断划疆自治，接南海尉而称南越武王，以蕃禺（今广州）

为国都，兴建宫殿和御苑。至汉武帝建元四年（前 137 年）去世，赵佗享年过百岁，治越七十年。专家考证了赵佗南下出征日期，确证长寿。

赵佗的气魄胆略亦属非凡卓越。他有效地采取“汉越融汇”方针，团结当地土著，平息战乱，休养生息，开发岭南，文化启蒙；当汉使臣来到面前时，又清醒地去王号臣服中原。

至公元前 111 年，汉武帝对百越实行完全封建管治，赵佗家族已历五代，统治南越国九十三年。

南越国疆土范围包括汉朝后来全面建制的儋尔、珠崖、南海、苍梧、合浦、交趾、九真、日南、郁林等郡。相当于现在的广东、广西、海南，以及越南的部分国土。

同时，南越王促成了海上丝绸之路的发轫。他大胆与异邦交流贸易，为汉武帝开辟了海上商路，异域海洋文化由此不断影响到岭南以至中原。

从“共来百越文身地”“越人未必知虞舜”，到“蛮乡今有汉衣冠”，再到“一奏薰弦万古风”，南越王赵佗成为中华统一英雄、岭南人文始祖。

二千年前的南越王宫，由南越王赵佗兴建。今天广州北京路中段，南越王宫署遗址上又建成南越王宫博物馆：巍峨伟岸，甚为壮观。

博物馆阔大展厅开放遗址一片，其间水渠水井俨然有序，陶管暗槽设计灵动；硬土柱石“广州地层关键柱”，历史脉络清晰可见。埋掩生活垃圾的灰坑，成了考古学家确认朝代的重要依据。

一口水井里出土的竹简，相当于宫廷管理日记，生动地呈现宫廷生活：比如记录宫人抓鼠，徒劳无功者受鞭笞；比如公主赵诞名字，美丽而神秘。地面复原部分宫殿廊道，仅廊道宽度与花纹地砖即可见当年巍峨壮丽。后来南汉国王亦在原址上建宫，南汉虽仅存在半个世纪，但宫殿御苑比南越王宫更加奢华。

南越王宫兴建恰好处于秦砖汉瓦时期，出土的大批砖瓦抢眼。一特

大方砖，规整厚实，据馆长介绍，中华第一。寓意吉祥的“万岁”瓦当，形制不同，字体不同，总量不小；此类瓦当秦时并非王宫专用，民间亦有，宋以后“万岁”二字才成为皇权专属。广州城之原点，二千年几乎不离左右，气场浩大，城脉坚定。

手抚二千年前秦砖汉瓦，感应当年赵佗王气凛然：秦亡时果断划疆而治，遂有版图“岭南”；平定百越纷争，推行汉越融合，保住一方平安；汉兴时又同意去王号归属中原。回望岁月，赵佗雄才大略，比南汉国王境界高出一格。赵佗为河北人，少年从军，挥戈南征，确如毛泽东所言：“是中国第一个南下干部。”

冬日阳光，明亮温暖，照耀遗址，引我遐想无限，杜牧名篇《阿房宫赋》浮上心头：二川溶溶，流入宫墙。五步一楼，十步一阁；廊腰缦回，檐牙高啄；各抱地势，钩心斗角。盘盘焉，囷囷焉，蜂房水涡，矗不知其几千万落！长桥卧波，未云何龙？复道行空，不霁何虹？……戍卒叫，函谷举；楚人一炬，可怜焦土。

历史盛衰起伏，眼前王宫亦毁于汉军一把大火。真是“滚滚长江东逝水，浪花淘尽英雄”？不过，虽然世事沧桑，化为一缕轻烟，但千秋功德，仍有历史评说。

深圳沙井：蚝气冲天，会展中心

2000年前后居住深圳，沙井印象就三个字：沙井蚝。历史上出蚝，声名远扬。这次讲学，瞥一眼即见学校墙外楼盘上有“蚝二西海岸”大字赫赫。

深圳第七高级中学李校长告知：沙井所属社区有蚝一、蚝二、蚝三、蚝四。真是蚝气冲天！深圳未成特区前，深圳中心在宝安，宝安中心在沙井。

深圳七高虽为市属新校，但“生命在场教育”坚持不懈，贯穿始终，已然融入学校日常生活，青春校园，生气勃勃，效果甚好。

“蚝”之外就是“沙”，入海口，滩涂广，掘井多沙，故称沙井。故有沙一、沙二、沙三、沙四，真好！一个蚝一个沙，天生对联材料。

沙井位于深圳西北角，以东莞长安为邻。开车去深圳市区，超过一小时，与去广州路程相近。改革开放后，沙井一跃而为电子产品城。

本地户口居民因为征地，摇身一变为千万亿元富人；外地人眼热，羡慕他们“啃老”，祖宗风水宝地呵。

深圳七高黄主任告知：沙井本地户口只有3万多，外来人口130万；类似深圳特区，小渔村也只有3万多人，但迅速崛起为世界名城，近年GDP超过广州，风头正劲。

蚝在宋代即形成产业，蚝民养殖至明清向香港等地发展。蚝成经济文化标志，亦是沙井最亮名片。

清朝广东学者屈大均赋诗赞美沙井蚝：一岁蚝田两种蚝，蚝田片片在波涛。李时珍《本草纲目》也对牡蛎肉有所记载：甘温无毒，主治虚损，调妇人气血，令人细肌肤美颜色。

一方水土养一方人，沙井人成就了沙井蚝，沙井蚝也成就了沙井美名。沙井正是沙井蚝原产地，从宋开始，食鲜蚝、晒蚝干、煮蚝油，为世界最早人工养蚝的地区。

到了清代，沙井蚝民将养蚝业发展到香港等地，蔚为大观，驰名中外。沙井蚝的生产习俗是深圳原住民的印记，世代相传，具有特定的文化价值和社会价值，如今已被列入深圳市非物质文化遗产名录。

校友请客，蚝店吃蚝；古法钻研，甚是美味。秋风乍起，蚝正丰美。陈皮老姜蒸生蚝，最得海鲜精神；上汤生蚝最是鲜嫩，若白玉一枚，玲珑圆润，我小心翼翼入口，生怕偏腥，不料白胡椒平衡，恰到好处提鲜。

蚝豉腊味煲仔饭，将蚝干、香肠、烧鸭佐配，米香荤香瞬间抵达极致，让人回味不已。真是大海自然奉献，人间至味沙井鲜蚝。可惜，沙井沿海已禁养蚝。

好在蚝民早将蚝业转向湛江、阳江、台山及香港，目前沙井人吃的蚝虽然不是本地产，却也是沙井人养殖场出品，至少是沙井技术。

新桥曾姓祠堂，显示沙井历史文化底蕴，上有科举考试，乡绅名宦，下有新桥武术，新桥醒狮，蚝民蚝业，外有海外贸易，各地侨民。如今借深圳特区之势，偏僻海边滩涂之地，已成富有之地。

沙井民间黑道赫赫有名，老大龙哥威震一方，民间保护费由他一人收取。控制电子城元件材料，涉及地产，阻挠外地开发商进入经商。后建船形大楼，方向不对海面。风水先生说破了财运，此次扫黑除恶被捉入监。

清朝万景楼——为当地人潘楫官至明江西布政使返乡而建。潘家园门楼巍峨，围墙高大坚固，世事沧桑，风云变幻，昭示传统依然。登上城楼远眺，两处“高大上”的现代建筑夺目。

市民广场刚刚落成，宽阔宏大，让人忘却沙井仅仅是深圳偏远角落，一个行政街道而已。西式回廊，希腊雕塑，雄伟壮观，细看雕塑，出品不凡。更有灯光工程，夜晚光芒四射，水幕电影，音乐喷泉。

惊讶之余，又叹传统渔乡之地，为何不立中华雕塑？改革开放，西风劲吹，传统贬值，审美亦大变化。

美术学院接受西方教育体系，几千年中华大国审美价值一落千丈，美的历程猛然拐弯，急匆匆转向西方……每思于此，心头失落矣。

不过，沙井景点“海上田园”门前一组雕塑让我稍感欣慰。亦渔亦耕，渔用渔具，耕以水牛，形象传达沙井本土日常生活。其中类似滑板渔具，适应滩涂“赶海”，退潮时捡拾海鲜，包括蚝等贝类。

我对扛渔具的壮汉尤其感兴趣，仔细打量，敦厚双肩，肌肉凸显，四方大脸，粗眉隆鼻……心下喜欢，但转念又感觉并非广东本土男人。

粤人男性精瘦为多，面目亦与北方汉子不同：眉骨稍凸，眼窝微凹，鼻翼张开，肤色黝黑……眼前这位壮汉依旧有模式化痕迹。

雕塑形象，如何抓住本土特征，如何摆脱“高大上”英雄模式？亦期待突破。我总有两个担忧：古希腊教科书模式与“高大上”英雄模式。

城市雕塑家们，中国城市向你们大声呼唤：我们需要中国气派！

另一宏大工程风风火火建设中——深圳国际会展中心，规模世界第一，近十万人参与施工。驱车高速公路俯瞰，弧线形外观若巨大贝壳，片片沟联，绵延十里，甚为壮观。

设计现代高速交通，距离深圳机场仅仅十分钟之内抵达，更有城际轻轨、地铁与高铁、高速公路互联，贯穿珠三角，四通八达，建构粤港澳大湾区。蓝图渐成现实，令人振奋！

深圳沙井：蚝乡蚝韵蚝气冲天，会展中心接通国际。左手传统，右手现代——亦为深圳七高双重历史责任与使命——吾喜闻之，心怀敬意。愿传统与现代和谐相处，相得益彰；彼此交流，交相辉映。

禅城：古风犹在

从广州开车去佛山，穿过南海桂城，抵达禅城，就是老佛山地盘了。同行告诉我：老地头就是禅城区小小一块。有祖庙、泥模岗、东华里、南风古灶、梁园，民间草根的挥春街，不但保留了佛山广府文化古风遗韵，亦在破旧骑楼对联摊子上显示古城人对传统之喜爱。广东第三大城市佛山，在“广佛同城”中保有广府遗风，尤见珍贵，值得关注。

品尝挥春老街的传统小吃，倍感风味。牛肉拉肠是招牌，搭配鱼片粥乃首选：牛肉制成馅，细粉切片包裹，妙在广东特产陈皮碎粒的加入，肉香之中平添一种异香，清新入口，更显肉馅米香汇合美味。鱼片粥十足粤菜食材自然新鲜之传统，上好鲩鱼薄片，汇入滚粥，姜丝压腥，青菜提味，鲜嫩爽滑，又是另一番景象。

老街旧巷，民国遗韵，想见当年繁华。但居民坊间更喜百年老店，传统口味，街坊价格，居然十元八元，一菜一煲，数十年不变，仿佛世外旧景，令人拭目细看。岂止丰俭由人，一如老家老灶，家乡老店，世事变迁，人事沉浮，时过境迁，他或她——还在那里，一直在那里……

佛山与广州一城之隔，古人出了城门，一甩马鞭即入佛山地头。如今地铁半小时即达佛山中心祖庙。但“广佛同城”框架中，佛山仍在广州都市形象衬托中，显出古城风韵。我的感受，似乎半城市半城镇，传统氛围，古粤遗韵，四下弥漫，散落天地。骑楼佛陶，显示民国商贸富裕；顺德南海经济势力，突出古今贯通地域丰厚。文学在广东省各区域排名第几呢？外地客籍作家与本土作家汇流，打工文学发源地与当年佛山大学，声名齐飞。如何客籍本土双剑出击，共绘佛山？共同描述这方既古朴传统又汇入现代的热土，实在是一项值得探究的地域文学课题——当然胸怀天下，尤爱脚下土地。明知全球一家，更知本土珍贵。

佛山文学名家有吴趼人，既是作家，又是出版人，在上海有自己的书店，其作品有广泛市场和众多读者。还有入当代文学史的作家草明，是佛山所辖顺德籍。目前，进入“打工文学”向城市文学转换，《佛山文艺》渐行渐远，新城市文学呼唤崛起。历史所然，亦是地方地域彼此竞争暗自较力之逻辑使然。乡村正在告别，打工期待融入，广府遗风尚存，新城市人口、新经济奇迹之下民风民心变与不变，皆可入诗，只是诗人隔岸观火，别人的城市如何入心？成为心中风景，实在是一个历史与心理过程，值得关注。

这城，名佛称禅，颇有古风。印象中有祖庙、公仔、古戏台、粤剧外江班、《佛山文艺》、打工文学、佛山大学、广佛同城、顺德美食、西樵山。广州边上好玩好吃之地，广府文化犹存古风余韵之地。无大都市喧嚣，有城市气象。

佛山石湾，陶的世界。马槽瀑布，意料之中。陶瓷马桶瀑布则是创意，一旦形成规模，亦抓眼球。但审美感受中却难免有几分怪怪的，因为联想并不柔美。不比禅意的小和尚，透着生命气息，亲切而温暖。

泥、釉、火，三者结合为陶，千万年琢磨，遂成陶瓷。日用与艺术，石湾于明清细分行业，甚为壮观。古灶炉膛如长龙卧山，分若干小门置放泥陶，分门点火，干柴烈火，高温烘焙，神奇变化，塑造成品。地下的泥巴，天上的火种，人间的智慧，天地贯通，上下交汇，何等奇妙。

陶艺耐人寻味：何谓日常？何谓民间？何谓传统？何谓新中式？何谓文人范？似乎一目了然，似乎又难以明言。无法定量分析，只在艺术趣味之中。似乎虚幻，其实有迹可循。日常家常陶具，如何过渡艺术境界？并非银河迢迢，遥不可及；但也非举手之劳，唾手可得。

广佛同城：血缘般天然亲近

广州驱车近一个小时，从芳村进入佛山南海区千灯湖，其被誉为小“珠江新城”，为金融高新区。街道宽敞，大厦林立，现代气派，商城风范。让我疑惑：这是内地三四线城市吗？看来所谓“广佛同城，南海先行”，真正名副其实。不过，走进一幢大楼，突然看到许多石湾公仔，让我惊醒：到佛山了。看来禅城、南海，实在是“两个佛山”呵。我这个新广州人，对佛山有一种天然亲近感，因为佛山是广府文化的发源地之一，离广州非常近并具血缘般关系。不过，虽然多次访问，却并没有为佛山留下一个整体印象的文字。

规划局聘任监督员麦德楷陪同考察，楷叔介绍：禅城区古色古香，风格与南海完全不同。三大历史文化：祖庙、武术、粤剧文化。明末清兵屠城，广州人大批逃亡，既为佛山带来先进工艺，又给予发展机会。楷叔土生土长，据说是方言调查专家青睐之语音采集人，可惜普通话不灵，借助翻译，又跟不上我思维，只好自己边看边记。

佛山自古“有城而无墙，无墙却有集市”，并非军事要镇，却与广州连成一片，形成商贾名镇。海河通道，连接大海，集散码头，商贾之地，物流交换之地。它还有不少独特符号，比如说黄飞鸿，影响一直蔓延到台、港、澳，据说拍他的影视剧就有上百部之多，介绍黄飞鸿的书更是数不胜数。还有产生于现代工业的“自梳女”。佛山还有“龙”和“狮”的文化图腾。所谓龙，就是扒龙舟。龙舟在整个珠三角乃至中国的江河流域影响广泛。但南狮独特——我曾经在西樵山下看过南狮表演，惊心动魄，功夫扎实，令人浑身血脉偾张，精神为之一振！谁说南方没有血性？

中午来了三代建老房子的世家子弟梁炫星——学计算机出身，白净斯文，戴顶布制鸭舌帽，平添文青气质。我与他迅速接上话头，即刻抛出难题：佛山人与广州人到底有无不同？小梁慢条斯理娓娓道来：“我母亲从广州嫁来佛山，别人一看就知非本地人士。为什么？可能与生活场景有关，广州人喝茶茶楼，行街百货大楼，坐船珠江码头，所以话题多，其中少不了谈点时下国事；佛山本地街小巷窄，除了做工，就是纳凉时聊聊生活小事，街谈巷议，见识少点。不过，现在交通资讯发达，年轻人已与广州无差异呵。”我对这个回答颇感意外，大声点赞。

一旁陈导亦有兴致，上前表演广州人与佛山人进酒楼包厢之不同姿态：前者进入，目光一扫，开言各位都来啦，昂首挺胸，态度倨傲。佛山人呢？身子微倾，频频躹躬，态度谦卑友好。众人哈哈一笑！我则寻思：佛山亦是码头，但江湖气显然掺了一半淳朴乡风。古诗云“草色遥看近却无”，地域与人性格关系最难辨识，你感觉有却常常难说清楚。此刻一说一演，透出个性端倪。但，真是这样吗？不过，后来梁先生告诉我广东有一个说法：顺境看广州，逆境看深圳，绝境就要看佛山了。

祖庙，我心目中的佛山地标，一面城市旗帜。一条巨型木雕，其中一出戏有金銮殿金匾，三字覆盖大明江山，可见工匠用心良苦。北帝神像，神采奕奕，司管水道，贵为水神。佛山水网密布，极易患灾，供奉道教水神，护佑一方。农历三月三，为北帝诞，抬出神像，仪仗游城。“三雕二塑”——砖雕、木雕、石雕、陶塑、灰塑，美不胜收。祖庙古戏台，大视野，金碧辉煌。粤剧演出名址，古代精美建筑。多少名伶，唱出绝代风华。

佛山城市规划考察，听到第一个细节即关于祖庙。市美术家协会主席区锦生先生回忆20世纪60年代“文革”初期，他从广州美术学院回佛山老家，正逢两派武斗，双方都没有动祖庙的神像。在他们心中，祖庙是一块圣地。相约要打仗，就到城外去打，祖庙不可亵渎。而楷叔的说法则是城中百姓自动组成人墙，舍命护卫。可见祖庙在佛山人心目中的地位。祖庙最后一个院子是黄飞鸿纪念馆，可惜时近中午，错过了每日十点例行的南狮表演。幸好刚拍完佛山本土电影《狮父》的陈茹导演，与舞狮者熟悉，荣幸合影，沾沾帅气。

佛山古语云“先有塔坡，后有佛山”。古称季华乡，唐贞观二年（628年），乡人塔坡岗掘地，发现三尊铜佛，遂改名佛山。原址建古庙祭祀，三佛金身。到访五台山师傅说：“真正古庙，绝不藏污纳垢。”志愿向导介绍：奇妙于古庙瓦宇上不落一片树叶，虽庙后有小叶榕与凤凰树各一，枯叶只落天井，实为奇观。

蔡李佛南拳，发源于江门。张炎（鸿胜）为佛山人，于江门学艺后，遵师命回佛山开武馆，推广南拳。鸿胜名蕴含抗清复明，因朱元璋大名中有洪字。李小龙、黄飞鸿、叶问，佛山武术扬名天下。可惜此行匆匆，没有采访武馆。

佛山粤剧博物馆，借民间祠堂大屋，虽难称巍峨，却也气场十足。佛山乃粤剧主要发源地，粤剧又称广东大戏、广府戏等。粤剧祖师华光大帝，贵为南帝，掌管火之神。昔日艺人下乡演出，红船交通，竹葵戏棚，易遭火灾，故奉华光护佑，红船上必有华光神位。红线女戏照，光采照人。红船模型，可见水乡华彩。多少剧团班子，为古今乡民送去欢乐与祝福。当地粤剧戏场，至今不衰。馆前广场有四十多个私伙局，由票友自动组合，中老年为多。日日演唱，二胡扬琴，戏腔嘈杂。相比广州恩宁路新建华丽巍峨粤剧博物馆，佛山馆更质朴更民间更接地气。

标哥，有情怀的企业家，佛山地标性双溪酒楼主人。谈及双溪，其竟有一段童年往事刻骨铭心：“小时候，我家很穷，早早被送到外婆家住。我是家里最小的，可是也吃不饱肚子，可想而知那时多穷。舅公在双溪酒楼做点心师傅，以前做酒楼，没工资收，只管吃饱，但有时可以带走一袋包子回家。一天，外公带我去见这个舅公，他给了我一个叉烧包，对于饥饿的我来说，叉烧包遥不可及。后来，我知道有叉烧包吃，五六岁时每到下午四点就准时站在酒楼门口等舅公下班，等他给我一个叉烧包。等的时候，蒸笼里飘出的香气，常常让我直流口水，有时不知道舅公休息，等到大家下班，我就饿着肚子回家。第二天继续去等，直到八岁，知道害羞了，才没有再去。”

标哥说，没有双溪酒楼就没有童年那段快乐回忆，所以，这份特殊的感情，让原本做建筑生意的他，43 岁半路出家，接手酒楼。他觉得，如果自己不接手，双溪就会被拆掉。自己的童年记忆就失去了。酒楼里早茶食饭街坊也会失去他们的记忆。所以，他坚持不改名字，就用双溪酒楼。别人劝他，应该焕然一新，换一个名字，至少加一新字。他说，改了名字，接手就没有意义了，双溪酒楼就不再是双溪酒楼了。我就是输了，也要坚持下去。如今，一块“双溪茶室”旧木牌匾一直被悬挂在酒楼最显眼的位置。对于佛山叠滘人而言，这间百年老店就等同于广州人心中的“陶陶居”。

双溪酒楼午市丰盛，全部客满。酒楼总经理罗祥宁亲自点菜介绍：上桌赤小豆鲮鱼粉葛煲，每天只做五煲出售，整条鲮鱼双面煎黄入汤，与赤豆粉葛鸡爪排骨合煲五小时方成，汤汁浓郁，荤素香汇；泰汁冰川茄子，茄自云南，茄油炸，淋泰汁，极为糯口，食材难得；精典小炒皇，珠三角河虾，本地韭黄芋头烧肉彩椒切丁快炒，生菜青椒裹食，鱼酱点料，甚是爽口；巴玛香猪，出自广西长寿乡巴玛，肥而不腻，荤香满溢，无丝毫毛味；三层海鲜拼盘上桌，冰粒成柱，上铺生鲜北极贝三文鱼，鲜花桑叶衬托，红白相间，鲜艳夺目——令人眼前一亮。我脱口而出：冰山上的雪莲。言犹未尽，又口吐成语大赞：冰清玉洁、林海雪原、冰雪三鲜、神仙眷侣……问及此菜名：三拼点心。我当即对罗总直说，岂能只用“二拼三拼”命名，实在亏待了此等美肴佳点，尚需包装，提升档次。一旁陈导赶紧打圆场：佛山人，务实低调，主要求菜好。

莲塘村，亮点为家族本土信仰——当地神宋朝将军康君主帅，七月七为主帅诞，属于本土一村信奉，寺庙正在恢复修建中。不禁联想日本，各地既有国教，亦有本地神，同为造福荣耀本地士庶百姓之官吏将军文人——此恰好是历史文化之“本土诉说与本土记忆”。

佛山誉为陶都，建筑陶、日用陶、艺术陶形成三大支柱。其中石湾公仔享誉广东，名播海外，构成佛山另一张名片。石湾南风古灶，亮点就在五百年灶火不灭，全世界仅有这两条古灶仍在使用。看沙模，忆当年，想象一山百条火灶，齐齐生火，窑窑出陶，山上青烟，山下船帆，工匠船工忙碌，商贾往来频繁，又是何等业茂财旺之景象！

南风古灶边有大庸堂——广州美术学院魏华教授工作室，镇店之宝大头娃一派现代风。在石湾公仔基础上，融入非洲南美元素，抽象性与当下性，精英理念与世俗诙谐交叉融汇，别有一番风味。类似图腾石柱上，有伟人与释迦牟尼佛，令人回味。

佛山以佛得名，却以道教北帝为祖庙，其别名禅城，参禅参禅，既不言不语又千言万语，既寂寞如谜又气象万千。

佛山显然既保持了传统的广府文化个性，四十余年的改革发展显得卓尔不群：在保持地域传统主调上，兼具现代时尚气息。它低调务实，日常世俗，自有潜在民间信仰，却绝无一丝颓废与荒诞感。既安静稳妥居于喧嚣广州一侧，又生机勃勃面向未来面向世界，实在是一座毗邻广州独具风采的南方“大码头”呵！

东莞南社，祠堂后面的故事

初夏酷暑，顶着烈日，访问东莞南社明清古村落。到了门口才知是4A 景点、门票 30 元的游览地。走进南社，一条小涌贯穿整个村落，两边排列着民居与古祠堂。目前方存明清以来建祠 25 间，全市单一姓氏的村落祠堂众多，确为罕见。南社地势风水，印象深刻。全村形似一条帆船，树中五百年古榕树为桅杆，村东头九世祖墓园为船头，民房为篷，鱼塘为船舱。这样的地势，这样的风水，特别是船头安上先人墓地，颇具祖先崇拜形态。

另外两个亮点：一是武进士家庙。谢氏十九世祖，官至一品谢遇奇。这位武进士随左宗棠平定新疆，战功卓著，封建威将军，朝廷恩准其在家乡建一座家庙。封建时期，天子建太庙宗庙，士大夫建家庙，百姓建宗祠祠堂。严格规定，不可逾越。将军生于 1832 年，卒于 1916 年，活到了民国初年。他的官服战

袍武器，以及一把重约 90 公斤关刀于“文革”时被当作废品卖掉，消失世间，惜哉惜哉！

二是文官谢元俊书房。光绪二年（1876 年）进士，光绪皇帝身边的谋臣，他建的书房，有一个六米高四面透光的天穹顶棚，别出心裁，让我眼前一亮。辅以劫后尚存精美的白泥灰塑，似为古建筑中之亮点。谢进士卒于 1917 年，与武进士一样活到了民国初年。书房的古董书画同样在“文革”时期被洗劫一空，书房更被纵火焚毁。“十年动乱”浩劫，对传统的釜底抽薪，斩草除根，惨不忍睹。试想两位武将文官，倘若生前文物得以保存，也是一笔不菲遗产，更重要的是有可能成为类似于日本的地方神。每思于此，痛心不已。

南社民宿已初具规模，小楼深巷，修旧如旧，妙在巷道曲折，移步换景，大有曲径通幽之妙。民宿已达上百床位，周末节假日生意兴隆。应邀匆匆游览，导游主人讨教乡村振兴之计，仿佛吾有锦囊妙计。民宿方兴未艾，正在红火，各家均求经营高招，焦虑急迫，哪里还有“牧童遥指杏花村”之潇洒自若？古人“行到水穷处，坐看云起时”之心境荡然无存。其实花开花落，自有内在规律。南社八百年村史，又岂是步步青云？多少生存挣扎，均藏祠堂背后。

佛　山　颂

广佛同城，说的是广州旁边有个佛山市。一小时车程，地铁四五十分钟直通。佛山居住，广州上班，房价低一半不止，且城市化程度也不低。当然人车少些，节奏慢些，传统气息浓些。

佛山是一座低调却实力雄厚的城市，广东 GDP 老三地位稳固，广深之后即是。“广东人会生孩子，不会起名字”，最合佛山务实低调气质。制造业重镇，顺德众多名牌名扬天下，但宣传远不如东莞、中山高调。虽广佛同城叫了多年，佛山不卑不亢，依然如故，埋头干自己的事，过自己的好日子。

岭南新天地乃创意文化产业范例，今夜灯火灿烂，人气旺盛，超过以往。大概与广交会与周末相关，中式西式餐厅俱满，凉风习习，树影婆娑，游人熙熙攘攘，却并不拥挤喧闹。老房子，新装饰，中西风格混搭，钟楼颇似开平碉楼，中西合璧，别有一番风味，赏心悦目呵。

佛山广府气息浓郁，离不开顺德，“天下厨子出凤城”，凤城即顺德。顺德菜是粤菜三大菜系之广府菜的中流砥柱，食材自然，不时不食，烹饪讲究，精致入微。今食醋坛鸡在豉油鸡基础上变化，浓汤浸鲜鲈鱼亦凡土法，推陈出新，兼容并蓄亦是粤菜生命力之所在。

原佛山大学，因确定为广东省重点发展理工大学，进入飞跃期，更名大学申报中。新校区红褐色建筑，庄重敦实，少些灵动，倾向浑厚，理工科大学风格。不过恢宏仙溪大湖有白鹭翩跹，桥头码头有龙舟数艘供大学生训练比赛，湖中沿岸石柱为醒狮跳桩，却别具岭南风采。

大学图书馆，一副天堂模样：安静而祥和，书卷气息浓郁。学生设计的作品生机勃勃，青春满满。

梁园，广东四大名园之首，顺德大家梁氏宅邸。梁氏清时入佛山经商，族群兴旺，科举进士，多位高官将军，亦出艺术家、收藏家，风流名士。

梁家名人辈出，有“佛山白居易”；有革命志士；有教育家、学者、实业家。梁园三宝：奇石、名帖、秀水。石：12 块黄蜡石名声遐迩。帖：寒香馆法帖。水：后花园小湖。

半边亭隔开小花园与大花园，前者玲珑，后者开阔；前者曲径通幽，后者豁然开朗。遥想盛时梁园，200 亩园林，何其壮观？重建梁园时，只余下 19 亩，残墙破屋已然穷途末路矣。

祖庙，佛山中心区国家级保护庙宇。供奉北帝，启于宋，盛于明清。北帝道教司水，明代铸铜像。明永乐年间北帝信仰大盛，佛山多水，地方尊崇。佛山游神出巡，官方与民间合力，成为名副其实地方神。

当地尊北帝为“大父母”，故称祖庙。庙产庙田开办义仓，灾时救济；构成佛山信仰系统，精神层面已然中流砥柱。

2003 年恢复游神，经久不衰。庙宇金像，栩栩如生；金像制作工艺复杂，苎麻大漆金粉等，恰好抵御南方的潮湿。“文革”时被当地红卫兵保护，砌墙堵门，上书“人民公园”，以此避开破坏。可见，当地神深入人心矣。

佛山，一个古风犹存，富裕安详，让你内心宁静的城市。

岭南之北

古道雄关豪迈

梅关古道：一来一往到广州

韶关与广州的一条大路

广州到韶关高铁45分钟，韶关名人知名度最高的，一为凿开梅岭古道的张九龄，一为真身落在南华寺的六祖慧能，两人其实都与广州城大有渊源。名相张九龄盛唐时可以亲自主持国家工程，打通“古代京广线”，就与当时广州的商贸地位关系密切。而慧能大师就是在广州光孝寺发出“不是风动，亦非幡动，仁者心动”观点之后，移居韶关。不过，张九龄是地道韶关人，更为本土骄傲。两人都有“岭南第一人”之美誉，真是了得！张九龄成就，按同行张、宁二位博士言，几乎无可挑剔，因为文品人品均为上流。文有千古名句：“海上生明月，天涯共此时。”政有直谏玄宗杀安禄山。对广东来说，造福后人，梅关一通，文明交流，商贸沟通，福泽华夏。我不由长长叹息，韶关粤北有此一人足矣，何况尚有南禅宗丛林支持，六祖坛经一部名盖天下，足矣足矣。

仔细想来，可谓“韶关与广州的一来一往”：一来是北方人流货源从韶关一条大路直达广州；一往是六组慧能从广州走到韶关。这个一来一往的流向，极大地推动了两地文明的发展，何况，其意义又何止广州与韶关两地呢？

韶关还有一个云门寺

韶关所辖地域，有一个乳源县，县城亮点有三：一寺一石一菜。寺是云门寺，就在县城边上。云门寺名气虽在南华寺之下，但亦有云门一宗。如今聚集巨资，重修塔庙，甚为壮观。其中新修的纪念堂，记载了虚云大师百年传奇人生，103 岁的漫长人生，历经劫难，几度生死。即便以一个常人的眼光来看，大师也堪称壮丽人生。其后有佛源和尚，于“文革”时期舍命守护六祖真身——故事一如传奇！不由感叹：佛门何时清静，劫难波波相覆。

另有亮点为一石一菜。一石为韶关彩石，生于深山，采自溪涧，千百年冲洗，千百年浸泡。刚得山洪激流撞击，柔得天地精气酝酿。刚柔相济，自然天工，留下石头质地与花纹的交相辉映。表面上看，花纹的光影最为迷人，或山水或花草或丛木，肖似自然。深层里想，彩石坚硬，彩纹柔软，恰好构成美学上的一个强烈反差。加上人工打磨上光，凸显其相辅相成之美，更有意境的是那些神似自然的彩石，恰因为留下想象空间，所以跨越形似，跃为上品。我唯一担心的就是如何把人工之度，降低打磨上光的加工感觉，把外力隐形在天然之后，使彩石之彩维持天然质地，质朴精神当为首领。

一菜为猪头皮。据当地人介绍，选取本土山猪，猪头炖烂，切成条状大块，猪耳之香脆，拱鼻之滑嫩，猪脸皮之耐嚼回味，共一锅加山韭菜酱汤再煮，其鲜香别具一格。味香一路之外，再有就是形制取胜，比如长长一条猪耳连着一块敦实的猪头肉，以条状块状配合，形成“大块吃肉大碗喝酒”之水浒好汉之豪放。佐以瑶族苦爽酒，更有边地异域之感，小店就在县城江边，夕阳西下，对岸沿岸瓦房成片，晚风中有干涸河床水草腐味，河畔老树遮街，街灯昏暗不明，老城风韶尽显，不由地在一寺一石一菜中也品出无尽的历史沧桑。

乳源最大的特征是瑶族聚居地

今年秋天，借学术活动便利，再次访问瑶寨。因为乳源县是瑶族自治县，她的最大特征也就自然离不开瑶族了。驾车出城，离开高速公路进山。果断放弃旅游点，拐进山道去访问原生态瑶寨所在的必背镇大村。乳源瑶族自治县的必背镇是世界“过山瑶”的发祥地，位于县城西北部。

与我第一次见到的连南排瑶不同。必背镇的瑶族大村依山而建，错落有致的土墙木楼，中间溪水由高而下穿村而过。溪旁多高大乔木昭示山寨的年代，同行的当地干部邝指着一棵大树，说是国家一级保护植物，谁动了要枪毙，似乎是什么杏树。一眼望去，山坡上的瑶寨尽收眼底：黄色土墙黄色木柱覆盖黑色瓦片，唯有一栋新楼换成红色瓦顶，阳光下颇为扎眼。观光访问者的我似乎越看越不舒服，但村民也许把它看作致富标志呢。村口静悄悄的，一位老人木然地坐在门前，连眼珠都不转一下。溪水淙淙，回应的只有风刮过树叶的声音。几乎没有抢眼的瑶族色彩，唯一的亮色是迎面走来的村妇的鲜艳头巾和小女孩晶亮的眸子和好奇的眼神。

走进山寨，渐有人气，每条石阶路上都趴着黄狗，悠闲地闭目养神。问瑶胞为何狗见生人不吠，答曰只有夜晚吠叫。最生动活跃的是几窝母鸡带着小鸡，与村民的木然形成生气上的反差。都是平常汉族家常服装，问问才知大村主姓盘氏，是瑶族奉为祖先的盘古王的姓氏。跟上过小学的女子搭话，了解到村里人都打工去了，过年才回家。有卫星电视天线，几十个台呢。传统木头的谷仓闲置了不少，一个谷仓后躺着一口棺木，吓了我一跳。不知道瑶人如何看待生死呢！满村除了土楼就是木材，真是靠山吃山。土楼大多老朽，少了茁壮的生气，村公所空空如也，没有寺庙，没有祠堂，甚至没有见到类似土地公公的丁点香火。瑶寨的公约，瑶胞的心灵，瑶人的节庆，在哪里呢？不免惆怅，怅然若失。邝干部告诉我，因为人口锐减，加上大部分人进城打工，空心村与年俱增，不少瑶寨已经面临撤销户籍的境地。不由地想起冯骥才的疾呼，中国每天都有多少传统村落在消失；不由地想起广州小说家鲍十的近作《走马川》，那东北村落里最后一户人家，最后一个小学生，小女孩上学留在雪地里的两行孤独脚印——必背镇挂着中国绿色名镇的奖匾，那名镇里也包括这个寂寞孤独的瑶族小村吗？也许它只是不上地图的一个瑶村，有一天轻轻地把它抹去也就罢了，溪水缓缓流淌，山风无语拂面。

雄关豪迈，珠玑灵动：南雄客家一片天

一

细雨绵绵，拜谒梅关。守山人告知抵山门需行 800 米坡道。难在山石铺路坎坷不平，或卵石圆滑或片石错落，雨水湿滑，小心爬坡。沿路有张九龄夫人庙、六祖祠、东坡树等古迹。气喘吁吁感觉乏力即到岭头。仰望梅岭关口，高大巍峨，云蒸霞蔚，虎踞龙盘，气势非凡。

关口石墙上对联赫然："梅止行人渴，关防暴客来。"前句说行人艰辛，后者道古代关隘防暴护卫之功能。让岭南今人略微扎心的是一"暴"字，恰好流露出历代中原统治者对广东南蛮之地的一份戒备之心。同时，亦可见唐朝宰相张九龄奉旨开建国道之丰功伟绩。

韶关人张九龄，广东第一个进士，也是唐代岭南最杰出的诗人。有名句"海上生明月，天涯共此时"传世。张九龄干的一件大事，就是开凿大庾岭，打通江西与广东的通道，也就是我眼前的南雄梅关古道。

古道坐落在南雄县城的 30 公里梅岭顶部，双峰夹峙，虎踞龙盘。张九龄主持开建工程，其对岭南的贡献，不仅在于开凿古道，更在于提升了岭南的文化地位。

苏东坡过梅岭留诗两首，其一《赠岭上梅》："梅花开尽百花开，过尽行人君不来。不趁青梅尝煮酒，要看细雨熟黄梅。"其二《赠岭上老人》："鹤骨霜髯心已灰，青松合抱手亲栽。问翁大庾岭头住，曾见南迁几个回。"这两首诗刚好对应了苏东坡南谪北归的心境。其一是苏东坡南谪时正当壮年，过梅岭已是"梅花开尽"的时候，尚有心情"要看细雨熟黄梅"。其二是从海南返回中原途中经过古道写下，身体和心境均已进入暮年。据说此诗成了他的"绝笔"，因返途中病逝。一代文豪，谪来贬去，空怀报国才略，力竭而殇呵。

过了关口，古道石阶，坡道向下，即往江西大余地界。站在观景台上，只见崇山峻岭，雾气弥漫，山峦林海影影绰绰，好似一幅淡墨勾勒山水国画。据介绍，阳光灿烂之时，可于梅关岭上俯瞰大余县城。朋友C曾言，第一次过梅关因之前未到过江西，竟沿关口徒步进入大余，回时才发现步过五六公里，叫苦不迭。可见山路之崎岖。惜今日阴雨，无法远眺。幸好有一株梅花初绽花蕾，稍解遗憾。祈愿来日再访梅关，一览五岭之首雄风阔大。

二

珠玑巷位于梅关千年古驿道上，南来北往的人们在此经过或停留，有的索性落户，渐成古代驿站以及百姓杂居的繁荣古镇。明朝黄公辅《过沙水珠玑村诗》诗云："长亭去路是珠玑，此日观风感黍离。编户村中人集处，摩肩道上马交驰。"就是当年古道人涌物流一片繁忙的真实写照。

珠玑巷乃广东仅有唐宋古巷古道，被美誉为"广东第一巷"。巷长1500多米，路面宽4米多，鹅卵石铺砌而成。巷内老屋成片，各姓祠堂云集，保留了不同朝代古楼古塔古榕和古建筑遗址等一批文物古迹。

我缓缓步入珠玑古巷，千年驿道小镇古风犹存，令人无边遐想。各姓宗祠亦陆续兴建，引得海内外同姓同宗来此寻根，建立亲友会。我寻江姓宗祠，意外惊喜，虽与家族无关却亦生出亲切。从珠玑巷走出的百姓，构成遍及珠三角 133 种姓氏，故珠玑巷被誉为“广府文化发源地”“广府之根”。农妇挑菜赶一群白鸭，摇曳而过，从古至今的生活气息扑面而来。

三影塔为南雄市区地标，建于宋代，尚许攀登。塔内梯道狭窄，我勉力登四层止步。塔前广场，塔后博物馆。内展恐龙、民俗、苏区。南雄为独立小盆地，气候特殊，没有大的自然灾害，有山有水有田有粮吃，属于广东粮库之一。境内有大量恐龙骨架与蛋卵出土，被学术界确认为恐龙“最后乐园”和灭绝之地，此为特色之一。

特色之二，“无辣不欢”。南雄吃辣不但力压广东，而且与人们印象中的湖南江西四川，有过之而无不及，且在各地客家人中独树一帜。恐怕亦与盆地水土有关，据在广州读大学的小 N 说，羊城吃辣上火，回老家喝几口凉水，不治而愈。当地一种小手指大的黄色辣椒，名指天椒，只在南雄正常收成，到邻县就长不好。

三

“要问客家来何处？客家来自黄河边。要问客家居何处？逢山有客客居山。”腌面配三及第汤，客家标配，天然具有进入快餐业优势。面就是拌面，比广州面粗犷更近北方正宗面条；妙在汤鲜味美，猪肉猪肝猪小肠舍得分量，枸杞叶提鲜，嫩滑口感平衡肉食，堪称客家绝配招牌小吃。

酿豆腐为客家招牌，但南雄友人杨长乐却不无自豪地告知：酿豆腐做法全中国只有南雄特有独一份。选上佳嫩豆腐油炸，豆腐泡起，用手撕开一角，塞入大地鱼、小虾米、芋头、萝卜、瘦肉、五花肉、香菇、腊鸭肠、腊鸭肫、马蹄干、辣椒等多种切碎食料，糯米粉封角，上锅大火蒸熟。

此法暗含南雄古道南来北往，南方北方天下食材尽入其中，各取所需，迎合所好。因此妙在酿馅丰富多样，比常见酿豆腐更多一份滋味与包容精神。

杨长乐有诗《南雄酿豆腐》道：圆润的身姿，爽滑的馅 / 食材荟萃 / 似梅关古道吟唱千年的诗篇 / 沁人的馨香 / 在南雄盆地落脚生根 / 引来宾客翘首垂涎……多少古道故事跋涉情怀，在南雄梅岭大山回荡，引人遐想，温暖异常。

南雄黄焖鸭亦具本地特色，而非目前旅游手册上宣传的梅岭焖鹅。取农历七月半前一斤多子鸭，用鲜辣椒焖烧，辣椒一簸箕入锅，掩盖鸭肉，肉熟后辣椒鲜辣充分渗透，引导鸭肉达成至鲜境界。往往让外来食客终生难忘辣中鸭肉鲜美。所谓辣可提鲜，此为例证。目前本地酒家又有改良，加上好酸笋和啤酒，降低辣度也颇受食客欢迎。

南雄吃辣椒堪称“广东辣王”。湖南江西“辣不怕”，南雄则是“辣不忘”——辣度顶级，于默默无闻中让你尝一口而一生不忘。

毛泽东曾四过南雄，在市区大榕树下发表演说，其中“不吃辣椒不能干革命”之说就在小城发布。

铜勺饼，内放酸菜辣椒等油炸成饼，若放花生可称花生饼，均称铜勺饼。豆浆糍，黄豆石磨豆渣，细腻做豆腐，粗糙的制成豆浆糍，加入葱花辣椒末油炸成饼，据说此为南雄客家独有。饺子糍（又称饺俚糍），为疍家水上食物，耐放易存，为疍家人从大山顺河放竹排人所用。

大盘肠粉，质地口感近似广府，但形状更为豪放。皮蛋瘦肉粥亦是广东普遍粥品，但加葱段，更显山村质朴。炒河粉则与珠三角无异，一样鲜美软糯。

四

南雄城边浈江连北江，通海路；长江连赣江，赣江分章江和贡江，贡江到大余为止。中原以梅岭为官方关口，相当于国门。门外即是南粤蛮荒，所从一般人流放出梅岭，政府就不管了。由此见出，唐开关后南雄地位，就相当于今天的深圳、香港，既是国门关口，亦是人流物流码头与集散地。

浈江贯穿南雄，划出老城新城。浈江枯水，流动缓滞，水面漂浮水莲，岸边垃圾，不甚美观。江边坐落“广州会馆”，尽管门前冷落凋敝，当年风华却依稀可见，我一人伫立许久，遐想当年广府客商云集，财源滚滚。期待整饰维修，重现昔日风采。

银杏亦为南雄名片一张，不但有上千年树龄，有银杏出口，有 3A 风景区，而且有日接待两万人流量，11—12 月正是黄金观赏季：由绿转黄、成片金黄、落地金黄，前后月余，犹如樱花。阳光明媚时，银杏已然童话世界，美轮美奂矣。千年银杏，深扎大地，依旧焕发时光魅力，此亦为“本土精神”。

南雄现 35 万余人，均属客家话语系，但方言也有差异。南雄客家话虽属于客家话语系一支，但梅州人听不懂。即便南雄一地，方言亦分四块，差异明显。可见作为地域文化“活化石”，其中蕴含多少外来移民迁徙与当地土著冲突融合的内容。

当地男女身高较韶关各县更高，也与北方人滞留此地血统有关。采访中当地人黄海称：南雄人独立于韶关，韶关人亦将南雄人作为“老大哥”，历史资历最为深厚。在韶关人眼里，南雄人更似北方人，相对豪迈。但亦有人认为并无明显差异。

作家 W 则认为南雄客家与梅州福建客家相比仍有自身特点：南雄客家多经梅关古道络绎不绝进入，一般三四户七八户进村入驻，不似梅州大家族上百人携老扶幼，占地建村。因此导致土客矛盾，争夺资源激烈，迫使客家建围屋以自保，防御当地土著袭扰。

南雄市区，街道规整清洁，与大菜市场喧闹相比，人少车慢，小车礼让行人，电动车摩托车公共汽车缓缓开动，与市民悠闲的步态节奏一致。

广东南雄中学，校匾叶选平题字。校门对联颇具气势：岭南雄关毓秀钟灵千年教化承古道，粤北名序滋兰树蕙一代英才胜前贤。

校门对面，周末市场，喧闹如墟。鸡鸭鹅鱼，菜摊肉档，市区最热闹之地。南雄特色酿豆腐，多充芋泥，传说中加肉鱼菇笋酸菜马蹄等十多种馅料无处可寻，据说只有过年私家自制自食。抽屉式肠粉，圆形大盘，多种咸菜加鸡蛋 4.5 元一份，萝卜干酸菜鲜辣椒炒茄子豆角丁等构成乡野风味。亦有汤粉汤面加肉加蛋 4 ~ 6 元一大碗。

大润发超市与老店面同在，新建骑楼步行街对面人潮如涌仿若乡镇场墟。广府会馆一街矗立大厦，麦当劳肯德基甜品店与排档小吃当地餐馆交叉相间——这就是一座古风犹存、新旧俱在的安静小城。

始兴南雄：海上生明月，明月出青山

红围气势非凡，轩昂高大，墙体浑厚坚实，让人联想起欧洲古堡。门内有薜荔果树攀墙而上，根深入墙，枝叶繁茂。钟作家小声说：犹如革命火种，由小而大，愈高愈旺。

红围，红色岩石砌筑围屋。韶关为抗战时期“战时省会”，红围乃地处始兴县的省委机关办公点，日军攻入后，放火烧毁墙内木屋，大火烧了三天三夜。

广州车程高速四小时，抵粤北始兴县，走进大山。大安坪角楼命名“竹苞松茂”，寓意“竹节上升，松树茂盛”。看到熟人了！广东作家郭小东文学馆，广东作协文学院原院长、作家伊始题匾。

楼边有一畦烟叶，绿叶肥大，惹得李司机乡愁浓郁，原来他从小在河南老家种过烟叶。

客家围屋，客家文化的重要标志。有村必有围，无围不成村。离高大角楼不远处，又有一座规模不小的四方围屋，亦是建于两百年前。楼前遗留牌坊底座，右侧有一棵古树倒地，枝干十多米；枯树倒地，恍若远古恐龙倒毙于野，巨大的悲壮。

典型客家围屋，但亦有独到之处。进入大门，五进厅堂，一进高出一层，寓意“步步高升”，抵达最深第五进，供祭祖宗牌位。家族全体逢年过节必在厅堂聚餐。

按年龄段分，七八十岁高寿者于最高处喝酒，年轻人与儿童则在进门厅欢聚。据说，办白喜事亦是根据年寿停棺，高寿者占最里面厅堂。

始兴早餐，大盆猪红猪杂汤为招牌，客家土猪肉汤肉香浓郁；宰相炒粉为当地名品，滑润韧劲，类似米面，口感略像面条，但实为大米制品。

煎菜饺、红糖糍粑、白糖糍粑、素炒河粉、油条大根切段，一碟辣椒萝卜干赋予乡土亲切。与当地文友谈文学谈山川谈童年谈美食，不亦乐乎？

恰如县政协雷主席说：一把花生一壶酒，墨江河畔度春秋。羡慕始兴，九龄故里，居然拥有一条属于文人墨客的江。墨江只流于始兴境内，为珠江源头之一，下游为浈江。

始兴县，粤北山区 25 万人山区小县。红区老区，经济欠发达，绿色生态县；满目青山绿水，闻见民风淳朴。李司机随手捉到一只小鸟，众人惊喜，欣然放生。亦可见市区树木茂盛，生态极佳。

始兴为历来粤北粮仓，水土好，有饭吃，无须出外求生，知足常乐，小富则安。勤劳、质朴、老实，适合打造“慢生活”之慢城。邻县南雄就剽悍不少，干部开会抢坐第一排，而始兴干部就找最后一排，处事低调。

大山中的县城，一片绿色，与环抱的群山融为一体，江水穿城而过，山风清爽扑面。立夏之日，大雨初霁，空气无比清新，活泛树叶的味道：潮湿中之芬芳。

连日大雨，山体滑坡，县城去澄江的公路昨晚才疏通。进入校门，红纸墨字欢迎，颇具质朴热情。校门一侧有两尊名人像，李时珍与爱因斯坦，中外兼备。高个校长迎接，绿茶清香待客。

澄江学校，这是一所小学加初中，九年级建制学校。帅帅有才的邓校长告诉我们：学校有600多名学生，因为2/3的学龄儿童已搬到县城居住；澄江人擅长做卷闸门，不少小老板生意做到广州。

镇里大片的农田被两家公司承包：江西种植玉米大户、香港有机蔬菜公司。蔬菜有专供香港的菜心，本地起价28块钱一斤，大货柜车直运香港。

珠玑中学，承传岭南第一书院传统，接续张九龄文脉文风。校长欣慰告知：偶然在县志中发现孔林书院地形图，与我们中学地形不谋而合。我赞：天作之合！校长笑成一朵花。

校大礼堂满满一堂少年，掌声雷动，笑脸绽放。回身询问：九年级初三学生。在此演讲，容易收获掌声并夹着几声尖锐而稚嫩的叫好声。

方方正正的校园，高高大大的校门，右侧孔子语录，左侧张九龄名言。重视乡贤，自豪自信，故与孔圣人并肩，可以理解。

远处君子岭——南雄最高峰，巍峨壮观，白云飘绕。乍一看，竟然与日本富士山有几分相似。珠玑巷后代们，青山绿水间，吟诵前贤诗句："海上生明月，天涯共此时。"

新田古村，位于南雄市东北部的乌迳镇，距南雄市区约35公里。西晋时，李姓高官被贬南雄曲江令，途经乌迳，见景色秀美，心旷神怡，遂弃官建村，开基至今1700多年。

我见过不少古村，多为明清所建。但新田穿越元宋唐，提前一千多年，真可谓年代久远，垂垂老矣。而且古村单姓李，维系一千多年，令我惊讶！

新田村祠堂书院多，文化源远流长。眼前客家大屋清朝时建，一大户分九井十八厅房间数十间。门框门楣均为上好石料，雕刻精美，造型独特，有花纹，有弧形。对着祠堂，照壁巨大，颇具气势。

姓氏节，祭祀拜祖先，上牌位，长桌宴，进家谱，成年礼，由北向南，民俗在迁徙中可能出现一个断链，而南雄恰好保留了这个环节。

珠三角有些氏族返回南雄，寻宗问祖，找寻历史失落的记忆与仪式，此亦为“礼”。夫子言“礼失而求诸野”，此时，南雄恰巧是这个“野”，而新田古村扮演“中原南迁古村第一村”亦有相当历史地位。

南雄酸笋烧鸭，食之难忘：酸笋抢先，鸭肉居中，辣味随后冲击，由酸而辣，仿佛交响曲始轻吟终轰鸣，波澜壮阔，辣到出汗。南雄人食辣不输井冈山，难怪毛泽东当年南雄演讲：不吃辣椒干不了革命！血脉偾张，一辣冲天呵！

粤北韶关客家菜，酿豆腐酿茄子酿青椒，始兴南雄各有滋味，但共同体现一个“酿”字，凸显客家菜之关键词。始兴焖烧牛蹄，浑厚踏实，大快朵颐。

梅菜扣肉，既要扣肉软糯韧性恰到好处，又要梅菜香味浓重，油而不腻，提升肉香。盐焗鸡已然变身，无论蒸烧，鸡香总在。

南雄的早点，特色浓郁，传统日常生活历历在目。糍粑小巧，豆皮油炸，疍家点心，即使油豆干炒青椒亦有当地风味，新奇而可口。

从乌迳古道到梅岭古道，从新田村到珠玑巷，南北交流由此形成。犹如人体血管，恰似疆域连通。百姓迁徙为求生，氏族寻祖为回归。千年往返，风雨兼程，民族姓氏记忆构成历史大书，漫漫长路构成历史进程。读万卷书，行万里路，是也。

清远：一条北江，一座瑶寨

一

从清远上船溯流而上，在北江里游览。当地文化学者陈露热情地向我介绍著名景点飞来峡，并赠予他的小诗一首，其中几句有点感觉——

“天开清远峡，地转凝碧湾”/阔大而苍翠的岭南/此刻慑住了您一路的风尘/蓑衣草履/形容槁瘦/您，苏大官人/从踏上飞来寺靠岸码头的那一刻起/你的传说注定了与岭南融为一体/注定了与北江/这一条与中原的文脉之路——

这里的苏大官人指的就是苏东坡。飞来峡因苏轼闻名，那句“天开清远峡，地转凝碧湾”也成了清远最好的文化招牌。

回溯至公元前221年，雄才大略的秦始皇统一六国，不久即派大将屠睢南征，不料南越民族刚烈骁悍，他们实行坚壁清野，部落战士从山林或水路出击，最后诱敌深入，以夜战大败秦军，主帅屠睢被杀。《淮南子》一书记载了这一场著名的战役，谓“伏尸流血数十万”，这是秦军荡平六国都未曾遭受的重创。秦始皇毕竟一代枭雄，派军队和民工开凿了水运工程——灵渠，将湘江水引入漓江，然后通西江又汇入珠江，一举沟通了长江水系与珠江水系，从而解决了南下大军的后勤给养问题。继而再次南征，任命任嚣为主帅，赵佗为副帅，领军50万“略取岭南”。公元前204年，赵佗在任嚣死后，乘中原楚汉相争之际，正式竖旗建立了南越国，定都番禺。赵佗按任嚣“划岭而治”的遗训，积极推进边防建设，以作必要之自保。赵佗分四步来完成了“划岭而治”的整个框图。其中，以北江中游为中心，在今英德、清远修筑了两座万人城，把北江、连江连成一个军事大三角。不过，后来汉王朝五路大军兵临南越，沿北江而下的一路大军倒是最先攻陷郡治番禺。

直至唐代张九龄回乡开凿扩宽南雄梅关山路，由江西入粤经梅关而下北江的商旅骤增，一些被贬岭南的官员、往南而来的文人学士也多经此道。唐、宋、元、明四朝代，北江随之成为北南交流的主要“文化通道”。史籍记载曾被贬或公事南来各朝代较大影响的文人，有韩愈、宋之问、张九龄、刘禹锡、苏轼、杨万里、海瑞、王夫之、屈大均、陈献章（新会白沙先生）、汤显祖、袁枚、查慎行等。

苏轼——东坡先生游历四方，在广东境内最有名的活动遗址似乎在惠州，惠州小西湖边的那座雕像、那座爱妾坟让人印象深刻。倒是韩愈在清远一地为何没有像在潮州那般有一番作为呢？我心中疑惑——难道是西江流域的土著对韩愈的中原文化有一种抵触，而来自中原的潮汕却又天然拥有一份亲和吗？一定有所讲究，文化的背后，隐秘无穷，就看谁有那把解密的钥匙了。不过，回头想想，文化的事情又是一团乱麻，真的要把它扯得一清二楚，可能就不是文化本身了。我望着飞来峡，思绪如风。

飞来峡有寺庙，有东坡先生当年休息的小楼，有袁枚写过文章的山泉瀑布，不过景色都抵不过俯瞰的北江：两岸青山高耸，江水波涛汹涌。果然有长江“小三峡”的险峻，想来宋唐时代，江水还要加倍湍急吧？

我用“粤语，一路向西”来解读西江，那么，又该如何解读北江呢？

陈露告诉我：北江是珠江流域第二大水系，全长468公里，流域面积46710平方公里，其中92%在广东省境内，省内流经清远市又占了70%。北江的主要支流有连江、琶江、滨江。连江最长，流经清远市的连山吉水河、连南三江河，连州连江河，阳山的小北江，在英德市连江口汇入北江。故在连江口有一个奇特现象，从韶关流过的水黄色，从连江流过来的水绿色，入口处可十分明显看见“一水二色”的界线。琶江流经清城区、佛冈县。滨江的主流全部在今清远市清新区的滨江山区。20世纪五六十年代起，在清远、三水一带筑建的“北江大堤”是护卫广州的屏障。一旦这个北江大堤崩溃，整个广州城将全部陷入汪洋之中。西江则是珠江流域第一大水系，主要流经广西和广东西部。肇庆市是省内主要流经区域。北江和西江在佛山市的三水区汇合，成为珠江的主流。所以每当北江和西江进入涸水期，珠江各河流就只剩下河床和淤泥。

可以说，假如没有西江、北江、东江的文化灌溉，广州的“广府文化”就成了无源之水——我想，可以思考的问题还有很多，都算是待解的历史之谜吧！

二

我住的广州楼盘后面是农科所的一块地，广州市政府早就规划征用了，因为多年没有开工，引得各种身份的外来人口圈地种菜。连南瑶山卖菇的老张，就在那里有一个窝棚，守着几块菜地。我认识他有七八年了，偶尔与他路边聊聊天，偶尔买些他自己栽自己吃不外卖的蔬菜。从他老张口里知道什么是真正的有机菜，长豆角如何不打农药，韭菜如何鲜嫩，瑶山如何风光——前一段时间他说要回家盖屋，说回来还要送给我一个南瓜。上个月散步却发现小屋被夷为平地，老张不知去向，不禁戚戚，若有所失——仿佛老天安排，不几日就有一个机会去老张向我描述多次的家乡连南。连南瑶族自治县，很清静的县城，自然无法见到老张，何况他是否住在城里？但连南让瑶族走到面前，遥远的历史被空间穿越。神情不禁恍惚，好在同往连南的瑶族诗人唐小桃又把我拖回现实——

瑶族有排瑶和过山瑶。前者因筑屋于山坡，一个山寨聚合几个家族，形成排楼，分氏族有序居住。过山瑶意在吃尽一山迁居一山，可谓靠山吃山，是比“逢山有客客居山”的客家与大山的联系更加亲密的山民，难怪瑶族有歌谣：“官占平地汉占坡，把我们赶到山窝窝”。可谓真正的弱势民族。面对面遭遇是在去南岗瑶寨路上，偶遇一辆迎亲的小车，新娘盛装，一手一只烧水壶，一手一只鸡笼，里头有一只活跃的小鸡，不久，新郎从路边村子里来了，一手一大块猪肉，另一手也是一只水壶。请他们合影，欣然答应，那淳朴的笑容，似乎只有在散文和童年记忆中才有，一如瑶寨的淳朴：大山的青黛，透彻的山泉，没有一丝污染。车后两位老妪，更见淳朴，我扶着她们的肩膀合影，她们笑得如山花般灿烂。

进了瑶族博物馆，才知道瑶族历史悠久。比如瑶族盘王印，无疑是荣格最感兴趣的历史文化“符号”。符号也许可以涵盖全部文化及其意义，但我感兴趣的却是由符号激发的精神过程，以及此种过程在无意识领域活动的具体情境——其实这就是每一个人具体日常生活中体现出来的一点一滴。我不由地联想到瑶山卖菇的老张，联想到我们常常挂在口边的“广州第一”。比如，天河城是中国第一个购物中心，广州塔是中国第一高塔，广州是中国华侨最多的大城市，新白云机场是全国最大规模的国家枢纽级机场，广州音是粤语的标准音，白天鹅宾馆是中国第一家五星级酒店，等等。其实，在千年瑶寨山头上回望广州，我心里的那些什么“第一”就放下了许多，放下的是“文化中心主义”？是“文化沙文主义”？茫然间一时也还理不清楚。高高的瑶山为理解广州提供了另一个视点：“瑶山的睡眠是一种花开 / 打开记忆和深情的花瓣 / 醒来的城市和止息的雨 / 请照看好阿哥五彩绸线的花腰袋。”（唐小桃诗）也许，那些答案就在那片瑶山的花瓣中吧？！

清远大山，有一种美丽你不懂！

佛冈一日：大山里的美丽乡村

佛冈有佛，因观音山而得名。人口不多故为佛冈县。在广州其温泉盛名。佛冈之美丽乡村存久洞，自然资源一般，地貌无特殊，一条小溪穿过村庄，山水清澈。这里曾是我军一个团部所在，日军轰炸投过炸弹，算是红色资源。我的兴趣在于种植大户青年陈友平，他经过四年试验，在山沟里成功种植金线莲。青草药可售上千块钱一斤。他在房地产公司做过培训师，出口成章，铿锵有力，活得生动。陈讲十九大，一套一套，生动胜过教授，且有泥土气息。

如何在红色资源基础上开发乡村旅游，种植大户的深山农庄或许是条路。每一个美丽乡村都在寻找出路，说易行难，靠天靠地也要靠自己。

中华里，群山环抱，玉带环绕，村名渊源不清，明末从化迁入，忠孝文化，传统深远，牌楼老人议事，重大节日全村升国旗村旗。升旗时全体穿蓝色村服。集资建农家乐，植观赏花成片，节日时有数万旅游者参观。国旗之后，村旗昂扬，上书李字——姓李？忠义？

村文化室墙上有旧标语——毛主席语录：没有贫农，便没有革命。否认他们，便是否认革命。打击他们，便是打击革命。——“文革”岁月

依稀可辨。

王田村，宣传材料类似年度总结，几无亮点，美丽乡村亦同质化。追问下方知是顺德大沥迁移500年的村子，曾出过一名榜眼，但村主任所知甚少，连名字都记不起来。询牌坊等，也一脑门糊涂，令人失望。文化复兴，寻根问祖，唉！倒是种植大户的一片百香果，痛快淋漓，让我知道今年广州大丰收的百香果原来如此蓬勃生长。

铜溪村虽然只有四百人，却比几千人大村更有发展冲劲。缘于身份？朱熹后裔。难道先祖召唤依然？文化底蕴一直在悄悄发挥作用，村民集资，重整山河，客家围屋已初具民宿之姿。此为真正远方。

英德：古之英州，地灵人杰

英德，早上好！微微小雨，凉意陡增。顺北江往上游，山更高，皆为喀斯特地貌。第一张名片是英德红茶，还有英石、温泉、旅游点等。大芥菜遇霜倍鲜，一丝甜味回甘。清流螺丝，尽显小辈风采：鲜活而动人。

英山出英石，英为花，石如花。宋宁宗做皇上前曾封此地，登基后感恩将此地改名为英德。《小泊英州》诗中，诗人杨万里亦谈及英石。苏轼曾途经英州，顺北江而下，留下诗篇。英石开发，从山上开掘，暴露为阳石，粗砺多皱；藏于地下为阴石，石面光滑。开挖近于考古，细细刨土，专人指挥，30个铁葫芦30个工人手工拉提，铲车拖出大山。望埠镇成就英石行业，每年产值约十个亿。太湖石“瘦皱漏透”，与英石相近，却更加浑然天成，阳刚大气。英石销售百分之四十在江浙，英名被太湖石遮盖。

邓达意，中学校长出身，下海经营英石庄园，谋取英石行业发展。敦实汉子，声若洪钟，元气充沛。介绍英石园，遥指石像，询众人像什么？我当即道出“西游记”，师徒四人西天取经。他惊叹：童心不泯，尚存儿童想象力。吾闻之大悦，接口道：愿减去三十岁。邓总以英石为事业，投入并热爱。对其庄园酒店度假休闲有一套想法，吾视为大山中奇人一枚：南人北相，英武磐石。

英红九号是茶之品种，红茶是茶叶加工形式之一。全尖芽为金毫，三万元一斤，因五千株茶才能采一斤。发现农民砍伐老树，便挂牌或拜神符以示保护。以慈善家方式做茶，似找到人生自我实现境界，志得意满。远眺大山，茶若人生，回味不已。

英德西牛镇扶贫项目——宽体金钱蛭（蚂蟥），用鸡粪养田螺，喂水蛭。干蛭近千元一公斤。一亩纯利二万余元。蔬菜园，睡莲种植，贫困户提供劳力，企业出资金与技术。农副产品加工。西牛镇三宝：白菜干、麻竹笋、韭菜。我在劳作的农夫农妇脸上看到淳朴笑容，生活期盼亦在其间吧！

英德发车，半小时翻过大山，进入高地小平原，清远华侨工业园区，一百多家高新企业，两万多工人，已建十年，目标是15年后建成25万人新型城市。园区正在举行技能大赛。吾意外之余，遥想大山中的小城。互联网与高速公路，让乡村美丽，新城出世。

阳山：穷处奋起，寻求突破

阳山，半江半山半入城。面连江而建，亦是一座古城。阳山牛骨，粗大壮硕，食客以管吸吮，正是成语“敲骨吸髓”，充分显露吾广东食

客搜刮天下美食之穷追精神。轻吸轻吮，肉汤异香，混合软软肉糜，味道与质感完美呈现，外观与内涵相得益彰，口齿生津，微醉似醺，已臻境界。

印象中阳山与韩愈相连：“阳山，天下之穷处也”，“阳山穷邑唯猿猴”。后人称，世人先知有韩愈，然后知有阳山矣。阳山至今也是贫困县？韩愈在阳山一年多，亦有英名，但远不抵在潮州八个月让“江山尽姓韩”，韩江韩山，实在了不起！反而观之，两地文化底蕴不同，文化温床不同，故种子落地会有不同结果。

专家告知：后世的文化认同也起了作用，苏轼写了《潮州韩文公庙碑》，其名句“匹夫而为百世师，一言而为天下法”流传甚广。粤东经济发展，潮人反复援引韩愈在潮教化以证自身文化的正当性亦为原因之一。可见，文化传播古今同理：愈描述愈显个性，愈传播愈见特征。

距离阳山县城半小时车程，一个背靠大山的村子，即为雷公岩村。保留从前的土围子，有四座炮楼，上有枪眼。修旧如旧地恢复“文革”时期标语口号。土围子外面，新农村景象。进农户，言米饭玉米粥红薯轮流吃，今天吃猪肠。

山根村，500 多人，梁姓。老屋中地主旧宅外观最好，高大木门，门楣雕花。理事梁远志留下理由“留下来比不留下来好”，种菜种果种食用菌，加上租地，共 200 亩。打工多从事铝合金、运输等。新房多为打工或读大学在城里落户赚钱所建。盖不起新房的还住旧屋，黄泥稻草让牛踩踏成浆压晒成砖，上好泥砖内掺黄糖以致坚硬，历经百年，坚固依然。此村尚未授牌，美丽乡村起步，按城里人眼光装饰参观地带，一个垃圾桶呈现城市文明，一溜石器代表历史沧桑。但形式之下如何表里共进，真正提高乡村生活质量尚有长路要走。

阳山大崀松林村好处在于土地整合，把打工者搁荒的土地，由村委会整合起来，零散分散的土地连片，修机耕路，便于现代经营管理，再租给种植大户。开村民大会，让农民理解，签约：或出租 15 年；或土地入股。电商伍红花，三十多岁女性，本村人，每月发货一万斤薯干无花果等，每斤利润约 3 元，月收入几万元。现贷款 500 万元，成立公司投资冷库与农副产品加工厂。自言开工要 150 名工人，首先解决贫困户劳动力，工作简单，有手有脚，坐着洗削红薯就行。

乡村在凋零、流失、荒废、空洞化，如何化颓势为优势？如何在城乡互动间找到一种平衡，做到有表有里？美丽乡村实践探索：方式不一，道路很多，坚定前行。世上本无路，走着就有了。希望在未来，走着走着，花就开了。

祠堂文化节：看祠堂，看乡村，看文化

一

第一站金造村。为何有金？缘由出在一群鸭子，鸭子下河吃食，村民意外发现鸭子胃里含有金砂，遂杀鸭取金，旋即发现金矿，开采致富，命名宝地为金造。金造村为罗姓大村，不但经济发达，亦是红色根据地。1942—1949 年曾驻扎六百军队，发生激战数次，功勋卓著，载入史册。

中午，村民广场搭棚，食当地土菜。黄糍，草木灰为碱水，糯米为皮，包香菇猪肉腐竹咸菜等，皮同馅不同。鸭肉炒笋片，麻竹笋。黄豆腐，九龙豆腐与炸豆腐，因山泉水呈弱碱性，豆制品上乘。腐竹炒鸡，当地土鸡与土法腐竹搭配，味道上佳。红薯芋头，口感原生态十足。村干部说：村里做菜，只用油盐，少放生抽，讲求原味，白灼为多。

金造村有一万人，留驻一千人，九千人出外打工或迁居。民俗“六月六”成为凝聚乡愁节日，罗姓客家传统特有。

始祖开村五百多年，定居后方有此节，崇拜水口庙众神。连续三天，迎神、祭神、送神。节日凝聚族人，节时可返回万人。

金造村罗氏宗祠是由多个祠堂组成的整体建筑群，据说在粤北地区少有。

英德彭家祠，四百年山寨，当地豪门望族。登高望远，景象宏阔，青山绿水，群山延绵。左青龙，右白虎，有屏风，有官帽，有河水入门，意财源滚滚。

依山拾级而上，门楼后楼房层层叠叠，有围墙有枪眼，有后山逃窜小路，有故事的古堡山寨。当地旅游开发，将之美誉为“英德小布达拉宫”。

英城朝选林公祠。村口下车，林公祠四进镬耳墙重重叠叠，构成夺目风景。镬耳墙又称官帽墙，为广府风格，四进高墙整齐划一，前后呼应，煞是美观。

与其并肩而立的马头墙直觉为徽派建筑，高大庄重，伟岸而立。夕阳西下，两者交相辉映，更见岁月沧桑。一问，均为林氏所有，一祠堂，一大宅。

与林氏祠堂建筑风格不同，马头墙下林氏大宅又有围屋规模，靠山高墙枪眼众多。但专家认为并不能用广府或客家涵盖，林宅虽然属于客家，却也融汇多种风格。加之林家石材石灰生意走南闯北，自然而然地接受各地风格。我言镬耳墙亦为广府典型风格，但英德当地人士却不认可。

华南理工大学建筑专家言：马头墙并非徽派独有，客家迁徙亦是兼容并蓄，英德本地就是广府客家杂居。七嘴八舌，我一头雾水，只好接受兼容说：你中有我，我中有你。

据村主任介绍，村内三间祠堂先后修建，林姓来得最迟，但经商积累财力，后来居上，祠堂最高，楼层高出一般。林氏大宅也归高大一类，进门主厅居然有三层天井式回廊，令吾意外。

同行专家高峰言林氏祠堂已有民国风格。但英德林主席则肯定其建于清朝；水泥出现于清嘉庆年，或许可以帮助判断年头。

林氏祠堂右侧黄氏祠堂相对窄小，恰好衬托出林氏祠堂气势雄伟。

二

广东是祠堂文化大省，岭南大地保留了中华传统的许多精华。

乡村祠堂，在今天已经事过境迁，发生了内涵的变化。传统乡村，它是权力中心、法制中心、民事调解中心、民俗娱乐中心。崇拜祖先，祈福吉祥，娱神亦娱人。它的功能是多方面的。

德国学者卡西尔《人论》曾经提到：在中国被国家宗教所认可和控制的对祖宗的这种崇拜，被看成是人民可以有的“唯一宗教”。

新中国成立以后，中国的政权在乡村由族长、宗族，变成了村委村书记——政权中心发生了变化。红色文化与传统文化之间，如何寻找一个平衡？

追问今天乡村面临空心化，今后谁来种田？少少的人种多多的田。50后、60后、70后可能老了重返故乡养老，但80后、90后、00后在城市接受教育，童年记忆全在城市。

那么，谁来继承传统？谁回乡居住？种种现实问题挑战之后，谁来完成祠堂的转型？最后，谁来承继香火？祠堂是否需要转型？城市人的根在乡村在祠堂，如何延续寻根？

也许，后代的事让后代去做——毛主席讲过类似的话。每一代人要建造每一代人的纪念碑。中国社会转型，祠堂文化亦面临转型。

三

晚餐为英德特色客家火锅，北江岸边，凉风习习，特色餐隆重开场：白粥为底，煮沸让蒸汽上升，蒸锅屉子上先后铺上鸡块、草鱼、活虾、珍珠贝、活蛏子、牛肉丸、黄米糕等等。

电蒸锅定时 3 ~ 5 分钟，到时揭盖装盘，边吃边蒸，鲜味轮番上桌，犹如美食大阵，一波一波进攻，让吾等食客食欲振奋，欲罢不能，赞不绝口，应接不暇。

鸡肉蒸汽至八九成熟，鲜嫩至味；草鱼恰到好处，七分钟完美入口，嫩滑十分。最让我难忘的是珍珠贝与蛏子，蒸汽烫熟，贝壳微张，贝肉最美……

直至一轮美食到头，抽开蒸锅屉子，锅底鸡块白贝粥依然，咕咕沸腾。因为鸡鱼虾牛肉多种荤汁渗入，肉粥已然极致鲜美，轻啜一口，沁人心脾，不禁忆起古诗名句："此曲只应天上有，人间哪得几回闻。"脱口一声赞：好粥，好粥，神仙粥也！

四

英德两大本土符号：英石与英红九号红茶。英石与太湖石风格相近；茶则为华南农大研究成果，名扬海内外。

英德连江口镇连樟村，成为扶贫典型，政府资助，企业支持。曾参加抗美援朝的老战士陆姓老人，与来访者握手。黄色老土屋与雪白新房子的强烈反差，乡村景观如何注入新活力？乡村人与城市人不同的心境：离乡与寻根……值得思索，问题接踵而至。

祠堂成为传统农业生活载体，如今内涵需要转型，因为时光不再，怀旧中的重建已然夹有伤感。

犹想起我的朋友作家老蒋的乡村实践：家乡建设已经转化为他的人生使命，成为后半生的生活目标。他要在家乡乡村建设中，贡献自己的力量。新一轮修家谱，族人推他负责。他已经在老家建了一个"江雪书屋"，以他父亲笔名命名。靠各方捐赠搜集 7 万本书，已经挂了中华人民共和国乡村图书藏书量第一名的奖牌，成为衡南图书馆的分馆，受到了政府的支持。他计划在书屋半山腰，建一个神山亭或者叫感恩亭，作为读书的亭子，与书屋呼应。

同时，在书屋旁边，建一个博物馆群：农具博物馆、扑克博物馆等。

然后，他把老家所有的传说——哪怕蛛丝马迹，一鳞半爪，都挖掘出来，编成故事，下笔成文。他说：乡村的历史、家族的历史，就由他开始书写。至于将来能否有人继承，他不在乎了。他们这个村也有六七百年的历史，从江西迁过来。没有人去记录书写乡村历史，而这个工作由他开始。

他说：至于这个祠堂，将来怎么生存？怎么充实内涵？如何进入乡村建设？适应乡村社会转型，值得思考与实践的事还很多，至少我们这一辈人做不完。

景观一一观看，让我百感交集：城市生活场景与乡村生活场景，现代时尚与传统古旧，恍惚中交替变化，一如日月轮换……我在亦真亦幻中无语，却依稀听到一个声音：向前走吧，怀念并不能拖住时光。

岭南之西

秦汉风云越两广

广东“三个半文化”的半个？

粤西指广东西部，包含4个地级市：湛江、阳江、茂名、云浮。总面积约占全省18%，总人口占广东1/5。广东向来戏称“一个省为三个省”，即指广东地域文化分三个特色显著的本土文化板块：广府、潮汕、客家。近年来，粤西地位上升，受到重视。政府承认其为独立的文化体系，也就是粤西文化。

但文化界有一种说法，称广东文化是“三个半文化”，粤西就是这“半个”。对此说法粤西人颇为不满，他们认为粤西是独成体系的。确实，我们承认粤西的前提在于，她不仅仅是四个地级市的行政区域，而且是一个文化区域。但粤西文化有没有它的核心？靠什么来统摄？沧海

桑田，天翻地覆；这个问题，一向存在争议。

我对粤西的印象，可谓琳琅满目，眼花缭乱。不似广府文化，以广州为中心，珠三角为区域而耀眼；潮汕文化，潮州历史最长，汕头后来居上，但有潮汕古代八郡为基本版图；客家更不用说，客家领域不仅仅在广东，与福建、江西三省交界之处，有客家广大区域，广东客家以梅州为中心，没有太多异议。

粤西却大大不同。粤西文化在政府文件里，虽以雷州半岛为中心，但其无法统摄高凉文化，云浮六祖慧能的禅宗文化似乎也在雷州文化影响圈之处。还有吴川多种非遗项目，电白与高州互争嫡传的冼夫人文化，以及近代后来居上的湛江法租界文化和茂名石油城文化。此起彼伏，各有渊源。多种文化形态，均不是雷州半岛文化所能统辖或涵盖的。

不妨挑重点文化标志具体说说——

先说六祖慧能横空出世。很难找到什么兆头，或者文化土壤，六祖慧能诞生于今云浮所辖的新兴县。一个大字不识的樵夫，长年给庙宇送柴火，窗前聆听师傅布道，日有顿悟，遂告别寡母，赴湖北黄梅求佛。

初见五祖弘忍场面，至今读来称奇。五祖说：你是岭南獦獠，凭什么求学佛法？慧能颇为自信答道："人分南北，但佛性并不分南北。"后来，他又在继承人竞争中咏出千古名句："菩提本无树，明镜亦非台。本来无一物，何处惹尘埃。"

六祖慧能最终得传衣钵。但传道历程漫漫，经过许多艰辛，甚至生命危险，最终创立禅宗南宗，并传播至全中华乃至世界。传世的《六祖坛经》曾受毛泽东高度评价。如此禅宗奇人，与粤西到底有什么样的关系？其人才成长的外因内因，的确是渺渺不可求矣。

再说粤西"冼夫人崇拜"。比唐朝高僧六祖慧能出生年代还要久远的魏晋南北朝时期高州俚人首领，被誉为"岭南圣母"的冼夫人。她是当地土著领袖，但与汉族官僚冯氏结亲——可谓汉族统治者与当地土著俚人亲密合作的典范。

冼夫人伟大之处，在于整个粤西以至海南岛一片将其奉为神灵，建庙祭祀千年，至今仍有几百座冼夫人庙存世。我曾在高州冼夫人祖庙祭台前伫立半小时，观察所有祭拜男女老少，一律虔诚真挚，与世人拜菩萨佛祖道观有所不同，功利世俗之心明显减少许多。在粤西靠海一片百姓心目中，冼夫人是一位亲切的历史人物：“唯一用好心”——精神实质就在保一方平安，促进俚汉文化友好相处。她是一位懂政治、晓经济、会打仗、有策略、有胸襟的巾帼英雄，顺应天命，成就伟业。其事迹历经千年而影响粤西，地方本土崇拜本身就值得重视。

雷州石狗，粤西一谜。属于雷州半岛——亦是粤西醒目的文化标志之一。雷州人民世代繁衍生息中遗留下的宝贵文化，一种独特的民间艺术创作。整个雷州半岛，据说有一两万只石狗，分布于村庄屋舍、河流田野，随处可见，乃先秦时期当地富有神灵的祭拜物。

我曾经在雷州石狗博物馆参观，一下子看到几百件石狗雕像，震撼力至今难忘。石狗神态各异，千奇百怪，眼神中透露出人一般的神态与情感，艺术创作中的“拟人”状态异常凸显。但，粤西区域广大，雷州石狗作为文化符号亦难以统辖全境。

到了近现代粤西，又有两个地方与时代接轨：一是湛江——法国人占领湛江，误认为就是具世界名声的广州，直接在地图上标示为广州湾——法租界对湛江有深刻的外来文化影响。二是共和国成立后，由苏联专家设计的石油城茂名。茂名年代资历很浅，在高州电白之后。但由于行政区域的划分——成为地级市政府所在地；20 世纪 50 年代石油工业重要地位，也使这座新城快速发展，为粤西新添一抹现代工业色彩。

粤西的复杂之处还在于，既是广府、客家、潮汕文化的边界地，又融汇了千百年当地土著文化。一个历史事实十分明了：文化并不似行政区域那么简单清晰，文化交界处常常包含更加复杂的元素，甚至你中有

我，我中有你。

相对广府、客家、潮汕方言齐整统一的状况，粤西方言亦相当复杂，是方言学者研究的富矿。而来自客家、潮汕、广府的语言，又似海浪拍击一般由近而远影响着粤西的方言。呈现出历史上移民迁徙及其文化的不同流向，交叉碰撞冲突融合的状态，比比皆是。

我对粤西的印象在模糊与清晰中沉浮：几个纪念碑式的标志难以忽略，但无法成为今天四个地级市统一的文化标志。同时，她又是广东百越土著受到外来移民挤压后的最后一块栖息地，包含了更多百越余韵与先秦遗响。

脑海中时常铺展一张图画：中原人、东吴人、客家人、潮汕人，他们通过南雄古道、珠玑巷、粤东海航道，或翻越五岭，或航海登陆，奔赴广东寻找新的居住地。人们争夺森林土地河流水源等生存环境，战火连天，械斗不止，致使竞争力相对落后的百越部落原住民——节节败退至粤西海边，并逐步向广西、海南岛以至更远处迁居；一部分人遁入大山，成为壮族、瑶族、黎族、畲族的祖先。粤西的文化包含了更多史料记载甚少的远古信息，文化基因与迁徙轨迹神秘莫测，变幻无穷。

对粤西文化的初步结论如下：

第一，粤西文化体系复杂，历史源头多头并举，缺少统摄一方的文化符号，更重要的还在于缺少统一的方言。

第二，因为文化多元，所以雷州半岛文化，很难成为核心并统摄整个粤西地区。雷州从古至今，只是粤西文化的一部分而非中心。

第三，粤西原住民，史料少有提及俚人去向。学界认为向广西、海南，以及越南东南亚等地迁徙。其中包含了文化迁徙转移，千年流变的重要历史信息。俚人等少数民族，显然参与并融入了汉民族的历史进程。

史料与考古发现或可双向引证：唐宋后史料少提俚人；宋前后俚人文化特征有消亡迹象。看来多种文化融汇与汉文化影响进程明显。

比如粤西特有的“年例文化”就是以冼夫人文化、雷州文化为主体，受高凉文化、诸神信仰、祖宗崇拜交叉影响，历年南迁带来多元文化与土著文化交融汇合发展演化而成。“拜潘仙”信俗，也为年例注入道教元素。历史人物潘茂名为道士，治病除疫造福一方，因此头戴道冠、手拿拂尘的道士身影亦活跃在年例中。今天茂名地名，就源于这位姓潘名茂名的道士。可见，文化融汇色彩斑斓，多姿多彩。

“纸上得来终觉浅，绝知此事要躬行。”十年来，我访问了粤西许多城乡，回到历史现场，寻找先人气息。谜语般的粤西始终诱惑着我去揭秘。访高州时，就强烈感受到古城有一魂魄，难于明言，却隐隐约约，亦真亦幻。南朝时的俚人与冼太夫人，博物馆里的瓮棺习俗从高州茂名延伸出去，俚人是出走还是同化？俚人与黎族、壮族有无血缘？千年历史之谜由此铺开，弥散粤西，直至海南、广西。

简而言之，粤西文化是目前广东三大民系文化之外，尚未得到充分研究的一块最具“广东本土性”的地域文化。统一规划的广东本土文化资源，不可能轻视粤西。其远古性、复杂性、丰富性，以及珍贵的独特性，又岂止“半个文化”可以承载呢？

问苍茫大地，谁主沉浮？粤西魂归何处，中流砥柱何在？如何穿透遥远而繁茂芜杂的历史？说不清道不明的粤西文化呵。

千古之谜，文化不朽。

粤语：一路向西

从广州出发一路向西几百里，白话、广府话占据了主要地位，熟悉广东的人都知道，广东有三大民系共存，还有覆盖区域不小的客家话和潮汕话。而一路向西，其文化相似性要比向北走一百里大得多，大概是因为从前文明沿着河流走吧。感觉粤西与广西、越南，在风物情调上有相同之处：林白小说的笔墨渲染，越南电影的特殊情调，粤西风物的精神意蕴——神韵灵气贯通，似曾相识。

一路向西，就是当下广州提出的“广佛肇城市一体化”的通道，再前行就是肇庆与广西接壤的开封和梧州了。翻翻历史，广东从“越”到“粤”经过了漫长历史，“越”是一个很大的概念，十分久远，“粤”则是近代概念，只有百年。百越族，是居于现今中国南方和古代越人有关各个不同族群的总称。文献上也称之为“百粤”，粤，越族，其分布甚广，内部各有种姓，杂处于现今中国南方各地。在中国历史上，整个广大的江南之地，即所谓交趾至会稽七八千里，在秦汉朝以前都是百越族的居住地，古越语与中国北方上古汉语相差极大，根本无法通话。而今天的越南人属于中国百越族的一支，公元前 214 年，秦军征服南越，设立三郡，其中象郡就在越南北部。创立越南王国的君主最早均为古中华人，越南在秦朝被松散地统一在大中国的版图之中。于秦汉改朝换代天

下大乱之际，割据岭南的南越王国建都于今天的广州，也同时管辖着越南北部。所以到了唐朝区划岭南，广州包括珠三角的中心地位也自然形成了。

广东与广西关系密切，从地名来源都可以看出。汉朝军队重新平定岭南（今广东、广西及湖南的小部分地区）后，汉武帝刘彻诏曰“初开粤地宜广布恩信”，郡治的地方由此起名为广信县。宋朝，朝廷为了管理上的方便，以广信县为界，广信县以东，称为广南东路，广信县以西，则为广南西路。广东和广西，即由“广南东路”和“广南西路”的简称而得来。

清末民国地方武装崛起，军事势力分割，广西有桂系，广东是粤系。桂系的军队和粤系的军队哪个更强？这历来是个有趣的争议话题。从历史看，孙中山到广东前，广东是没有坚强的正规军的，有的只是一些省防军，战斗力弱，一度被广西军阀所控制。但在经济上，广东的财政收入要远胜广西，所以广西又依赖广东。直到孙中山主粤后，这一切才发生了变化。但桂系坚持时间长，是唯一没有被蒋介石消灭的地方杂牌军。

肇庆市区为二：端州与鼎湖两区。端州区旗帜是天下“名砚之首”端砚；鼎湖区标识是珍贵的水源鼎湖，到广州十年，一直喝鼎湖山泉桶装水。广州街上最常见的是肇庆裹蒸粽，竹叶扎紧，硕大一个，糯米包裹着猪肉和绿豆粉，很香很糯，稍显腻口，有农业时代的大将之风，是饥饿年代的富足宝贝，与广州小吃摆在一处，显出豪迈古风，与名砚相衬，一雅一俗，显出古代端州的富足与文化。还值得特地一书的是1583年9月，被誉为“沟通中西文化第一人”的意大利传教士利玛窦。这位历史传奇人物，带着自鸣钟、日晷和世界地图等代表欧洲文艺复兴的成果来到肇庆，第三年便建成中国历史上第一座天主教堂“仙花寺”，还绘制出版了第一幅中文世界地图《山海舆地全图》，传入数学、几何、西洋乐等。他在肇庆客居六年，开启中西文化交流历史，功莫大焉。

一路向西，通行粤语，又与西江有关。西江水流量据说仅次于长江，乘舟游览，只见水面开阔，江浪汹涌，两岸青山相对而出，遥想当年秦大军与百越部落大战于波涛之中，可谓惊心动魄，可歌可泣。真是一条充满故事的西江。联想到广西籍女作家黄咏梅的小说，似乎可以领略西江风云，还有她笔下临江梧州的骑楼。2004 年我曾夜访梧州，那高过城区的西江大坝，那幽暗繁复的骑楼一条街，印象一如梧州著名的龟苓膏——古朴又清新的气息记忆犹在。

近距离看肇庆端砚，果然是大自然的奇石宝物，西江河床千万年冲洗滋润的造化，轻轻抚摸，细细体会，果然细腻如处子之肤。石料纹路千万变化，绝没有完全相同之处，一如人之指纹，富有生命的个别性。我最喜欢出于“老坑”的小端砚石，属于手掌把玩之物，反而比大小砚台和雕刻艺术品更富有情趣，更有天工自然的造化，更有本土艺术家率性为止的潇洒，造型兼有奇崛平实，可谓平中有奇，奇中有平，属于齐白石笔下农家乐的大俗大雅。石中纹路细致变化，蜿蜒有致，鲜活灵动，好似心脏跳动，古老又年轻。所谓“不绝于缕，一脉相承”，大概就是这个意思。

湛江有个“广州湾”

天真蓝，有多蓝？瓦蓝瓦蓝——我一时心中冒出这样的词语！阳光真好，冬天的温暖。仰头望去，碧空澄澈，万里无云。蓝天是今天湛江的主题词，在北京珍贵，在广州难得。真是地处中国最南端面向南海洋。这是我 2014 年底访问湛江，第一眼获得的印象。

湛江曾经统辖茂名，以及今天广西北海极大区域。当年法国军队之所以攻入海岸建立港口，应该是看到了开港口极高的贸易价值。临海的两座法国老楼可见从前的荣耀：一座领事馆旧址改为小小博物馆；另一座则破旧不堪，空置冷落，据说曾经是公安局的办公楼。过了下午五点，熟人找关系得以开门特许参观。领事馆陈列少量文物和复制品，主要是当年法国报纸的复印件，依稀可见中法战争的风云——是古老中华气势减弱的时光。扑入眼帘的是“广州湾”三字！距离广州城甚远，为何直称广州？是法国人的概念吗？看墙上资料，原来概念还有几次变化。这倒让从广州来的我，为之一振！在韶关是开梅关，一条大路通广州，看来法国军队的目标或许也是一条军舰抵广州吧。都有经济利益，海外扩张非为儿戏。看到当年法国报纸刊出慈禧图片，不知相似程度如何？其中一幅列强瓜分中华版图漫画，几个面目狰狞的洋人，围坐着，瞪眼盯着一张中国地图。画者的意图又如何呢？带着满腹困惑，我离开小楼，走向海边。

湛江除了蓝天主题外，就是海岸线，双倍蓝色，环境优良，主打海鲜。据说湛江拥有全广东省海鲜48%的产量。城市建设处于发展中，除中心区大厦若干，中低建筑为主。城中村镶嵌其间，城乡接合部随处可见拆迁工地，但街道绿化弥补了工地的粗砺，多座城市公园与观海长廊遥相呼应。城市面朝南海形成天然海湾良港，据称可与香港维多利亚湾媲美。海湾对面停泊军舰，那是中国海军南海舰队驻地，让海滨城市有了一抹军事色彩；再就是法租界，在20世纪有50年的港口控制权，有法国雇佣兵驻扎。高大笔直的椰子树护卫城市大街，摇曳着南国海滨的风情，几分浪漫，几分闲适。浪漫中有一个悦耳的消息，官方正式确认雷州文化名列广东三大文化之后，一跃而为四大文化之列。另外三位早已经是大哥大：广府、潮汕、客家。距湛江40分钟车程的雷州半岛，沉淀百越，隐藏俚话，石狗遍地，文化独特。但与三大家并肩而立，不但小巫见大巫，而且似乎底气不足，有待蓄养。蓝天、海湾、海鲜，蓝色的闲适之中也埋伏着一个焦虑：两大钢铁基地加石化大项目即将投产。三年后的海鲜是否鲜味依旧？这已然成当地人一大隐忧。据说湛江一侧茂名海域，海鲜味道就不及湛江鲜美，原因就是人工污染。千百年海水，万千年海鲜，真的因此改变？太阳每天升起，湛江故事却在变化。

临海而建的除了上述两座楼以外，湛江市赤坎区还有一条很长的法国街，一座悬挂“广州湾商会会址”牌匾的小楼似乎可以视作中心，以它为坐标，一条横街，一条直街，好像构成T形。街上开满商铺，多是

家具、不锈钢建材一类，不热闹，也不萧条。遥想从前的异国繁华，如今已成往事，历史留在书页里，面相留在建筑里。难得街面上赫然留着一口老井，水面如镜，一面看倒映小楼，一面看倒映树叶，煞是有趣，可谓今人古人同映。一口老井，一面镜子，多少历史幻象隐藏其间？街边老树，茁壮成行，其叶宽大近似大叶榕，奇在大叶半枯中泛出微红，阳光照耀下浸染出一派富有沧桑的色彩，不知何树？观之不由怅然良久——这就是曾经被法国军队直接称为“广州湾”的海滨城市——湛江，而她与广州的缘分又岂止是“广州湾”一个地名可以了结呢？

肇庆：
端州古城墙一片金黄，瞬间幻影呈现

初入肇庆，发现三点突出：一是完整宋朝古城墙，彰显古城独特风采。二是地形山势风水极佳，面临西江，背靠星湖。西江源流千里，是仅次于黄河长江的中国第三大河流，肇庆地界西江一段又是两广咽喉，地位重要。星湖面积超过杭州西湖，且有鼎湖山七星岩名山名景相伴。三是历史名人成行：尤其是前有宋徽宗赐名，后有南明王朝小皇帝在此立朝17年。皇帝乃真龙天子，可谓与龙相关的宝地。可以写进中国历史的还有传奇人物一般的包公，戏曲舞台上光彩熠熠的清官形象，老百姓心目中的大英雄。另一位是意大利人——中外文化交流史上的杰出代表利玛窦。他的入华行动，第一个落脚点就在肇庆。还有一个自带仙气的亮点，即城里城外六祖慧能的遗迹与传说，“菩提本无树，明镜亦非台。本来无一物，何处惹尘埃”——多么令人神往的佛界禅宗。所有这些均使得肇庆成为一座可以并值得“啃老”的城市，尽管“啃老”这个词是内地媒体安在“90后”头上的一个贬义词。

我访问意大利罗马时听到导游的一句话，如今还印象深刻：罗马人都是“啃老一族”。在罗马古城，政府要想拆一座房子、砍一棵树、移一尊雕塑，全体市民都会反对，因为老祖宗留下的这笔历史遗产，让后代受益终生。整个罗马只要有旅游业，只要有游客访问，他们就有好日子过。所以，罗马可以啃老，值得啃老。因此，这样一个词用在肇庆，我以为也是合适的。古城墙等历史遗迹，再加上历史名人，以及风水上佳的原生态青山绿水，均为旅游与养老两大事业留下极大空间。旅游业不必多言，养老业则有待认识——专家预测，再过 15 至 20 年，中国内地的养老业将成为超过目前房产业最赚钱行业之一。中国已经进入老年社会，白发浪潮，方兴未艾。由此来看，肇庆既有青山绿水，又有历史遗产，是一个值得怀旧怀古的地方，其招牌“中国砚都”之端砚亦是怀旧怀古好题材，所有这些都为肇庆旅游事业、养老事业奠定了良好的基础。因此，肇庆人要感谢他们的端州先人，为古城留存了这样一笔丰厚历史遗产，而这些又并不是所有城市都天生具备的，令人羡慕不已啊。

因此，我要说：古端州府，依山傍水风景独好。肇庆，是一座可以“啃老”的城市。

肇庆古城墙：岭南城防典范。肇庆位于流贯广东广西的西江之畔，两广交通要道，素为岭南军事重镇。古城墙始建于宋代，其后多次修缮，民国 1913 至 1915 年拆除防卫装置，但为抗洪墙基保留，是国内为数不多，广东仅存的宋代砖城墙。“万里长城今犹在，不见当年秦始皇”，回望历史，愈发显示古城墙文化的重要意义，实在是一笔宝贵财富呵。

肇庆为古端州府，前有宋徽宗封地，中有包公“不携一砚归”之清廉，后有南明皇帝小王朝十七年；明清两广总督驻扎，抗战军事重镇厮杀；历史人物浮沉，刀光剑影闪烁。其地势雄浑：面临西江，背倚星湖。左手七星岩，右手鼎湖山。特产裹蒸粽等多为农副产品，好在有个端砚，却并非挣大钱的产业，故经济于广东列倒数几位。好在千年古城，底蕴深厚，城墙依旧，青山巍峨。祈愿风水流转，重现盛世——古城保护修复工程开启，风水轮已然推动。

一方端砚溢满山水灵气。羚羊峡，紫云谷，端溪出口，连接西江，内有老坑等三大名坑，开采砚石之处。端砚即为端溪水千万年冲击而成，此石含云母较高，石质细腻润滑，发墨好，墨色千年虫不蛀。已成端州特产之冠，誉为砚都。对面鸡笼顶，千米端州最高峰。屈大均曾步行过此，两岸木棉，峡间猿声，风景甚好。20 世纪 80 年代以前，肇庆人去广州，傍晚上船，黎明到大沙头码头。

广东肇庆被美誉为“中国砚都”。端砚，中国四大名砚之首。端砚出自西江边四大名坑——老坑、麻子坑、坑仔、宋坑，分绿端、白端两大类，同一山头不同坑口，品质不同。可谓西江之畔，端溪之水，山水灵气孕育，天工造化神奇。一方之石，乾坤博大，学问讲究，灿若银河。

白石村为端砚发源地。广府人，李罗程蔡梁林郭杨，多姓村，李为大姓，八成人都是家庭作坊，买石料加工，因材构思创意，客户登门观摩，挑中单品出售，所以前店后坊，自由市场。村中阿标，祖辈家传，他自黑为“雕民”。家族曾有作品选为国礼，赠送给金日成。手艺习得全靠从小浸染熏陶，主要学习传统技术。文化源自传统诗词及画谱，兼取现代设计营养。此行业为不可再生原石工艺，物稀为贵，愈久愈珍贵。白石村保存一方碑文，类似尚方宝剑，乃两广总督张之洞所下政府条令，以贡品为名，协调官民关系，允许当地开采。

中国传统文房四宝：笔墨纸砚。端砚乃四大名砚之首。石材有蕉叶白、鱼脑冻、金线、银线、冰纹、石眼、眼睛等诸多讲究，可谓外行看热闹，内行看门道。陈罗郭蔡，为端州制砚四大家族，传承几代手艺。黎铿大师费十年手工完成“九龙戏宝砚”，为镇馆之宝。

当下多用电动刻刀，但不敌手工刚柔相济，栩栩如生。我细细想来：电动尽管省力快捷，但刀力固定不变，不若手劲连心，艺术雕刻全凭民间雕刻师傅揣摩意境，情感注入。而情感个人之不同，依势随时瞬间变化，所有非行货之个性化作品，必须手工潜心创作而成。况且，端砚雕刻，因石材顺势而下，其品相全在如何彰显石材天然优点上见出高下。

端州美食呼应着广府。西江河虾，过水即食，河鲜珍品。野生三黎鱼，西江特有，生于咸淡水交接处，春天逆流而上，西江繁衍，挂西江河鲜头牌，此鱼珍罕，肇庆一段西江已绝迹。君达菜，饥饿时代喂猪，现成佳肴。野生西江鲈鱼，头尾煲豆腐，中段蒸食，豆腐汤乳白醇厚，鲜美甚至超过蒸鱼。

藕尖炒肚片，藕最细部分，佐以洋葱与荧头，似以白醋浸泡，微酸中凸显藕之清甜。菠萝紫姜炒肉片，岭南特色浓郁，菠萝异香靠紫姜平衡，与猪肚荤香搭配。此二菜品，口感清脆，香味个性，食之难忘。芋头白实汤，据说白实乃端州特有，食效类似芡实，清凉祛湿，口感细腻润滑。椰肉乌鸡汤，据称乌鸡与猪肉切块煲汤，肉香溢出后投入椰子内核切条再煲，其香清甜，粤菜汤品上乘。

又见竹篙粉，两年前初见于封开，亦为古端州特色米粉。先涂食油于粗壮竹篙之上，将蒸熟粉皮搭上冷却，再切块装盘淋汁配料上桌。妙在竹篙，既原生态可观，又有竹子清香。口感软糯润滑，佐料配合味道更佳。

牛尾活泼，肉皮弹牙，胶原蛋白香味，嚼劲十足口感。黑豆豆香则若另一根青藤，紧紧缠绕牛尾肉香，交汇融合成一片软糯温柔，直抵广府菜之味道境界。而牛尾妙处与牛蹄猪手相似，既有嚼劲肉皮，更有依附骨上的瘦肉，皮肉佐配，于舌齿之间，另有一番风味。什么风味呢？食客不妨从咀嚼与汁味两方面深入体会，腾云驾雾，至鲜至美，酣畅淋漓。

肇庆乃古端州传统，主流酒楼以广府菜为主角，所谓广佛肇是也。不过，各家创新，又有新品。可谓各路神仙，各有各的高招。只有大的广府，没有固定框框。至于西江河鲜，星湖莲藕，就地取材，就看各家大厨尽情发挥了。

肇庆历史名人，少不了一位意大利传教士利玛窦。利玛窦以“天竺僧人”身份进入肇庆，建仙花寺（利玛窦内心名应为“迁华寺”）。除允其从澳门入境的地方官王泮外，当地人认定其为番鬼，舆论拒之，并称与利玛窦住处相邻的崇禧塔为番塔。利玛窦六年后被驱逐至韶关，开始蓄发与文人交往。入京后一直无法晋见万历皇帝，苦闷之极，沦为皇家修表匠，专为皇室贵族修西洋钟表。

据说汤显祖过端州曾会见利玛窦，可惜史料上有所争议。汤显祖有诗文提及端州见僧，虽未注明乃洋和尚打扮的利玛窦。肇庆市作家协会主席钟道宇正着手创作以利玛窦为主角的长篇小说，听闻肇庆市也将组团访问意大利利玛窦故乡，延续中西文化交流。遥想当年，这位终身不婚的男人，不为财产，不计名誉，只身入华，虽屡屡碰壁，却义无反顾。无论如何评价这位传教士的中国生涯，其意志之坚韧，信仰之力量，吾心底敬佩。

肇庆端州府“五教”并存，儒道释伊斯兰教天主教。宗教值得铭记事至少有三：利玛窦——天主教进入中国传教第一人，其功绩已超越宗教促成中西文化交流；始建于宋古端州名刹梅庵，相传六祖慧能晚年路过，插梅为记。古端州城外，四会怀集十万大山，更有慧能和尚多处神迹，六祖传奇流荡于山川溪流之上；南明小王朝从皇帝妃子到太子，几乎洗礼信主，与多国耶稣会来往密切，如此信仰巨变，内因处因，值得细究。

端州民间传说，包公从不收礼，告别端州舟行西江，突发风浪，包公命随从检查行李，内有百姓悄悄塞入端砚一方，当即掷入江中，瞬间风平浪静，而此砚沉入江底化为一片沙洲，千年传颂包公清廉事迹。

包公，包青天，国人清官榜样，与岳飞、文天祥为宋三大名臣。包公在端州三年，赢得百姓美誉。其中两件事史料记载最多：一是城中掘七口井，一改吃西江污水旧习。从古语“饮水不忘掘井人”可见掘井乃大事一桩。去年在江苏泰州见“中国水井博物馆”，各朝水井制式不同，大开眼界。泰州之所以被称为“井都”，全在近海，需掘深井取淡水饮用。二是端砚“只征贡数”，防止贪吏随意征收敛财私用。可见宋时端砚已然珍贵。

夕阳西下，端州古城墙一片金黄，瞬间幻影呈现，所有历史人物奔涌而至，四面楚歌，十面埋伏，我心底突发一个愿望：走近古城，探其究竟。风流云散，薪尽火传。金黄色的古城墙下，幻影如云，丝丝缕缕，直入吾之心间……

四会古邑：千年六祖百年玉

从肇庆驱车往会城，夜色中第一眼——“弘扬君子之风，建设玉德之城”——大广告牌赫赫大字。看来借玉说事，玉之重要地位。实乃广东四会第一张名片。

我在会城看到老城新城，风格迥异。遗憾老城不老，新城太新。幸好老城中心尚有柑橘姑娘雕塑，显示个性；好在新城有刚刚落成的体育中心，市民直呼“橘子馆”，与“柑橘姑娘”构成历史现实对话。我于广州对四会砂糖橘印象：玲珑可爱，正宗品种比鸡蛋还小，皮薄易剥，甜而无渣，果汁满溢，乃广东水果之佳品。

四会显然处于发展起飞阶段，市玉器管理中心副主任黄振敏女士麻利爽快，谈起四会玉器发展，反复念叨创意园建设——她快人快语情感投入不无自豪。四会市文联主席陈永红女士温婉美丽，对古邑老城门怀有一份感情。她说，重建的镇安门连着古邑老街，步步可拾童年记忆，除了上大学离开几年，一直在四会；尽管环境大变，乡愁一直在——也让我这个没有故乡的游子另有一番羡慕。

“四会四会，四水相会”——最宜生意，风生水起。他山之石，四会成器。肇庆四会并不产玉，但玉石加工十分兴盛，玉器产业久负盛名，乃“中国玉器之乡”，广东四大翡翠批发市场之一。

首先是形成产业规模与产业链。眼前阔大如广场的市场，多走中下档玉器销售。玉之品种，琳琅满目，数不胜数。

天光墟凌晨三点开市至上午十点收档，第二拨货主上场摆摊至下午，夜市又是第三拨，直至深夜。几乎一天 24 小时不歇档，90 厘米一个铺档，生意红火。广东四会乃国内最大翡翠加工基地，全国 70% 的翡翠摆件出自广东肇庆的四会。

管理市场的谭总说，产业链最要紧，工艺加工水平高，成本降低，价格实惠，批发量大。网络销售红火，手机直播产品，观看者即看货即挑选，即付钱发货。此为互联网时代线上销售新模式。

六祖寺，四会另一张名片。六祖与四会渊源颇深，禅宗文化发源地。毛泽东高评慧能为唯一写出佛教经典的中国人，至今可谓世界级影响人物。我读《六祖坛经》，常常怀想这位目不识丁的和尚，如何隐姓埋名，隐遁修炼？六祖坛经记载，六祖与猎人农夫交往，共同进餐，肉在釜中煮，六祖不回避，但绝不食荤腥，只择肉边素菜入口，故有“肉边菜”说法。

“逢怀则止，遇会则藏”——颇具神秘嘱咐。六祖在四会怀集一带大山，蛰伏隐遁 15 年，修身养性感悟佛理，为后来广州一鸣惊人，做了一个长长铺垫。可谓黄梅顿悟，四会成佛。

我到六祖寺画院看画，大吃一惊！据说由两位画家合作油画作品，几乎全是对佛教叩问，东西方相对，佛与上帝对峙。我在十几幅画作中读出“质疑”二字。遂有缘分与悟彻法师谈禅，解我疑惑。我提问直接坦率：这些画作对佛似有不敬，难得六祖襟怀可以包容？

法师笑答：“象即意念，你说的不尊重，只是一个概念。六祖坛经，无念为宗，常与无常之间一种变化。坛经是顿悟法门，世俗中多有悲苦。我看画作就好，西方女子写生，只是一念。佛陀赞美天下，无念为宗。六祖认为世俗恶善即为缘，僧人内心有界。佛陀慈悲，对所有质疑反抗询问不敬都是可以原谅的。虽然无善恶，但佛之立场是利他，度天下人越过苦海。经里也说，度他人就是度自己。眼前插花就是利他度人亦度自己。”

作画艺术家就是在寻求解脱之道，感悟无常，终于得道。物质上的坚固均可消失。犹如四会，千年古邑，历尽沧桑，还留下什么？不必执念。思考于此，不禁释怀。重新打量六祖，心中若有所动。恰如师傅问我：你的心在哪里？一百年以后呢？

禅宗修行讲“疑情”，起了疑情，其实更接近佛，画画就是参禅，内心一种叩问，可以视作走向顿悟的过程。《红楼梦》就是一种叩问，《西厢记》就是男女之情执念。因缘就是一种开悟过程。如同在旁弹奏古琴的信众，于外相下专注于内相的琴意。

广东四会名点江谷窝粉，妙在竹编窝箕铺粉，卷起刀切摆盘淋生抽撒芝麻，凸显米香，滑嫩入口。与德庆竹篙粉异曲同工，亦吸收竹子清香。其可与邻县德庆竹篙粉媲美。一窝箕一竹篙，均为苏东坡之盛赞竹也。东坡云：“宁可食无肉，不可居无竹。”佐配赤豆粥亦有讲究，赤小豆与扁豆与白米熬烂，加入木棉花干，既清香又祛湿。一小碟清蒸排骨，以荤推素，价廉物美，绝配古邑小吃组合。

鹅汤濑粉，妙在本地大鹅现宰煲汤，汤汁鲜美，肉块烂熟。此为底汤，大锅煮沸，即下手工濑粉煮熟，放芫荽碎料，白绿相间，鹅汤荤香，濑粉米香，滑嫩入口，舌齿生津，乡村小店美食矣。

引我注目的还有本地陶瓷粉缽，豁然开口，弧线优美，诀窍在高边留有三孔，米浆自然坠入沸水，条条缕缕，似水滴状，与机制濑粉整齐划一不可同日而语——米质粗细构成异样口感，与汤汁水乳交融呵！还有鹅汤圆仔糍，亦是异曲同工。食店店主听我赞美，笑说粉钵是八十多岁老母留下的，没得买哟。店主乃扶利古村土贤哥是也。

四会还有一份珍贵历史遗产值得一说。贞山扶利村古法造纸，远续蔡伦发明，千年古法不变。据说全国至今唯有两个村落，硕果仅存。取毛竹碎段入石灰池浸泡三四月，水碓粉碎入池成纸浆，竹床捞起成纸，压水晒干，打包上市。

难在千年延续，村中老人八公为非遗传人。八公九岁入行，已成行业元老。建议村中塑祖宗蔡伦铜像，昭示渊源，提升品位。可惜行业辛苦，后继乏人。目前古法会纸除本地销售外，卖到中国的港澳及东南亚等地，为清明中秋春节祭拜祖宗时的纸钱。

当地人似乎以为产品低档，文化含量不高，产值不高，传承困难。但长期从事基层非遗工作的陈馆长说得深切：四会古法土纸就是一种文化，延绵全球华人，因为烧纸钱就是与祖先灵魂沟通对话。其意义超过书画宣纸——直抵内心，与灵相交。传统华人社会，维持传统，祭拜祖先，焚香烧纸，即为传统承传延续。此类非遗项目如何延续下去，已然成为迫在眉睫之课题。

玉，已为四会招牌。四会玉器加工企业有 5000 多家，从业人员有 15 万人，其中三分之一是河南人，三分之一是福建人，三分之一是肇庆四会人。玉雕工艺分南派北派，犹如涓涓细流汇集四会盆地，交流融合，蔚为大观。

来自福州的 80 后工艺雕刻师郑立波说，我在福州做寿山石行业，山头门户林立，年轻新人买不到好材料，没有利润空间。但四会包容，只要做得好，机会公平。全国各地工艺海纳百川，北派南派工艺全面进入。立波笑容质朴，眼明亮，话不多，只是听说我在福州长大，才打开话匣。因为装修展示室没能看到他的获奖作品，可惜。

四会文宝斋翡翠博物馆，翡翠工艺非遗传人廖锦文馆长亲自讲解：翡翠如琢如磨，讲求因材而宜，甚至不雕为雕。比如《六祖坐禅》，大火烧山，慧能坐禅而不惧，巧妙利用玉石原生外皮暗黑火烧痕迹。红色黄色多在翡翠表皮，为次生色，源于地球火山爆发岩浆滚烫流至冰川，迅速冻解而成翡翠，矿物质红黄色逐渐渗入千万年成色。

清之前中国不喜翡翠，缅甸玉受慈禧太后青睐，京城渐渐接受，如今身价百倍，因国内无此矿产。镇馆之宝恰好是四会名菜茶油鸡，鸡皮最为逼真，鸡皮疙瘩栩栩如生。一条女性围巾悬绕枯木，令人遐想：女性温暖或可令枯木逢春。《“我是谁”？》廖大师试图表达网络时代“宅”之青年，我则以哲学命题商榷探讨。艺海泛舟，奇作共赏。廖大师四代传人，工艺精湛，构思巧妙，不乏精品。谈及妙处，心领神会，谈笑风生。正可谓艺无止境，博大精深。彼此交流，快哉快哉！翡翠之美对接东方美学，“娇柔欲滴如春波之潋滟，色泽澄清如江心水映”，与和田玉并驾齐驱，成为中华玉石家族之翘楚。

登上四会中学校园内的文昌塔，整个市区尽收眼底：远处青山如黛，近处大江奔流。古城三面青山环抱，一面敞开通向珠三角平原，颇似一个开口的簸箕。壮实温和的莫司机遥指开口处说，远远的地平线就是佛山三水。

站在文昌塔最高层，夕阳灿烂，江风劲吹，一种振翅飞翔的召唤油然而生，青山白云，此刻似乎变幻着2300年古邑老城历史画卷。风云流散，沧海桑田，四会这个名字却一直没有改变。虽然我遗憾千年古邑没有保留一座标志性的建筑。但是想起昨日六祖寺悟彻法师的一段话：“生生灭灭，何必执念，守住内心要紧。”千年古邑，自有生存大智慧，恰如当年寂寞如谜的六祖，来去如风，孑然一身，却留下宝典一部百代分享。一个人一座城，历经千年而不倒，自有一份强大气场，立于岭南，辐射世界呵！

广宁怀集：一条绥江，十万大山

羊城早晨，大雨如注，直下得天昏地暗，气势磅礴，三个多小时连续不断。手机上跳出紧急通知：中小学生可推迟上学。车堵城边，遥望广宁。唯有读诗，想象清香浮动，心底静若山谷幽兰，溪水潺潺，蝴蝶飘过。

广宁第一中学，小犊文学社1985年成立，有一种对文学光荣时代的浓浓怀想。眼前介绍的校长和在读的学生社长，延续着当代中国文学的传统：绵绵不断，薪火相传。

尊佛山南海黄飞鸿为先师，已至七代。王金德为六代传人。周末两晚，王师傅十几年如一日，无偿教授洪拳和南狮。武馆之外，又在石涧镇中心小学每周二下午教授武术，包括基本功、武术操、太极，要求所有小学生初通武术。习武者不但体魄健壮，性格坚韧，同时具有武德，品行纯正。家长都乐意送孩子来武馆。草根武术为当地乡村文化承传，自觉担当，功德无量。而所谓“自觉”二字，令我思量再三，叹广宁民间有此动力，薪火相传，承传七代，虽千百年而不殆。

广宁的竹海与“广宁绿玉”名声遐迩，从前与此县联系恰在一个竹根果盘，一块玉石。曾经吃过广宁人在三水开的土菜馆，厨师自白：交代徒弟炒菜绝不放糖，以区别珠三角。其口吻坚定，让我琢磨广宁人之个性，是固执还是自信呢？自然还有同事强哥“说玉说绥江”。

广宁县城有霓虹灯的一段比较时尚，其他街道房子平淡无甚特色，老房子稀少，古牌坊古城墙基本拆光。早餐特意到老店吃馄饨水饺，口味清淡鲜美近于珠三角。值得一说是饺子，用馄饨皮，肉馅加入笋菇，作料白醋加糖腌椒圈，颇具特色。感觉广宁菜比广府顺德菜粗犷豪放一点，口味亦重点，略咸，偏山珍，多猪牛肉，少海鲜。

广宁怀集，一条绥江，十万大山。怀集历史上 800 年广东，700 年广西。一个特点就是没有客家人，基本上都是本地人，方言全是本地怀集话，其中又有 10 多种区别——可想外地迁入移民，成分复杂。怀集话又叫“标话”，一种本土方言。据言，讲“标话”的汉人最早在春秋战国时从中原迁至此地，比讲白话（广州话）的先祖要早几百年。如今标话不但是“语言活化石”，亦为“少数民族语言”。沧海桑田，方言却历经岁月淘洗，沉入底层。如何承传，如何活在今人口舌间？在我看来，唯有民间顽强，唯有语言传承之本土根系。一旦这份本土失去，种种珍贵方言要想存活，将是一件令人绝望的事情。怀集人口 100 多万，两倍于广宁，经济好些，故县城街道建设亦胜于广宁。县城两处值得一提，一是 1935 年民国政府图书馆，二是明代文昌阁文昌塔。

怀集在两广之间，所以历史记载常常要跨省查阅。小吃店分两大类：广东的云吞面、肠粉；广西的螺蛳粉。反而本地岗坪切粉被湮没，找一店吃一碗猪杂切粉，细粉一般全靠汤了。

怀集可贵的是六祖慧能返乡后在四会广宁怀集一带山区潜伏了十四年。史载“逢怀则止，遇会则藏”说的即是五祖对六祖的嘱咐。怀为怀集，会即四会。境内有六祖岩，县志记载为六祖修行洞穴。民间传说中还有一个肉边菜，一块肉煮在锅里，青菜放一边，慧能只吃菜不吃肉。

怀集县的田螺寨，是市文联谭主席的家乡，一个群山环抱的小村庄。今年他发起乡民一共捐了 12 万元，连出嫁女都捐，最少一百元，多则上千元，修了一条堤坝。同时开展敬老孝道活动，试图抵抗乡村的空洞化。但是，重建乡村文化的道路非常漫长。

何屋村是非常富裕的村庄，据说从前进了这个村子只有两种声音：孩子朗朗的读书声；四面八方各地租户来这里交粮打算盘点钱的声音。原有东西南北四座城门楼，其中一座为两县富商住宅楼，有五层之高，可惜毁于抗战时日本飞机轰炸。

怀集华光寺后山有巨大岩洞，葛洪的九代弟子曾在这里炼丹，并在岩洞里会见前来拜访的六祖慧能。六祖活动足迹随处可见，更有传说，世代传颂。今人为争旅游资源，真伪争论，喋喋不休。我则宁信其有不信其无：禅宗如影随形，无处不在；十万大山，山高云阔，仙人来去如风，何必处处确凿？

怀集六祖岩山下，邬氏祠堂。巧遇祠堂门前公路通车典礼，相识 83 岁老画家邬邦生，引导参观祠堂两大文化建设——138 幅名人“龙”字书法、二十四孝图，还有龙园书画长栏计划。遥望山中六祖禅院已具规模，感受六祖文化气场氛围，挥笔题字祝愿建成中华名园。风流云散，薪火相传，文化建设，一砖一瓦，邬老有功，家族努力，祠堂见证，历

史功德。

邬氏宗祠典礼家宴。白切鸡、土猪肉、炒笋干、炒春笋、农家酸菜酸豆角——就五个菜加白米饭，远比珠三角祠堂聚餐质朴，厨艺也并无讲究。酒，自家酒坊勾兑水酒；茶，六祖岩峰采摘新叶。主人好客恭敬，自言第一筷应从笋干开动，春竹拔节节节高。古今龙字久远，墙上孝图亲情，光影流动，恍若前世。杯酒祭祖，把盏敬客，自觉无论荤素酒茶，均可感受山间野地清香，六祖故地氛围，原始原生，古今依然。

广宁怀集，一条绥江，十万大山，遥想先人从中原艰辛迁至，广南之东，广南之西，古道啸啸，更早于南下秦汉大军而劈耕荒蛮，扎根下来。怀集，给我两个重要印象：一方面我不知道六祖慧能在这里居然有那么多活动遗迹。六祖慧能，潜藏广怀四会，山林修行十五载，“顿悟”成正果。我相信六祖开创的“中国式禅学”，也就是我们常说的“佛教中国本土化”，与他这十五载山林修行有着直接关系！另一方面，怀集“标话”，这一历史“活化石”，既非客家话，又比广府话更早在这片土地扎根生存。这十万大山中，有着无数个秘密，有着无数个迁徙的艰辛，有着无数个爱恨情仇的岭南故事需要我们去发现与表达！

石狗寂寞，双眸中似有不尽话题

昨夜风疾雨骤，今晨寒风扑面。离中心城市最远的岭南海滨，北方寒潮抵达，已然强弩之末。寸金公园并非寸土寸金，而是随意布景，一派天然，野趣呈现，可谓佳境。

雷戏头回见，除雷话不明外，唱腔表演伴奏舞美服饰都不陌生，兼收并蓄，略显华丽，剧目亦是传统:《董永与七仙女》《十八相送》。此次遇到民间草台班子，三个大人，带一班少男少女。难得后台亦开放，得见真容，孩子童稚笑容，无比天真，为之感动。

陈文玉，当地土著，少时武功，又通诗书。唐朝委其重任，为雷州刺史。因治理有方，朝野佳评，故祭祀为地方神，并冠以雷神，赋予超自然神力。地方神在日本极受重视，为本土文化之重要符号与元素。但国内却不如此彰显，一直受制于主流文化，难以产生更大影响。比如粤西海南之冼夫人，均仅有地方影响。地方历史传播微弱，似乎总是正史之外的另册，令人甚是遗憾。此次再访，终于明白五代石人乃臣服之少数民族。文明终究含有暴力征服的淋淋鲜血。

坐在粗糙木椅子上看雷戏，近在咫尺，颇感亲切。伴奏仅四人，一架电子琴灌注了现代风气，唯老琴师古风依稀。两出戏，三大人担纲，男孩小厮，女孩仙女，均为跑龙套，衬托场子的。唱功与身段，由大人完成。

石狗，雷州文化符号，特征强烈并独特。每见真容，总觉旷古之风与神秘莫测，尤其是那类线条粗犷造型简朴的，更于历史沧桑之后唤起无限遐想：两千年前抑或更远古岁月，秦军远征讨伐后，中原移民纷沓而至，百越部落由北向南节节败退，直至天涯海角。其情可哀，其势亦衰，惜无一篇文字记载：广东土著先民如何丧失故园，挤压至粤西海边，一如欧洲人强势征服印第安部落。风萧萧，雨霏霏，缺少温度的历史，下笔太恨，冷酷漠然。唯有上万石狗，见证历史苍茫，双眸目光似有不尽话语，终成寂寞，无人诉说……

封开，那座曾经辉煌的古城

秦始皇魄力盖天，动员几十万民工修成官道一段，连接湖南广东广西，西江通贺江，是张九龄开梅岭古道之前，通过封开进入两广唯一国道。但封开辉煌自汉武帝开始，平定两广后，封开为两广行署，管辖地域极其广阔，远不止今天广东广西地盘。历史不短，好几百年成为两广行政管理中心。如今，老城街道逼仄，陈旧灰暗。2005 年初访时的石板路老城区还在吗？无暇寻旧。古城墙依然，宋砖明砖，尺寸可辨。制砖署名，以备问责，字迹清晰可见。城楼重建，脚手架都未拆掉。听县政府人说，古城墙周围千米均存，只是有老城居民直接将住房建在城墙上，尚需清理。县城街上“竹篙粉”招牌夺目，作为一个吃货食客我顿时好奇：那是什么样的米粉呢？百度询知：德庆名吃，乃河粉一种，米粉成条晾于竹篙之上，特色似乎是米粉浇头独特讲究——找机会亲口尝鲜。

广信塔屹立西江岸边。此塔为地标，东面为广东，西面为广西。登上 13 层，向上游极目远眺，贺江与西江两相交汇，江中大船小艇点缀江面，把西江衬托得更加宽阔。对岸农舍田野，色彩斑驳，如图如画。可惜雨后阴天，远景已然昏暗。塔内图片鲜明，呈现古城历史文化底蕴，只是塔身色彩稍显明艳，消减几分古意。同行建筑专家颇有议论，认为理念不清，汉宋混搭，楼台亭阁混沌，有上海世博会中国馆之弊端，元素杂乱，传统融入现代并不和谐。看来塔之传统，大有讲究。古城显赫已成历史，如今航运衰弱，封开已成广东边远一隅，人口经济均不显眼。沧海桑田，古城千年，为之一叹。但无论如何，历史与旅游价值值得开掘。

芭蕉绿叶阔大，掩映着老房子。泥墙芭蕉，典型岭南意向。古城墙内，气氛安逸，十七岁高中状元的莫宣卿代表昔日光荣。想当年，南蛮之地，天才少年，一举成名，何其荣耀！满地杏花鸡，据说当地特产。墙内墙外，黄皮果形态口味不同，请农大教授考查，结论修城多年，石灰渗透，改变城内土地，因此果实更甜。千年古城墙，果然可以隔离一块“小气候”呢！

江山易改，地名难变。广信河、广信桥名称，千年不变。比如《苍梧县志》记：苍梧有斑石。实际上就在当时苍梧境内。不过，当今名字就有可能通过商业注册，改换门庭。比如“竹篙粉”，原来是封开一带为正宗，需要 800 米地下冒出石灰岩水做成米粉。德庆有商业头脑，注册成他们的小吃。其实他们用的是西江水，味道绝对不一样。真想即刻亲口尝尝，一决高下。可惜双管齐下机会难逢。车入封开县城，满街招牌，独独“竹篙粉”三字抓我眼球。但当地人似乎并不热衷，何故呢？秉持吃货精神，寻找几日而不得。临去早晨，决心一尝真味。问了七八人，行去五六里，找了一条街，方见本地正宗小店。那粗大茁壮竹篙即是最好招牌，亦是名吃最引人处：粉蒸熟即挂上竹篙，摊凉好切片装盘。其制作方法，与广州竹升面具异曲同工之妙。细细品味，比广州拉肠更为精细、更为轻薄，葱花芝麻点点，似更讲究。特色还在浇头，此店有牛腩、排骨、扣肉。六元一份，我要扣肉。新蒸扣肉引领粉肠米香，入口滑润，既有扣肉嚼劲，又有芝麻葱花陪伴粉香叠加满溢。舟在水中，顺流而下，肉在粉中，舌齿生香。肉香米香芝麻葱花在浇头生抽纠合集结下，升华汇流，传承百年封开名吃“竹篙粉”。

李家祠堂。亮点有二：门前有一广场，正对墙壁大大“福”字，由鹿鹤龟田四个象形字组成，颇具匠心，中国特色。李家出两人为官：一为江西副布政使；一为黄埔军校六期少校团长。祠堂格局不小，三进加六对旗夹。建筑学教授告知：保持清末风格，没有过多装饰，甚至保有明末文物，价值仍在。祠堂亦是村民活动场所，孩子欢笑，老人悠闲。青年男子多出外打工，孩子去外村读书。

封开在广府文化中的地位如何评价？当地政府期望值与学界略有分歧。当地政府招牌口号：封开为广府首府、广府文化发祥地、粤语起源地。但学者认为，广州地名与古代广信有关。公元前 111 年汉武帝平定统一岭南再次设置广信县，影响岭南地区经济文化发展长达 375 年。直至宋代，广信以东为广东，以西为广西——这段历史之前，还有赵佗建立的南越国，就在今天广州番禺一带，皇宫开掘出来，遗址于越秀山下。南越国的历史有 103 年之长。因此，从文化两个指标语言与民俗来看，南越国的历史不能一笔勾销。我以为当下情势，多半急功近利，受经济压力，夸大其词，不免炫耀，也是世俗。不过，学界需要清醒，因为历史被随意篡改的岁月相去不远，我们民族因此吃的苦头实在不能说少了。

大山云雾缭绕，浮出一轮明月

从广州出发两个半小时车程，过肇庆市区边上进入云浮。一座山城，地级市政府所在地，于20世纪90年代从肇庆地区独立出来。除新兴一块小平原外，大多处于山区。

云浮群山环抱，开门见山，30万人小城，安静好空气。1994年建地级市时，小县城规模，只有两条街：老东街、老西街。街道狭窄，两旁骑楼破旧腐朽，依稀可见旧时模样。城边上多是新房子，新楼盘卖得很好。城里大街两边停满车，摩托上路，尚未堵车。

小城只有一条小河，远离西江黄金水道，自古地处偏远。城内既无孔庙，亦无城隍庙，历史底色淡薄。目前交通大大改观，高速高铁齐备，但限于经济实力，城建仍在起步。南国书香节分会场热闹红火，学生表演与舞狮一出，恰如节日，衬托书市打折，童书热卖。

蝉鸣一片，山林气息，嗅到树叶味道。来到山城，喝口茶，想想多久没有听到如此宏阔热烈的蝉鸣了。入夜，下楼散步，幽暗小道被山林遮掩，草丛中星星点点，闪闪烁烁飘忽不定，是什么？呵！萤火虫！恍惚之间回到童年，福州郊区荒野中的军营，萤火虫成片……此刻，小小山城，天上星星稀疏，地下萤火虫点点……这就是云浮。

云浮云浮，诗意名字。其毗邻肇庆，临近广西，广东西南，一个独立地级市，管辖多县市。我对其印象有二：六祖慧能出生地；云石石材流通世界。前者禅宗高庭独步天下，后者石材贸易蜚声海外。

其实六祖慧能的家乡新兴市历史久远，超过罗定。新兴由于拥有广东排名第六的上市民企温氏集团，以及一批优质企业，有钱人比较多，加之旅游业发展，在经济方面走在云浮各地前列。可以说，罗定人是文化上骄傲，新兴人是经济上优越，而云浮市区人则比较低调。当然，从整体经济发展来看，云浮在广东省一直垫底，多年难有起色。

云浮云浮，并非浮云。好山好水，出产美食：茶洞豆腐，鲜嫩豆香，大块白豆腐加酱黄豆、嫩韭菜，小锅合成；罗定鱼腐，鱼肉打成肉糜加蛋清油炸成形，清爽可口，实为当地名品；牛肉火锅，透出川味。

地方特色擂茶粥，木槌擂碎茶叶花生芝麻等香料入粥熬成，植物清甜中浮动多重异香，异常动人。擂茶为客家特色，流行极广，渊源深长，古代即有擂茶入粥。满桌特色，以至于烧鹅、龙趸广府名菜反而成了烘托，地方特色是今夜主角。

辣木，一种乔木树叶，上汤辣木，清爽可口。西米粽以西米代替糯米，内含红豆沙，比传统粽子不但外形更加晶莹剔透，而且突出了西米爽快不腻的口感，可谓创新。河蚌蒸粉丝，直逼海鲜品质；想象大山溪流阴柔孕育河蚌鲜嫩肉质，亦谓云浮精品。

蒸西江骨鱼，鲜味透彻；白焯西江白鳝，啫西江白鳝，一鳝两吃，七寸即卤猪肠，菜名为卤水七寸，亦具特色，将猪肠嚼劲与美味提升至上品。西江河虾，野生与网箱区别虾爪粗细，因为野生虾迎水而游，故粗细不一，网箱人工养殖则一般粗细。友人告知：从前西江上船柴火烧鱼，现捕现烹，格外鲜美。如今禁船江上烹调，故岸上“华苑河鲜”店口碑上佳，云浮味道正宗。

六祖斋以腐竹粉丝香菇豆荚清炒，清香可口。黄鳝汤，鳝丝粉丝蛋白丝加绿葱，汤清爽且突出鳝鱼肉香。黑豆腐亦是云浮名菜，以黑豆为料，色彩异样，先声夺人。以肉末、金针菇合烧，再铺少许花生碎，增加香味。此菜云浮饭店普遍，但街坊菜场却是罕见。

广州是布拉肠，云浮则是抽屉式肠粉，制作工具不一样，口感因此不同。云浮更多是石磨肠粉，先磨粉汁，再抽屉式蒸熟。往往是这种大招牌，标明“河口肠粉”。河口原为镇，现为云浮市区一个街道。云浮肠粉较广州更韧性，筷子提升不断，青椒炒卜干恰好开胃。

云浮誉为“石都”“石城”“百里石廊”“全球石材基地”，石材行业，蔚为大观。市内外几条街，将近 100 千米，其中贯通云浮一条街近 30 千米，以石材加工与流通出名，手艺精湛，全球领先。石材企业四千多家。此街头排街为商铺，后排街为作坊。

云浮石材本地资源枯竭，已开采完结。贵在汇集世界各地石材，琳琅满目，包罗万象，应有尽有。意大利黑金花、西班牙米黄、希腊爵士白、伊朗紫玉、土耳其、埃及、巴基斯坦等名贵石材，国内北京汉白玉、新疆红、广西白，比较起来，中东石头亮度石纹更胜一筹，价格翻几倍至几十倍。

米黄色石材销售最好，被称为“别墅专家”；黑石主装大商场；白石多作为墙体与台面；玉石则多用于工艺品。恰恰因各类各色石材齐备，欧洲传来马赛克画才可能在云浮完成。可谓揽天下美石，汇集一体方成石画。世界各地石材均海运再转西江航道，距云浮十几千米码头上岸。

一掷千金为美玉。购得巴基斯坦红花冰玉花瓶一支，晶莹雪白之上浮现暗红色石胆，花色天然，巧夺天工，欣然喜悦。中国传统，花瓶象征平平安安，可与如意搭配。专家评价：此类石材剖开 100 块也难遇如此鲜嫩石胆，此胆红色，尤为喜庆。

巴国冰玉多带红色石胆，故称“红花冰玉”。云浮人专程选材，小半经验，大半运气，剖石见料，因材设计，下刀制成。种南瓜三元一个，做石材南瓜三百元一个，身价百倍，书记赞扬。胡春华来了也抱一下，也进中南海了——苏老板颇多自豪，将企业更名为“图强金南瓜”。金南瓜由山西五彩石制成。

山城品牌为改革开放后第一代云浮石艺人区大师所创，他们家是最早来石材一条街开商铺的开拓者。如今大师已退居二线，生意交给儿子打理。山城展厅琳琅满目，美不胜收。中西传统题材主打，禅意茶台后起。

第二代传承人区小洪南人北相，豪爽开朗，与吾话甚投机，以作品回答我行前好奇：云浮石艺有多少文人创意与情趣介入？区大师目前钟情禅意茶座，以单色石盘为底，嵌入木纹，设计泉眼流水，让石头瞬间灵动柔和，富有生机。他认为：石几石椅富有生命，应当与人的日常生活联系，云浮禅宗禅意浓郁，可以找到个性化的作品，反对同质化，要想法超越传统模式、超越自己。

云浮新兴乃六祖慧能出生、开悟及圆寂地。国恩寺可谓禅宗文化高地，亦是中华唯一国字开头名寺，由武则天所赐。大雄宝殿出奇处：十八罗汉多二位：法海记录坛经；神会护法，大火中奋不顾身抢出坛经。二人代表六祖参加辩经，成功让南宗思想传播进入北宗。

六祖生前督建报恩塔，2006 年原址发现舍利子，慧能未留一言，又无法史料考证。但判断应属佛祖舍利，由达摩所赠。“见舍利如见佛祖”。公元 696 年，武则天也曾赠法物予六祖，当时欲请高僧入朝，慧能以年高婉拒。

六祖“生活禅”，建议与中国孝道结合，合乎中国传统文化。可用通俗化、中国化、平民化、大众化四点归纳。当下新兴政府明智，对国恩寺只做“减法”不做“加法”，去除所有商业活动，免除门票，香火钱随缘，颇得信众游人好评。本地长大的李讲解员说得深情，自言从小听六祖故事长大。我一旁观察，信众无论男女，大多专注虔诚。

六祖圆寂后，肉身放“藏佛坑”。光孝寺、南华寺争夺肉身，商议燃香决定去向。香烟飘飘所向南华寺，并当夜托梦众人“身在宝林心在家”，以至安妥移身。

雨中拜谒藏佛坑，沿崎岖山路拾阶溯溪流而上，终点半山一亭建于溪上，亭前十多米有中流砥柱，柱上供奉六祖佛像，金光闪闪。六祖当年坐化巨石，千年流水，已沉溪底，故造此座。

想当年风水师询六祖母亲：要“万世香火，还是九代状元？”六祖母选择前者，因为其夫贬谪经历。没料到自己儿子如今真正“万世香火”，且声名日隆，远播世界。禅宗一步步进入现代人生活，明确解释人生，给人方向：身不由己，解脱在我；每一个人均可赖自身心力，找到适意美好人生——禅宗因此承传，六祖因此永生。

亭外大雨如注，青山巍峨，山涧溪流声响隆隆，而吾心中却是一片寂静：仿佛由国恩寺到藏佛坑，走过千里万里，此时此刻却是离六祖最近……

六祖圣像，以韶关南华寺慧能真身为参照，塑造六祖庄严智慧之法相。慧能双目微张，盘腿坐于莲花宝座之上，似与信众弘扬禅宗思想。圣像选取温润洁白的四川汉白玉为材质，圣洁大美。

正中纪念堂除慧能座像肃穆外，上下天地两方莲花亦具视角冲击力！象征着佛教十方世界的圆满，造顶通过叠色的现代手法，演绎空灵抽象莲花，自然天光从屋顶洒下，恬静空明禅宗境界完美呈现。整体外观，亲水自然，壮阔大气，令人肃然起敬。

目前慧能纪念堂只开放定慧堂作为核心纪念性空间，其他展室内容在筹备中。纪念堂由华工何镜堂院士团队设计，唐代宫殿，恢宏气派，颇具震撼力。由新兴头牌企业温氏集团出资，功德无量，值得赞扬。

大雨进罗定，从云浮出发一小时车程。城边正建新楼盘，“天宝豪园”售价每平方米六七千元，与云浮相仿。罗定为广东首批历史文化名城，底蕴在新兴云浮之上。名人蔡廷锴将军，抗战名将，十九路军军长。时东北不抵抗，日军长驱直入兵临上海，蔡将军率兵护城，让世界知道中国尚有热血军人。罗定古称“龙城”，有地标雕塑“双龙戏珠”。由于珠大龙小，市民戏称“硬撑”，而龙则笑为“蝙蝠”。后推倒重塑，壮大龙体。

罗定学宫、文塔，代表明清文化；大埗头码头繁盛一时，高州信宜货品经此贸易。泷州为罗定旧称，始建于唐，沟通西江通往粤西重要集散地。明万历时，升州府建城墙。罗定江代表南江文化，历史悠久，文化基因独特，具古粤特色——为近年云浮竭力打造的地域文化名片。南江口对接西江，罗定为群山中之盆地，稻米富足，水陆交通自古便利，古代州府之重地。难怪1994年划分独立地级市时，与云浮有相争之意。

连日大雨，泷江猛涨，洪水已淹没城边码头。云浮正将罗定江改名南江，意欲弘扬地域文化名片，并与东江西江北江并肩齐名。但愿望到现实，又岂止一步之遥。市府依旧，博物馆空洞，学宫凋零；老街陈旧，少数骑楼破烂不堪，难觅当年州府重地风华。唯罗定中学兴旺，高考优者领先整个云浮地区。但经济文化落后，学成归来者少。

岁月沧桑，繁华不再；登上罗定文塔四顾，城里一片老屋，城边新楼崛起；远处青山如黛，脚下江水汹涌；连日暴雨，洪水泛滥，水位报警，罗定古城老矣。

把云浮、新兴、罗定三座城市放在一起讨论，是一个很有趣的话题。罗定文化古城，历史渊源深厚，古代州府重地，所以，他有文化骄傲的本钱。而新兴因为有六祖慧能，一个世界重量级人物，以及温氏集团等一批广东省优秀企业，所以有文化与经济的双重优越感。

一个文化，一个经济，似乎均在云浮之上。而云浮则为地级市政府所在地，拥有行政优势。所以，三个地方的人彼此有一些看法，非常正常。犹如潮州与汕头彼此亦有些许看法。所谓潮汕，三条江孕育三种文化，彼此也有差异，而这种差异又恰恰是本土文化丰富性所在，文化的质地、气息、皱褶、气场表达着历史、现实与未来的多种可能性，其内容亦是本土文化表达所要考虑的诸多方面。

可以说，无论是政治、经济、文化的发展，所有元素均在其中，或明或暗，隐隐约约地起着各自的作用。这是一个很有趣的话题。很难在短的篇幅中间充分展开，有些话题似乎还不习惯摆到桌面上谈论。

话题回到云浮三城，三地各有其长，亦有其自尊心。反过来说，微妙话题，意趣其中。因为话题空间很大，内涵丰富。文化建设，一向有准确定位问题，比如三城的标志性雕塑就值得讨论。

我以为新兴相对明确，因为六祖慧能横空出世。云浮的工人雕塑表达的是，开石材的工匠，请了四川美院教授完成——我仔细端详，觉得他是一个古希腊美男子雕塑的翻版：完美的肌肉、健壮的身材，表达的是一种教科书式的模板。所以云浮市民并不领情，直呼“猛男”，人物显然不具有岭南人种特色，更没有云浮开山者的行业气质。罗定的城雕是“双龙戏珠”，文化表达似乎也很难有本土个性。

我们如何寻找自己独特的文化气质与本土文化表达，实际上是一个非常重要的课题。至于一个地区如何在其内部“亚文化区域”，进行进一步互动组合，又是另外一个话题。所以，本土文化值得研究的问题太多，需要各方面的人士去钻研去探索。这也是此次云浮之行，对我个人的一个重要启示。

转型时代的文化建设，关山重重，任重道远。吾愿更多同行一道努力！大山云雾缭绕，浮出一轮明月。愿云浮早日起飞，有一个远大前程。

茂名：粤西文化余晖中的“石油之城”

2018年夏天，我从粤东到粤西南，再到粤西。二十天时间里，我一直在谈论与“三”有关的话题：潮汕的三条江，养育了三种文化；云浮的三座城，彼此纠结；到了茂名，谈论最多的也是三座城，左手高州，右手电白。三人成虎、三心二意、三国演义，三足鼎立……所有与“三”这个数字相关的神奇与神秘，从四面八方奔涌而来。

茂名是一座年轻的现代化工业城市，与历史古城相比，面容清澈而开朗，一抹“城市的浪漫”。但另外两座城却是历史风云变幻。

高州，一座古城，曾经的高州府，辖管茂名湛江大片土地。高州不但有塔、有寺、有庙，而且有荔枝有桂圆，是物产富足之地。2014年，我在高州有幸遇到年例。这是中国人春节家庭家族村庄团聚仪式的进一步拓展与提升。春节团聚本来属于家庭和家族的，但是到了茂名却成了一个全民狂欢——家族与家族、村庄与村庄之间，几乎是一片土地上的团聚交流，亲情充分表达，乡愁全面宣泄。送神、祭祀、聚餐，拜年、串门，所有关于乡村春节娱神娱己的活动，都在这里充分展开，让外地人感到意外与新奇。

再者，冼太夫人的大庙与香火，令人印象深刻。我曾经在夫人庙前观察半小时，发现无论男女老少，祭者均十分虔诚。让我深感这样一个历史人物，跨越千年，仍然在地方保持极大的本土文化凝聚力。可惜这样一个巾帼英雄，一个有历史完整记载、人神同体的南粤卓越女性，形象传播力限制在粤西、海南岛一带，未能获得应有的中华英雄之声誉。

再谈电白。据说凡是讲俚语的地方，民风彪悍，敢于冒险，电白即是。电白老板比较多，做生意胆子比较大，也出现过一些违法违规的事情，令电白人毁誉参半。比较起来，似乎高州人遵从传统礼仪，温柔敦厚一些。两地反差，加之茂名当代工业人的精神，构成了茂名本土文化的丰富性，其中所蕴含的内容亦相当有趣。

从近日茂名发布的十大地方文化名片看，第一张是“好心湖”。可以说，它承载了茂名这座城市的历史脉络。值得欣喜的是，政府力推“好心文化”之“好心”二字，其历史渊源，恰好与冼太夫人的一句话“吾事三朝主，唯一用好心”联系，既有当代色彩，又有历史渊源。由此亦可看到，茂名既具有当代工业色彩，同时又承载了古老粤西的传统文化。

粤西文化充满谜语，值得探究。广东历来的广府、客家、潮汕三大民系，从某种意义上也可以说是三支移民，从三个不同方向进入广东。他们所带来的先进文化，对广东本土的百越文化形成一个巨大挤压。原住民的百越文化最后就被挤到了粤西、海南岛，以及广西更远的地方。

所以，从粤西文化外部内部，我们可以看到不同文化的冲突、融合、交叉、互动。粤西是中国方言最复杂、种类最多的地区，相互牵挂，彼此纠缠，你中有我，我中有你，创造了文化冲突融合之奇迹。方言作为“文化活化石”，恰到好处地表达了这个地区文化的特点，值得粤西人、广东人、中国人去共同探究。

此亦是文化使命，任重道远。

访问云浮三天，浸透历史沧桑。云浮大理石积淀岁月，新兴慧能回响禅宗，罗定蔡廷锴乃民国热血。所有这一切均是历史的回望。没来由想起杜拉斯的那句名言：“与你年轻时的面貌相比，我更爱你现在备受摧残的容颜”。用杜拉斯的名言可以妥帖地传达我旅途的心境吗？

在这样一种心理氛围中进入茂名，平添一种“猝不及防”的感觉，城市“小小华丽”，让我有点意外。茂名这座城与茂名石化紧密相连，同时也拥有整个粤西的文化传统。其格局与中华人民共和国成立后的新中国工业以及当年苏联专家对城市规划的一锤定音紧密相连。

因为从前时代的一句话——茂名有矿可炼油，于是有了露天矿，开采油页岩，有了企业，才开始有了茂名这座城市。参观露天矿所在地牙象村，油页岩露天矿坑，引水造“好心湖”——水深处百米，“将一块地球伤疤变成美丽人造湖”。

茂名属于后发工业城市，不排外，兼容并蓄，大批外来工作者落户。1959 年建市，城市规划由苏联专家制定，所以完全呈方块式。现在搞美丽乡村，牙象村在发展新农村战略上开始出名，成为典型。

茂名现在推“好心文化”，这个湖也称“好心湖”。牙象村书记提出叫“母亲湖”：没有这个矿就没有茂名。宣传词：“好心湖，好辛苦，好幸福！”可谓好心湖的前世今生：开矿时灰尘蔽日，村民出外打工；引水成湖后，重现乡村振兴希望。

茂名三菜令人印象深刻：一是薄荷鸡汤。新鲜薄荷叶入鸡汤，鸡之鲜美薄荷异香携手汇合，别有风味，且突显鸡汤之药用保健价值。二是电白芥菜，脆口清甜无渣。据说上佳电白芥菜，摔到地上如西瓜一般碎裂，可见其脆度非常。三是生菜蚝。生蚝粘生粉油炸，包心生菜裹紧入口，蚝之鲜美与生菜清脆甘甜，达成上佳口感与味道。

茂名期望大家改变其被重污染印象，目前空气质量大为改观，排在广东省前列。好心湖占地一万多亩，面积大过杭州西湖。临湖远眺，湖面开阔，波光粼粼，水天一色。

高州：千年冼夫人，传奇高凉郡

一

广东粤西，茂名辖下高州市，昔日粤西中心，一个弥漫着传统氛围的古城。春节，让这种氛围倍加浓郁。

祭品年前买妥备齐，唯公鸡当天杀洗整鸡上供，所以菜场鸡摊前最挤，或买活鸡即杀剖开，或自提活鸡送去。一刀抹喉，沸水浸泡，机器自动去毛，砧板剖开，红袋提走；平时五元杀一只，过年十元。

年三十祭祖，上午备礼，下午祭拜，然后方可吃年夜饭。备三牲：公鸡一只，鱼一尾，猪肉一块。广东珠三角亦用鹅，粤西则用公鸡。鱼为鲩鱼等，大而头尾完整。猪肉需“一刀切”，猪皮肥肉瘦肉至排骨，斩齐。备三素：粉丝、豆腐、木耳等。备点心：水果、糖果、饼干等。备碗筷三副，以及三茶五酒即三杯茶五杯酒。

生蚝当场剖开，一只按大小 2~4 元不等，相当新鲜，回家或滚汤或煎炒或烧烤。长长甘蔗，买几根放家里存放一年，称为“压年蔗”，意头“从头甜到尾”。

二

随亲戚驱车返乡祭祀，拜天拜地拜祖先。事先备妥祭品，车行半道买爆竹，三拜买三挂。

新宅拜祭天神，按屋宇朝向拜，此为回乡一拜。摆好祭品，点香三炷，男女主人分别肃立片刻，口中念念有词，再燃爆竹一挂，须臾了事。家人全部进城，拆旧宅建平房一栋五间，只为表明老家有屋。

一年回来三次，新年年例清明三节必回。老家新屋打扫卫生，年三十贴好春联，大门春联横批，再在门框上贴五小张利是祭祀，房间小门贴一张。春联祭祀后，即开车回城。新屋常年关门，无人居住，只是表明家乡在此。

二拜寺庙。多姓合建，碑记上似不见渊源。五位神是何讲究？前排小像似土地公土地娘，后三大像是何方神圣呢？亦是摆放祭品，三杯茶五杯酒，放爆竹一挂，双手合掌祷告几句。

取回祭品再往第三处。城里人驾车提塑料篮子，村民则挑箩筐袋装祭品，细看三牲必备，其余不同，但仪式相同，轻松喜悦，并无肃穆之感。

三拜宗祠。广东广西两地黄姓多拜江夏郡，老祖宗在湖北为官，后人南迁，开枝散叶。我友黄健云教授，先人武将，乃黄庭坚后人，落户广西玉林，亦供江夏郡。

亲戚言祖先曾富甲一方，行医一县，名声遐迩，有药铺酒厂，家宅有炮楼，养护院家丁。临近解放被邻县土匪洗劫，绑去黄家八个女子，不侵不辱只要赎金。黄家赎回人质，也已倾家荡产。不久土改，定为贫农，因祸得福矣。主人指着门楼前旧砖地基，苦笑此即从前大宅炮楼遗址。

“年深他境犹吾境，日久他乡为故乡。”此为祠堂先祖示儿诗句。50后、60后一代还有乡村儿童记忆，再下一代进城后已然淡漠，与故乡全无牵挂。故乡在大移民时代，恐怕渐渐淡化成“乡愁”之抽象存在了。现实如此，大势所趋，唯余些许伤感。

三

�油为过年传统点心，乡村为甚，市区点心，皮为米制，馅料变化，荤素豆沙皆有，为当地特产，读音奇特，发音舌根用力压后油腻却神秘。

粄在高州大放光彩，似乎特色小吃之魁首，普及度相当高，酒店农舍家庭日常均有其位置。粄皮糯米浆制成，关键是内馅变化多端，简约可豆沙，丰富则香菇肉馅，还有花生绿豆加虾皮腊肉等，尽可随意发挥。

高州小吃粄之后，豆芽粉大概排老二。广东肠粉一类，总体偏斋，多数本地人就吃没馅无料斋粉，靠焖熟加花生油的生抽与辣椒提鲜，一般 3 元钱一份，多为早点。酒楼讲究点，就是斋捞粉或斋炒粉，食之滑润清爽。

如今生活好了，斋粉开始变花样，加蛋加肉，但加豆芽则是传统的。本地人早餐多点斋粉一份，再加一份猪杂、牛肉、鱼片粥。粥备好，客人点罢砂锅上火煮沸粥，再下猪杂等；讲究的粥中还加猪大骨熬成汤底，米香肉香异常鲜美。6 ~ 7 元一份，统共 10 元上下，早餐就是最好的了。老街走一趟，艾粄、粉皮、猪杂粥三类老店最为传统，花样品种亦各店不同。

有本地学生告知：粄有很多种类，最有高州特色的是薯包粄，与一般的粄口感不同，外观差异也很大，类似粽子。妙在一碗醋，醋有甜辣之分，看个人喜好选择酱油辣椒，讲究的还加花生碎。喜好者吃完薯包粑，另要一碗醋单独品尝。由此可见，主食之外，佐配的醋也引人喜之，已然成独立风景。

四

粤西小平原，农庄采摘，针对城里人的休闲项目。大片乡村打工者抛荒田野，经营者租用。草莓、小番茄任采，草莓 30 元一斤，番茄 12 元一斤，当场称重付钱拿走。水塘鱼，七个月捕捞，罗非鱼制作鱼片，出口美国，形成产业链。

大群放养鸡，田野捉虫吃草加饲料喂养，只只丰满茁壮，一片勃勃生机。最可喜四头黄牛，70 多岁老汉早上牵来，夜晚牵回。哞哞几声，牛犊靠近，牛舌舐手，手抚牛鼻，亲切之感油然而生。牛粪上插鲜花，亦新奇夺目。城里只见黄牛党，多年未见小黄牛！

五

高州老街一公里多长，大多年久失修，破旧不堪，满目沧桑。但骑楼模样仍在，临街小店仍在维持，说不上红火，亦不算冷清。主要特产桂圆干、荔枝干、山楂干，呈现水果之乡风貌。高州老街风貌与广东广西民国骑楼风格相近，呈现民国初年广东商人中外交流贸易高峰时的场景。在广西梧州就可以见到广东商人的商业奇迹，码头拉动商铺，繁华一时。广东则在广州潮汕五邑有高调表现。

比较之下，高州骑楼一条街就明显简陋，可见当时出国华侨少，导

致人才流资金流小，所以粤西相对贫穷，高州历史上曾有“高凉郡”之称。辉煌不再，并由此一蹶不振，难以崛起了。高州为高凉府时有“九街十二巷”，眼前老街保留当年模样，只是岁月如刀，风韵仅存一二。

六

高州市是广东省历史文化名城，“三个代表”重要思想发源地，“中国民族民间艺术（木偶）之乡”（高州木偶戏被命名为第一批国家级非物质文化遗产），“中国楹联文化城市”，盛产岭南三大名水果——香蕉、龙眼、荔枝，被誉为“全国水果第一县（市）”。

高州出城过江为西岸，商贩聚居之地，房屋破旧，少新楼盘开发，商业发展亦轻视，这恐怕亦与城里人瞧不起相关。各城内外，贵贱心理，常常是可行不可说，况且局势亦有变化，贫富变化，故原有积怨或已淡化，或隐约可见，远看草青近看无，捉摸不定；而年轻人则大踏步奔快乐新生活而去，根本无暇顾及了。

有三处风景可说。其一是缅茄树，五百年树龄，兼有一个冤枉传说，颇具伦理色彩。四年前见缅茄果制作挂件，玲珑可爱，今再把玩，却觉平常简易，难道是见得多了？

其二是宝光塔，屹立鉴江之畔，高大巍峨，明万历年建，可为高凉郡标志，半城半江，一水东流，夕阳西下之时，剪影闪烁，粤西壮观。塔下著名非遗项目高州木偶戏正在表演，锣鼓敲响，乐调咿呀，抓我眼球；台前年轻观众只为手机拍照，好个新鲜，认真观剧者几无。此刻上演《薛仁贵传奇》回窑一段，那娘子就是寒窑苦守十八年的王宝玔吧？

宝光塔左侧隔江遥看寺庙群，佛寺道观尼姑庵沿江一字排开，香火旺盛，与城中冼太夫人庙遥相呼应。塔之右侧为江边独立山峰：观山。山门上去有观山寺与高州市博物馆，以及一幢稍带西式临江小楼。

七

宝光塔江对面为高州城市标志雕塑“高凉鼓韵”，硕大铜鼓，两健壮肌肉汉于正反面倾力擂响。细看碑文，亦与冼夫人关联。

古时百越，铜鼓为国之重器，或礼或兵；冼夫人擂鼓挥师，威镇一方，以越汉融合策略，谋粤西一方平安。

此雕塑合乎古城历史文化底蕴，与城中冼夫人戎装雕塑交相辉映，熠熠光彩。由此可见，冼夫人为历史底蕴之中流砥柱，千年古城之定位已然确认，无可置疑。

历史似乎亦若上帝开门般公平，跌宕起伏，沉浮有时：你前日占了风头，今日让你呆呆低谷。恰好印证古话：三十年河东，三十年河西。风水轮流转，今天到我家。每思于此，心中宽慰。历史古城今日略稍滞后气象，或许又是另一次崛起的前奏呢？留得青山在，不怕没柴烧。

八

高州水库，直属茂名市管理，亦称玉湖水利风景区。主要收入为发电、养鱼，生活用水收费，农业用水不收费，旅游业刚起步。峡谷形水库，人为淹没几个镇，蓄水成库，水最深处45米。1958年开工，两年完成。

水库设计库容广东第四,八万亩水面。大年初二，阳光明媚，万顷碧波荡漾，蓝天青山碧水，泛舟其上，游艇快捷，白色水花激起；青山绿水如电影画面，舟行景换，山光水色，令人陶醉。

夕阳西下，火烧云彩，波光粼粼。宽阔湖水，小竹排远远驶来，三根大竹捆绑成船，加小马达，一农夫驾驶；水中孤岛建农庄，种果树，养鸡鸭，搞旅游，靠竹排往来。

鱼扣，当地特产，大鱼切片仿制扣肉，鱼片腌制油煎再蒸，此制法与命名颇为精彩。鱼腐，鲮鱼打成浆制成。叉尾鱼，鲶鱼类，无鳞少刺，从东莞引入，亦是水库出品。至于南瓜叶、黄瓜皮、小白菜均出于水库山地，风味比农家乐还农家乐。

夜色如墨，宽阔水面此时仿佛大块墨色，从眼前一直向前铺展，唯有天上几颗星星闪烁，让那与天幕相接的墨色，显得更加巨大而黑暗，瞬间将你淹没。

看惯了城市的耀眼灯光，这巨大无边如墨夜色怎不动人心魄，让我浮想联翩，回忆闸门悄然开启：我有几次关于黑夜的回忆呢？

九

南朝、隋、唐、五代十国、宋，今高州境大部属高凉郡。清代沿明制时，高州府辖有化州、茂名、信宜、电白、吴川、廉江（时称石城）等一州五县。

高州府曾为广东下四府之首府，为粤西地区经济、政治和文化中心，显赫一时。原茂名为高州所辖，称为“高州府茂名县”，后来行政区划改变，茂名管高州了。

高州现定位为茂名副中心城市，市区人员约50万人，全市170万人。此点与潮州汕头行政位置调换类似。但高州人宽厚平和，对茂名似无怨言，大概文化经济反差没有潮州汕头那么大吧？

高州年例，民俗盛观，粤西风行。春节期间延续一个多月，民间说“亲朋好友，走村串巷，天天有酒喝”，而且不仅仅是亲戚，凡认识者均可上席，不请自到，朋友还可带朋友，从几席几十席到上百席，蔚为大观，典型的民间大吃大喝，从白到黑，乐此不疲。据说电白等地，客人吃了还拿，主人让带只鸡走。

请神送行，欢度新年。各村时间祖先约定俗成，多以社区庙堂为单位，前后月余。故粤西人谈及年例异常兴奋与自豪：“年例大过年。”庙会游神，举年例旗，抬神上路，游至各家门前，家家户户祭拜上香，爆竹烟花，家庭酒宴……年例讲究日子，亲身体验有待来日。

冯冼后人主要分布茂名、阳江、湛江、海南、越南等地，冯冼宗亲会则遍布全国各地。我认识的老冯就是冼夫人夫家冯宝后人。颇感自豪，名门身世。自已读了大学，儿子清华大学毕业，现在美国大学任教。

四年前参观高州市博物馆，意外得知唐代知名宦官高力士不仅是高州人，而且为冼夫人六世孙，因犯事十岁收为阉奴入宫，聪明过人，深得皇宠。

传说其曾为醉酒李白脱靴，而被舞台妖魔化“白鼻奸臣”。博物馆为其正名：品德高尚，史上有功。一生忠心耿耿，与唐玄宗不离不弃，被誉为“千古贤宦第一人”。可惜春节闭馆，无法再次亲眼证实。

十

冼夫人庙，高州第一大庙。春节香火尤盛，本土信仰由此凸显。我于香炉前观察，男女老少，祭者虔诚，令吾感动。大人对孩子讲解冼夫人事迹，从小根植信仰。

神像一侧有两班人轮流吹奏唢呐，配合着接踵而至的跪拜人群。春节期间，庙前广场，香火正旺，烟气冲天。与正面公园人潮涌动节日气氛相互呼应。冼夫人由粤西而海南，一千多年香火不断，百姓祭拜，已然地方神，亦可视作高州本土文化信仰之“定海神针”。伫立良久，心中突然寂静，喧闹消失，心中敬意油然而生，仿佛穿越时空，与夫人心有灵犀。

吾读天下书，精神游四海；愿将冼夫人引入我最尊敬的人物之列。回望历史，品味事迹，高山大河，吾之敬仰似鉴江蜿蜒长流，如珠江滔滔不息。

穆桂英乃中国巾帼英雄之化身，杨门女将也是在中国历史上得到最多敬意的女性。关于她们的演义、评书和剧目不下数百种。但穆桂英是否实有其人，历史记载模糊，更多属于民间演义塑造，如五十挂帅出征甚至是新中国成立后的作品。

但冼夫人则完全不同，史料记载确凿，人生事迹明确，百姓代代相传，千年祭祀已然为当地神。其人生功绩至少有三：保住粤西一方平安；作为南越非汉族地方首领与汉族和谐相处；维护中原权力，保证了中华版图统一，被誉为“岭南圣母”。

十一

恰如冼夫人所言：“我事三代主，唯用一好心。”

冼夫人历史地位特殊，南北朝至隋，广东雷州半岛粤西一代俚族领袖。会谋略，懂政治，晓经济，有武功，活了八十多岁，受朝廷封号无数。虽为女性，却是上马可征战，下马能治国，真正巾帼英雄。对岭南社会历史做出卓越贡献，名载史册，深受爱戴，百姓千年传颂。新中国成立后，周恩来总理曾誉之为“中国巾帼英雄第一人”。

如此英雄为何名声不过珠江？恐怕与岭南历史文化地位一向走低，中原氏族与文人惯常轻视有关。吾细想，也许与冼夫人非汉族亦有一定关系吧？由此讨教各方大家。

夕阳西下，人渐散去，唢呐声歇。我停立像前，仔仔细细打量戎装负弓的冼太夫人，在她英武驰骋形象的后面是女性、妻子、母亲，透过俚人领袖、岭南圣母、封号夫人，我还能看到什么？宏大历史观、大汉族视角、版图统一似乎解答，但似乎不够……

冼夫人审时度势，判断陈朝将亡，果断派儿子领兵广州，迎接隋将，以示归顺。让我想起日本大河剧《真田丸》，小国于高压危机中生存，为求自保，不惜朝三暮四，不惜脚踩两只船……

汉文化中的很多事虽有标杆尺度，亦是说一套做一套，面里不符，欺上瞒下。何况化外之民，自有生存哲学，生存永远是第一要义，尤其处在南北朝乱世，群雄并起，四分五裂。回到具体历史情境，时间空间都是判断参照因素。轻易结论，难免隔岸观火隔靴搔痒，躺着说话不腰疼。

十二

高州市区 50 万人，全市各乡镇合共 170 万人。市区汽车与摩托、电动车共在。初到市区，有一点新奇，过十字路口有 90 秒倒计时，人的心理与身体节奏自然放慢。

同时也是古风犹存、传统延续的古城，且不论精神中心为千年前的冼太夫人，生活态度亦传统主流。

日常、质朴、讲伦理、重读书，期望发财致富子女读书，学而有成光宗耀祖。重年例重民俗，少远走海外，少华侨外商，房价六七千一平方，大多本地人由乡入市购买，目的是让孩子读中小学好学校，高考谋职大城市居住，人往高处走。

有麦当劳肯德基西式点心，但更多光顾艾糍薯包猪杂粥砂锅粉；有华润万家大超市，少高档酒店酒楼。高州特产荔枝桂圆香蕉芋头红薯米粉，农家且传统，酒家菜品多带客家风，少有广府潮州菜精致。

城市在 20 世纪 90 年代拓展，新大厦少，旧式铁栅封阳台窗户住宿楼为城市建筑主体，现代风写字楼凤毛麟角；传统民国骑楼老街年久失修，满目疮痍，老房子虽破烂不堪，依然生机盎然……任外面世界如何精彩，人生静好是我家。

车过台山三合镇

车过台山三合镇，意外发现骑楼一条街，人走屋空，甚是凋零，当年繁华依稀可见。民国时期台山富庶一时，曾有“万国货币之地”美称，据说每年汇入侨款居全国第一。故商业发达，形成集市，即使小镇。

骑楼源于古希腊，英殖民者开建，风靡东南亚。华侨引入国内，两广最多，福建海南亦有，几乎成为侨乡标志。骑楼不但适合南方多雨气候，而且适应经商，商店临街，便于停留，无形中增加消费机会。

久居都市，借高速逃离，你顿时获得解放感：田野、河涌、池塘、村庄、农舍、鸡鸭鹅、树草花……让你焕然一新，唤醒心底欲望：当一个森林的孩子。童年童话童趣汹涌澎湃没过头顶，吾愿交出戒备随波逐流，如一枝芦苇浪间沉浮……

农庄土菜让我回到人间。台山招牌黄鳝饭贵在传统瓦罐砂锅油焗，将鳝丝鲜嫩与米饭饭香完美结合。此店粗放，名品用大锅做饭，米饭与鳝丝貌合神离，远非美味，实在愧对祖先呵。倒是台山花菜近年名震羊城，深受喜爱，花瓣挺拔，菜香浓郁，口感脆甜，腊肉腊肠合炒兼得荤素之美。

鸡骨草煲瘦肉汤开场，可以归类广府菜。至于走地鸡的嚼劲、蒸鱼肉之紧致、猪肉丸之弹牙、春菜芋头之新鲜，昭示台山土地风水口味与珠三角大同小异呵！五邑侨乡，民国兴盛，人财物对外交流，也与广东沿海各地处于相当趋势。广东唯一世界非遗——开平碉楼，中西合璧即为例证。

见到田野菜地、小河水车、鸡舍狗窝、硕果满树，我们为什么会平添愉悦乃至幸福感，甚至有一种解脱之感？我们的身心似乎被唤醒了什么，隐约隐秘细微涟漪，似有若无，又秘不可宣。

近读林语堂，谈及人类尾巴的功能。人类远祖像猿猴一样在森林中生活，从这棵树荡到那棵树，用臂膀或尾巴勾住树枝倒悬着。“就是我们在秋千上由后荡向前面之时，我们觉得脊髓的末端——从前长着尾巴的地方——有一种刺激的感觉的理由：反射作用还在那里，我们还在用一条早已脱掉的尾巴去钩住旁边的东西。”

器官已然退化，但身体里的隐秘记忆还在。或可作为解释弗洛伊德潜意识，以及荣格集体无意识之例证——大有图腾，小有潜意识记忆。

我们是在逃离当下吗？还是在回到从前，如祖先般种植、养殖、采摘、狩猎，比陶潜“采菊东篱下，悠然见南山”更平凡更质朴，比《桃花源记》“不知有汉，无论魏晋”更原始更久远……

桂林甲天下：一半山水，一半人文

晨起榕湖，曦光中见桂林真相。大湖水平如镜，房舍绿树倒影，高大古榕巍峨，大桥小桥点缀。步行不远，见古南门，城墙高大坚固，一砖一石尽显沧桑。

一

门前一亭一舟为“黄庭坚系舟处”。“山谷系舟千载古榕情若梦，半塘遗韵一湖新景境如仙”——北宋大文人黄庭坚一千年前被贬桂林，系舟上岸，眼前一湖风光或可抚慰郁闷心情。

自古两广多有贬谪之士，携带中原文化，融入岭南。故今学术界有“贬谪文化”研究。

系舟处侧有“清朝桂林四状元”雕塑，衬着图书馆，可见清朝民国桂林文风昌盛。抗战时，桂林更成大陆显赫之城。丛林中偶然窥见白公馆，是作家白先勇笔下的“白公馆”吗？名门大宅，故事沉重。

号称“两江四湖”之一榕湖已具备桂林多个元素：山水江湖，古城古榕，文人荟萃，源远流长。

二

桂林是我国抗战中最后沦陷的省会城市。沦陷前，一度名人云集，有“文化城”之美誉。但现状呢？我上出租车即问师傅：桂林人有没有优越感？

果断回应：没有，第一个字“穷”，第二个字还是“穷”。我问：抗战时省会相当繁华吧？师傅不以为然。我再问：桂林人在广西各地市中有无特殊？比如与省会南宁比较。

师傅淡然：与南宁比，人种不一样。我兴趣陡然：啥不一样？依旧淡定：他们少数民族。师傅补充说：我们菜多辣，不少人从湖南来。桂林方言你们听得懂。旅游城市只有旅游一碗饭吃，年轻人多到广州等地找机会去了。

细心一听，满街桂林话果然有云南四川味，大致能听懂。是西南官话吗？广西西江与广东一脉相通，方言均为白话，即广东话中的广府话。

桂林外来人多，离官话近，在广西独树一帜；可见，除漓江、象鼻山等标志性山水风景之外，肯定还有独特的文化个性。广西版图更大区域则以壮、瑶等少数民族为主。

市中心阿甘酒家，格局与羊城相近。菜品风格亦接近，但稍微粗犷。招牌菜一鸭一鱼：阿甘酱板鸭，微辣入骨，嚼头有味；啤酒剑骨鱼，鱼肉口感近似黄骨鱼，只是鱼更大，鱼皮近于鲶鱼，但啤酒味不足。

腊肉芋丝，亦是广西特色，大芋头切丝配腊肉丁，芋丝软糯，颇具风味。水晶粉类似广州陈村粉，红糖糍粑外形抢眼，口感上佳。

早餐不仅有名声遐迩的桂林米粉，而且还有广西地方特色小吃“恭城油茶”。油茶类似客家擂茶，茶制油汤，添加爆米花、油炸条、花生米、香葱等，是来自恭城瑶族食俗。

一个酒店早餐若备有当地特色小吃，亦是彰显本土文化的有效途径之一。

三

桂林桂林，桂树成林。农历八月，桂花香飘满城，所以桂花食品为特产：桂花糕、桂花香水、三花酒等。慢节奏，宜居住，少企业，有名的只有药业与啤酒业。水质好，喝油茶，食罗汉果。

桂林城拥有得天独厚的两江四湖：漓江桃花江，木龙湖桂湖榕湖杉湖，山水入城，桂林山水甲天下，其中优势还在于整个古城均为山水风景。“千峰环野立，一水抱城流”，名副其实的“城在景中，景在城中”，步步换景，昼夜皆妙。

城中江水流畅，市民可自由下湖洗澡嬉水，情侣鸳鸯浴，家庭休闲浴，极为舒坦。钓鱼者更是比比皆是，一个轻松自如的山水之城。

桂林十八酿：酿田螺为首，酿为客家菜，桂林菜喜酿，或许亦是客家影响。猪肚白果汤，桂林菜实惠，但说不上高档，更勿论精致。大盘分量，酸辣兼备，甚至有麻辣。似乎是粤菜、湘菜、贵州菜、瑶族菜等的大会合。

明桂米粉，桂林十大米粉之一，老店正宗，非遗承传。桂林吃米粉，四块五一碗就是正宗，价廉物美。此行方知正宗桂林米粉乃卤味拌粉，广州普遍通行的汤粉并非“桂林风”。

本地人只在拌粉食之大半后，自助加汤收尾。米粉浇头汤底最显特色，而浇头自助颇具诱惑力。广州粤语中并无浇头说法，只说“配了什么料？牛腩吗？”

四

世外桃源景点，打五柳先生牌子，强行加戏。好在山有一洞，与湖相通，舟入洞中，渐至黑暗，只闻水声，片刻缓缓微光，渐次明亮，山洞驶出，突见桃花林一片，豁然开朗，山野村居，恍若世外仙境。

只听船首女孩说：燕子村二百年，往前古村六百年呢。水至清，山至绿，岸边有若干祭祀图腾。怦然心动，不由想象古村先人如何越岭过河寻到如此偏僻安静而美丽之地，遗世独立又是何样心情呢。

马肉米粉，桂林名粉。梁羽生《广陵剑》详细描述，古时粉用茶杯大小碗盛放，食量大者可食 30 ~ 40 碗，而马肉随进食顺序越来越好，三碗后上肉为鲜，吃到内脏，方至佳境。

岭南文化名家关建人先生微信告知：以前桂林老铺有马肉米粉。抗战走难时期，桂林马肉米粉名闻桂滇黔。因此寻马肉食之，食物包含历史文化，各地特色小吃更是本土文化之标志。

吾细品之，马肉不如牛肉有嚼头，相对干渣，少了牛肉腩筋之滑润。但马肉别有一份甘香，至于作料自助，酸笋泡椒最具代表性，食之大半，加排骨汤亦是自助。

五

深刻印象一：滑石俑，南北朝作品，桂林博物馆见到，吾意外惊喜。俩人亲密携手，或亲人或情侣或同行或共舞。行于岭南，制于隋前，还真有“百越底色，先秦遗传”，隐约之间传达遥远古风……

让我即刻想起《如果国宝会说话》中介绍的六七千年前西安出土的人头壶，那个笑脸，透露人类早期纯真质朴天然天性般气质，不冠不履，散发赤足，行于山川；满目葱茏，花开花落，与自然息息相关，融汇其间，大美无言。

桂林经济一般，政府却斥巨资于城市新区建塔建馆，塔居中央，威镇四方；博物馆图书馆，一个保持人类记忆，一个收纳历代知识，大大提升当地文化品质。

深刻印象二：桂林古城，传统渊源，乃岭南重镇；抗战时期，武汉、广州沦陷后，两地机关政党社团工厂学校的报纸媒体大量涌入，桂林名声大震，风云际会，一时繁华，时势造英雄矣。

自古以来，一座城市在某一历史时刻，左右逢源，成为热点，必然遗留财富，保存人文气息。你关注也好，置之不理也好，它总在那里，或根深蒂固，或草蛇灰线，或隐或显，即为本土。桂林桂林，可做例证，山水人文名城。

六

桂林阳朔之间，漓江上的著名兴坪古镇，颇具渊源。大雨入镇，直扑古戏台，小小失望，无厘头商业化不管不顾地塞满院落，尊贵龙椅圣旨与本土民间混搭，失了章法，落了俗气，古风荡然无存矣。

桂林山水，鬼斧神工，出神入化。但山水民宿民宅却还是 20 世纪 70 年代那般简陋粗糙，煞了风景，甚是可惜。包括桂林城，建筑匹配度亦大有距离。

我一方面暗示自己不可以江南文人精英统辖标准，岭南自有一份质朴；另一方面又面对不今不古不原生态又不现代时尚之景象多有疑惑。如何讲好桂林故事？亦是 21 世纪新的课题。

南宋灭亡，遗响绵绵

去广东江门和惠东，两个历史题材深深触动了我：一个海盗；一个南宋。

杭州城攻破后，宋宗室一路南逃，几十万人逃至广东，准备在海边最后决战。结局举世皆知：陆俊夫背着小皇帝跳海自杀。据说当时整个海面鲜血染红，尸首飘浮。一些将士随着战败自杀，也有一些将士弃船上岸，逃往乡野。

因此，广东海边那一带不少村庄的人，隐姓埋名，几百年藏匿荒野偏僻处，以躲避元朝军队异常残暴的镇压。在每年小皇帝殉国的日子里，披麻戴孝，向北拜祭。这样的风俗保留了好几百年，一直延续到今天。这些村民仍然以他们是皇室后裔出身而骄傲，南宋的大批难民亦各有坚守。我在江门遇到一位文联副主席，这位女士就自称赵姓后裔，幼年时见老辈披麻戴孝北向哭拜，询问缘由，大人不言，直至成年，方知家族秘密。她言之凿凿，认定南宋血脉在其家族里延续至今。

我去江门台山发现一种现象，有的村庄地名文雅，环境清洁，道路整齐。不似当地一般村庄地名多以农历日期为名。比如说，三九、二八等。一问，文雅地名就是皇室后裔或南宋亡民的村庄，比如明月桥、七里坊等。文雅地名代表着一种文化，这种文化在几百年间一脉相承，说明他们的力量多么大，生命力多么顽强！

到了惠东，又听县文联作家说，当地有一个叫做新寮村的地方，每年扒龙舟都在凌晨一两点夜色之中，把一个神像抬上龙船。他是谁呢？就是南宋最后一位小皇帝。扒龙舟需要在凌晨夜中开锣，锣声一响，周围的村庄才可以启动龙舟。显然，这是南宋灭亡后留下的历史遗迹，已成为一种文化自觉。这种事情，到底要延续多久？它到底是一种什么样的生命力？靠什么维持七百余年呢？

学界中有一种说法："南宋之后无中华"——也就说，南宋之后，由于外来游牧民族对中原的侵入，汉族礼仪受到极大破坏。虽然元之后，还有朱元璋的明朝几百年，但是没过多久，来自东北黑山白水的清兵，又重新占领了整个中华大地。由此也可以看到汉族生命力于几百年间，经受了极大的考验与挫折。

可以想象南宋末年，几十万难民，整个皇室与宫廷百官一起逃亡广东，留下多少文化影响？又有多少历史遗存？这样一个题材如果通过文学来表达、用艺术来展示，将拥有一个很大的阐释空间，其意义也必然多元。值得令人思考。

至今遗憾无缘去崖门海战地点，感受七百多年前壮烈悲惨的气息。但是，偶然看到珠海电视台拍的一部介绍崖门海战的专题片，给我的印象有三：第一，当时南宋的规模、兵力、给养仍然可以抗争强敌，只是大宋王朝的气息奄奄，只能以失败告终；海战惨烈程度堪称世界历史之最。第二，忠烈报国以死殉国。南宋气息已尽，那么斗志极易瞬间瓦解。因此皇帝跳海，败局已定，“压死骆驼的最后一根稻草”，不少军民亦随之跳海自杀。据说 7 日之后，在海面浮起尸体达 10 万之众。这一点颇似汉族人，精忠报国以死相拼。这样一个精神状态以自沉达至人生巅峰，我却可惜军民们没有拼到最后。尽管如此，我仍以为忠烈报国的精神传统确实留下来了，给予后世广东新思想的成长打下了一个历史的基础。这部专题片还提到了陈献章——白沙先生、康有为、梁启超、孙中山等人，他们应该都是在这样一种历史氛围中成长起来的。第三，新客家人群的进入改变了广东。像文天祥、陆秀夫、张世杰的家族，包括赵氏皇室的进入，真正改变了整个广东沿海地区新客家的成分。南宋灭亡于此，其文化亦留存于此，使得广东当时的文化水平迅速地完成“中原岭南一体”。

南宋遗响，绵绵不绝呵！

一条西江：让广东广西成为一家

梧州美味：两广同源

梧州地势起伏，高低不平。据说由于洪水的原因，老城区建在半山腰，现在堤坝修好了以后，新城区就在堤坝下发展起来了。周末从酒店去梧州学院，没料到沿途堵车。是道路设计太少了，还是车太多？总体看，街道比较破旧，绿化的树木具南粤两广风格：大叶榕和小叶榕。绿化倒是不错，基本上把路面遮蔽。专家介绍梧州是中国第二森林公园城市，森林覆盖率达百分之七十五，据称超过挪威。

梧州使用的语言是白话和普通话，粤语在这里非常盛行，据说顺德有大批的生意人，早年就来这里贩大米、贩木材，等等。

梧州也是一个吃米粉的城市，猪杂粉、牛肉粉、杀猪粉、桂林米粉、螺蛳粉，还有广州的肠粉，明显看到与广东生活习惯相近。第一次遭遇木菠萝入菜，芹菜的脆感与木菠萝的糯性汇合爆炒，产生一种特殊的口感与味道。从炒菜的角度来说，木菠萝和菠萝还是有区别的，菠萝本身比较脆，而木菠萝的感觉是柔糯中稍带韧劲，芹菜脆香衬托出其鲜甜奇味。梧州木菠萝入菜，就是那么肆意任性。

梧州大塘菜市场，浓浓粤语，满目岭南，接壤粤西，与广东大致相同。与柳州比，食店偏少；与玉林比，只见白切狗。没有猫肉，少点血腥味，难得专辟一个大棚，地摊专用，1 ~ 2 元钱就地讨价，竹笋 2 元一斤，本地荔枝 4 ~ 5 元一斤。地摊热闹，近似乡墟，恍惚从前老时光，外婆拎菜篮，佝偻而行。

梧州美食名店中有醒醒田螺，因为老板娘的名字中有一个“醒”字。类似于四川格局，每小碗价格 3 ~ 8 元不等。其中炒田螺为招牌，有小田螺与大田螺两种，每一小碗都是 6 元钱，应该是中国内地最贵的螺蛳了。味道鲜美，爆炒八分熟，再用好汤沸煮。但是从最贵田螺的角度要求，味道偏咸，掩盖了螺肉之鲜嫩。

翌日，心有不甘，大东酒店再点田螺，这家的紫苏螺丝保住了梧州螺蛳美名。大东招牌却是纸包鸡，专用一种玉扣纸，将浸透特殊卤汁鸡块包裹烧制而成。纸包鸡一份 15 元，由服务员帮助拆开，小盘相托，特色鲜明。卤汁异香与三黄鸡肉汇合，鸡肉熟而不烂，恰到好处地保持口感筋道，可谓鸡肉一绝。梧州的纸包鸡和田螺，是米粉之外给我印象最深的两道美食。食之不忘，回味再三。

梧州扣肉米粉，不粗不细的上好米粉，加上香菇金针菇油豆腐炸豆皮青菜，开水烫熟，配以高汤和两块扣肉。扣肉引导主体味道。招牌作料也起了很大的作用，酸豆角酸笋花生米炸黄豆，这个粉摊精彩处在于有紫苏。小小一碗米粉中添加了众多作料，它们像众星捧月般地把这一碗小小的米粉变得精彩绝伦。紫苏异香，犹如林中精灵，让扣肉米粉非同寻常。坐在我对面的林先生说：就像这座小城丰富多彩，什么都有。

梧州这座城不但流行粤语，而且据说有 80% 的人口来自于广东。所以相比较来说，梧州要比广西的其他城市，具有与广东更加密切的联系。广西广东确实在植被、水域、食物甚至人种方面都相当相似。我们在这里一样可以看到鸡蛋花、棕榈树、大叶榕、小叶榕，一样可以看到黄皮果、番石榴、荔枝、桂圆，菜市场卖菜的品种甚至价格都相近。只是在小吃方面略有差异，主要是米粉制作和水质不同，广西米粉似更筋道，相对来说粗多于细。

一条西江：两广相连

梧州坐落在三条江上——桂江、浔江和西江，谓“绿城水都百年商埠”。桂江上游，据说喀斯特地貌丰富，所以水质清澈，而西江的水质偏浑浊，所以两江交汇处有黄绿相间的壮观，但这种壮观随着堤坝的修整，已经趋于平淡。但鸳江桥两江分界处，有时依旧能看到水上奇景。

梧州自誉风水宝地，千年码头是广东乃至海外连接广西贵州四川大西南的重要商道。文化上属于两广，与广东历史有天然上的亲近。这种亲近关系，可以从新石器时代形制相同的石器获得印证。

学者认为，梧州对广东有重要功绩：没有梧州，就没有广东凉茶与靓汤，甚至饭都吃不饱，因为广东大米主要供应即来自这里。民国时就有《梧州人广州求学指南》刊印，亦可见广州与梧州之关系。故梧州号称“千年岭南重镇，百年两广商埠”。

如今梧州亦是辉煌不再。水运衰弱，物流不旺，经济平平。房价每平方米三四千元。与广西各地市比较，仅为中游。

广东财经大学学术会议海报地图：一份是旅游地图，一份是当时的军用地图。强烈空间感，与明清以降的“时间感”——成为学术聚会之起点。我对麦博士的观点感兴趣：百姓生活如何成为历史讨论之中心。

亮点一是梧州博物馆，地级市大牛，多件国级一级文物：东汉羽人铜灯造型优美、创意设计一流；但明德化窑白瓷观音像亦为一级，年代并非主要标准吗？不过形象超级柔美，衣裙衣带飘飘，微小佩珠圆润，实在珍品。亮点二为有自己民间神龙母，历史远过日本。亮点三是名人辈出：袁崇焕、太平天国四王、李济深等。

广东德庆的龙母诞是一个重要的节日，每年广州的各大报纸都有大幅广告图片力推。这次到了梧州才知道龙母庙最具代表性的在梧州，龙母的出生地。德庆据说是龙母出嫁的地方。

在梧州博物馆，头一条内容就是龙母的传说，它对面是舜帝南巡古苍梧的事迹。可见，龙母在梧州地区具有至高地位。龙母的事迹，我直觉就是粤西冼太夫人那样的氏族领袖；她通医术，我又联想到古代的潘茂名，也是粤西著名民间医生。

龙母有三个特点。第一，出生附带女神传说；第二，抗洪中具有领袖地位；第三，通晓医术，仁爱众生，治病救人。秦始皇当年闻其大名，召见皇宫，专船迎接，但是官船四次风吹回梧州，未能成行。她的神话传说中还有一个龙蛋生五子，五龙也有被认为是蜥蜴等动物，均为秦代岭南蛮荒之地的动物。这些神话同时也表现出一个女神对于万物的驾驭。

从龙母庙我们可以仰望山顶龙母的铜像，女神双眉紧锁，长相类似男性，少了几分温柔，却多了一分严峻。双手捧住一枚印石，不知是何说法。可以想象她是西江的河神，看着西江洪水年年泛滥，颇有点忧国忧民的焦虑。在庙里看到一幅壁画，河神舞动双袖与恶龙斗法。龙母庙是典型的本土崇拜神，与冼太夫人相同，有名有姓的真实人物，生卒年可考证。

诧异梧州多西洋风格建筑，梧州学院不但教学楼罗马柱高耸，图书馆有个欧式圆顶引人注目，连学生宿舍门窗均为欧式，为何？到了珠山英国领事馆，才知全是开埠商港刮来英伦风。尽管千年古城，英伦文化却是如此强势！清末民初，千年巨变，惊涛骇浪，至今余波不息，痕迹深刻。

想想也是，这座城几度辉煌，几度崛起，各种文化介入：中原文化、英伦文化、太平天国文化。太平天国英王等四王都是梧州人。黄埔军校的副校长李济深，当过广东省政府主席，新中国成立后与中国共产党合作，任民革中央主席，他也是当年李宗仁上台的主要支持者与策划人。

此次学术会议，用田野调查的方式，寻找这座2000年古城昔日的辉煌、人文的遗址、地理的标志。历史在瞬间复活。

我们看到古代的校场，两广总督府如何在这里点兵出征；我们也可以看到欧洲的宗教如何进入这座城市，教会医院开门看病，教会学校招收当地的子女。

我们还可以看到由于商业活动所形成的娱乐区、美食区，以及红灯区。在清末民初的时候，老码头一带甚至是烟馆遍地。梧州的许多广东商人，他们的第一桶金都是贩卖鸦片，好在他们常常在有了第一桶金后，就进入其他行业。

只有在这样的步行巡城之中，我们可以真切地感受到广东和广西这两省之间的密切联系。比如，我们来到了粤东会馆。如果按今天的概念，粤东是指潮汕地区的商人，但在当时，广东被称为粤东，广西被称为粤西，两个名称的定语前面都有一个“粤”字，这一个“粤”字就把广东和广西紧紧地捆绑在一起。他们在物流商业以及生活各个方面都有密切的联系，可以说，他们在文化上就是处于一个区域。

我们的考古专家甚至从新石器时代的双肩斧的造型石器出土中，看到今天这两个省份的行政区域划分，无法抹煞向来就属于一个文化区域之历史事实与文化渊源。

梧州80%的广东移民从西江下游到上游讨生活。由于靠海，开埠比较早，他们的生意头脑相对灵活，商业传统相对久远。所以，此次学术会议上，美国学者研究的就是明清广府男性单身汉的流动，给广西带来的各种社会变化——包括家庭的模式、夫妻的关系，以及妻妾的组合，等等。

去高铁站，一路与四川籍司机聊天。谈论梧州，话题热烈。县志上有一句这样的话：梧州是广东的“弃子”，广西的“养子”。梧州与广东粤西相近，非常重男轻女，家里要是没有男孩子，连祠堂上香的资格都没有。因此，男孩子从小就娇生惯养，反而女孩子勤劳肯干。所以重男轻女观念，直接影响孩子的培养。

这位出租车司机来梧州生活了 20 多年，成家买房，儿女当地读书。他认为梧州的特点明显：没有大的工业体系，没有经济基础，男人好吃懒做，所以他们还是比较穷。以前靠水路，也曾经是广西排在第四位的经济，但是后来就衰落了，高铁和高速公路都落后了。梧州工资非常低，比如沃尔玛大商场男的做保安，月薪 1700 元；女的做售货员，月薪 1500 元。但消费并不低，菜价跟广州差不多。不过，近年粤桂特别试验区等举措，显示了广西对梧州的重新重视——这位四川人的最后小结却是一个光明结尾。至少希望仍在。

君住江之头，我住江之尾。一条西江贯通，广东广西自古一家。一衣带水，文化亲近。我相信两广不止有昨日的辉煌，一定还会有美好的明天。

在梧州的几天，时时感觉行政区域的隔离感，被相识相熟瞬间消化，乡里乡亲于粤语中浓郁。粤语中，骑楼肠粉……所有符号交替出现，映着月光下的西江水，波光粼粼，流淌古今……

如此深切地感受“两广”，此行为最。从前读过的所有书面文字，仿佛瞬间聚集在面前，化为一条船，与先人一道借风扬帆，破浪西江。

一碗螺蛳粉：说不尽多少柳州事

柳州处于粤桂黔三地中间：粤桂黔高铁经济带，珠江西江经济带，三地政府论坛，柳州承办之决心在经济。当下广州人印象中，柳州螺蛳粉最具代表。当然不止，所谓“生在苏州，玩在杭州，食在广州，死在柳州”，说的是自古柳州棺木上佳。古人尤重葬礼，棺木优劣，实在关乎生的世界名誉与地下灵魂之保障。但火葬多年，如今棺材已做成工艺品，取升官发财吉利之意头。柳州 20 多个少数民族，侗族壮族两个自治州。从前柳州铁路局有名，现在搬到南宁，柳铁变宁铁。柳江水质极好。重工业有柳钢、柳汽、柳工，西南工业重镇，广西财政每十元钱有四元出自柳州，居广西首位，远超过南宁。柳州欲打造 250 万人口城市，颇有“小巨人”雄心，区区地级市，建声光电先进设备城市规划馆，可为例证。不过，我印象中好的还是柳州城中柳江环绕，回龙湾据说是风水旺盛之地。四五线小城，有此跃动姿态，我站在广州，亦生钦佩。据悉，此次论坛，吸引广东百家企业。

桂林山水甲天下，已然名言；柳州奇石甲天下，今日方知。有眼不识泰山，无珠不晓奇石，惭愧。知石奇，但不知如此之奇；知石玩石赌石，却不知有全球奇石金奖博览会。一说：石贵天然。又说：精品在人为。我看：前者为基础为前提，后者为点化为提升。所有人工再多么精巧，仍然无法匹敌大自然。瞧那尊尊河床洞穴采来之巨石，无不与水滴石穿之时间相辅相成，老子“上善若水”之道无往不胜，不由你不服气。细心观之，以手抚之，水之波纹与石之坚硬，刚柔相济，浑然天成。鬼斧神工，天作之合；万古精灵，跃动其中。顿觉亘古不变之中有变，倍感生命如白驹过隙，短暂而渺小。奇石累累，让我刮目相看于柳州江山风水，有此造化，必有神奇。

柳州奇石馆，清朝廷风格大房间，有满汉全席。食物直接唤醒食欲，观者无不心动嘴动，判定何者形似乃至神似。

柳州人的本土热爱与自信心，源头之一是 20 世纪两次工业高潮。20 年代洋务运动后，在原有西南商埠码头上，运进德、英先进机器，乃至抗日战争造飞机上天参战。1958 年南宁会议，中央特批柳州十大工程，延续为西南工业重镇。因此，所有老机器老产品老产房，构成这座古城的光荣记忆。工人老大哥，曾经主宰这座城。把老机器摆成艺术品，有一份历史尊重与本土热爱，洋溢于柳州工业博物馆。

三地画家交流，恰好三地三派。岭南画派，洒脱华丽；漓江画派，山水飘逸；贵州画派，淳朴厚重。除了各人传统路数题材不同外，地域文化乃至山川风情，均或明或暗或深或浅影响画家。仿佛命中注定，天地缘分。

“城上高楼接大荒，海天愁思正茫茫。惊风乱飐芙蓉水，密雨斜侵薜荔墙。岭树重遮千里目，江流曲似九回肠。共来百越文身地，犹自音书滞一乡。”柳宗元登柳州城楼，感慨为诗。他不但为政清明，受民拥戴，而且 46 岁时死在柳州位上。百姓祭祀，成为柳州历史文化的一部分。城以人名，名人辉映；相辅相成，相得益彰。柳州人，存古风，当与柳公相关。

张继刚导演，于柳州艺术剧院打造剧目，舞美如梦如幻，交代民族文化背景，令人惊叹，理念跳出民族符号，试图接通人类，虽然亦有急躁跨越痕迹。思春、踩月亮，尤其是鱼戏，大有新意，甚至出人意料，与舞美完美演绎。惜尾声理念提升迅疾，但舞意紧跟不上。大舞场面似不够淋漓尽致。但一地级市有此大戏，亦是小巨人举泰山，着实不易。

柳州老城区，青云菜市场，大部分食品荤素菜蔬，包括早点与广州大同小异。按柳宗元登柳州城诗云："俱是百越文身地。"两广文化渊源相近呵！稍微新鲜的是咸汤圆，素馅为多；狗肉专店；油炸豆腐、茄夹；卤猪小肚，三十元一个。早点也是肠粉、粥，柳州螺蛳粉最抢眼。柳州螺蛳粉，地方名牌小吃，已在全国吃货心目中占据位置，惜光辉被名扬天下的桂林米粉笼罩，其实口味独特，个性就在汤粉关键的汤底：柳江清澈，清水螺蛳，"小荤"河鲜，与猪骨煲汤，深度融合，大火文火，加上桂皮八角，滚滚沸沸扬扬，灵肉浑然一体，诞生桂中鲜汤一碗。石破天惊，吃货有福。

此次亲密接触，吾对其了解更深。原来柳州螺蛳粉，并非自古有之。20 世纪 80 年代，当地人有感螺蛳汤鲜，遂将米粉投入再度创新。于是，螺蛳肉、猪大骨与米粉三位一体，高奏凯歌，完成"柳州螺蛳粉"之大业。汤粉之上，还有诸多汤料加盟：牛羊猪肉、牛羊猪杂、传统酸笋豆角、黑木耳白萝卜红萝卜，等等，应有尽有，锦上添花，共遂英名。桂北名吃，由此走向世界。当地人热爱此粉，早餐主力，中晚饭随意，男女老少皆宜。青云市场有一家名为黑子的米粉店，常年排队，已有名气。螺蛳粉在柳州要多辣有多辣，见外地客人，店主会大声询问：要辣嘛？不辣微辣大辣，当地人说不辣不够味道。我个人体会，没有红油满碗，哪里有辣爽境界；没有辣爽境界，如何深刻体验螺蛳猪骨米粉三江汇流之宏大浩荡呵！粉店满城，外卖火爆，已经进入网购时代。柳州螺蛳粉网店，即为新媒体时代标志。

玉林古风：从围屋到“狗肉节”

文友黄教授祖屋，硃砂庄大院。建筑两万平方米，占地六十多亩，广西最大客家围屋。祖上五品官，武将出身，乾隆年间屯兵于此。由江西修水迁入，黄峭公一支。围屋有军事防御功能，高墙之下，护城河环绕。城门内有小小瓮城，城墙上枪眼密布。围屋中心为祠堂，“大夫第”同治皇帝所赐。围屋城中心为宗祠，九进十八井。九进为祭祀厅，高悬“江夏堂”牌匾。南方黄姓多出“江夏堂”支系，源于汉代先祖在湖北江夏为官。其中著名者为北宋文学家书法家、江西诗派开山之祖黄庭坚。据族谱记载，文友即黄庭坚的后人。

“江夏堂”下方，神龛的位置乃祖先牌位。牌位两侧一副长联：“硃砂垌里乾坤千载流芳还是诗书礼乐，江夏堂中俎豆万年无非礼义孝慈。”牌位的后方，有一首诗，内容为：“骏马匆匆出异方，随从任处立纲常。年深他境皆吾境，日久他乡即故乡。朝夕不忘亲命语，晨昏须荐祖宗香。但愿长天垂庇佑，三七男儿总炽昌。”此诗为黄家氏族客家人既开疆拓土又重仁义孝悌家风之写照。

不由忆起十多年前访问江西永修“农民诗歌之乡”情景，农民自结诗社，定期以诗会友竟成传统。我去黄庭坚故居，客家村落——依稀记得青山环抱中半月形山间地势凸显。可谓风水旺盛，上佳之地。恍惚之间，文气贯通，时空中有了联系。不禁欣然，恰似风流云散，薪火相传。文友习文学，博士教授。围屋城内，满门学子，一脉书香，钦佩不已。看着黄兄历数家史，指点老屋，实在又把我这个没有故乡的游子之羡慕平添几分。此即寻根，乡愁味道竟然亦有酸甜苦辣，五味杂陈。而与黄兄比较，他为甜，我为苦呵！

玉林古风犹存，风水先生巷口摆摊。隔壁就是玉林生料大排档。名为生料，我望文生义即是生猛鲜料。主要为牛生料和猪生料，大盘上桌，即是爆炒牛杂和猪杂。我随口溜出“牛烘烘”“猪辉煌”，算是菜品命名。因为牛杂猪杂品种丰富，堆满一盘，煞是壮观。其中牛百叶牛肚黄喉口感迷人，或香脆或韧劲或爽滑。猪杂中大肠小肠最有嚼劲且回味无穷。玉林炒猪牛杂特色除料鲜量足之外，笋丝豌豆托底亦是鲜明特色。笋丝清爽，豌豆清香，辅助引导肉荤浓香达至美味境界。何样境界？多样肉杂生料，各显神通，诱惑味蕾，让荤味既层次丰富又细致入微，同时有素味伴随，相辅相成，相得益彰。两大盘猪杂牛杂，仿佛将军凯旋两声礼炮，轰天响亮，振奋肉身，淋漓尽致，不由大呼痛快，无酒已醉，有酒更成神仙矣。

桂林米粉名天下，柳州螺蛳粉近年紧随其后。其实整个南方都是米粉天下，不吃米粉的地方，大约北方地盘了。皖北苏北多吃面，恰恰南北交界。广西米粉遍地，玉林亦不例外，满街粉店，大多门面简陋，却纷纷亮出老店招牌，“曾二十四”赫赫有名，乃曾家二十四代，二十四代有多长？没人追溯，无法考究。若按古人算法二十为一代，则达至四百八十年前的明代了。其他各店未见超越二十四，但以十以上居多。不管老店新店，吃到嘴里最要紧。招牌再大，名副其实。牛巴牛腩牛蛋粉，最抓眼为玉林特产牛巴，就是牛肉干薄片浸泡特制褐色油里，牛腩牛丸常见。我在柜台里见到四口圆锅，三热一冷，沸水锅烫粉，牛腩牛丸分锅热煮，冷的即是牛巴。客人点食加料，十元上下一碗，粉不多，浇头足。我细细品味，名店价高但汤料平平，并无惊喜。反而另一个小店，以猪杂上锅快炒，下粉合煮，锅火气十足，粉汤鲜美，印象深刻。就如我对本土文化之热爱，各地特色小吃愿尝试，从中辨得本土之关联。

玉林垌口，市区最大菜市场，市民都知道。闻名而去，一进档口，触目惊心。白切狗、白切猫之成品，居然是小狗小猫死前挣扎模样，一排烤熟完整肉体……几乎不忍描述，因为即刻联想到爱犬宠猫，不忍直视。前几年“玉林狗肉节”宣传，天下大哗，反对者众。玉林民俗，夏至那天既食荔枝又吃狗肉，身体大补。荔枝一把火，狗肉足温补，颇似火上浇油，以火攻火。不过广告“效果”不错，类似江西宜春——“宜春，一座叫春的城市”。抓眼的还有高高悬挂、迎风飘动的猪肠，准备灌香肠用。再就是切成丝的水笋、腌制好的猪脚。另有一条街，我称为“八卦街”，满街都是风水、赌马、六合彩、老皇历，算命先生大声招呼生意，顾客不少，生意红火。小吃摊子不少，十元钱一盘肉菜，锅气旺盛，材料亦是新鲜。早餐摊子，破烂条桌，小凳环绕，三元一碗浓稠稀饭，七八样小菜任吃，似乎生意不错，老少皆宜。城乡接合部，低收入草根人群，一望而知。倘若换上古装辫子，瞬间穿越清朝，我也不会奇怪。

玉林容县，古称容州。容州真武阁，建筑史上罕有奇迹，梁思成1962年撰文大赞，并进行考察。真武阁建筑奇迹源于“杠杆结构”，惜明代这一“怪招”匠人未留英名。三层楼阁，临江而建。楼台高出绣江二十米，距今千年，现阁距今四百余年。二层奇观，塔柱悬空，与地板有一掌之隔，细而观之，亦是靠杠杆楔子借力边柱，支撑三层地板。仰望木楔相互勾连，彼此借力，偌大木架，虽结构交替错综复杂，却无一颗钉子。虽建筑史上奇迹，名声却不大。容县真武阁实在有幸得梁赞而一鸣天下。据说古代可与三大名楼——滕王阁、黄鹤楼、岳阳楼并肩齐名，可惜少了名人诗赋，渐渐落伍。唐朝诗人元结曾容县为官，却无名篇颂之传之，实乃千古遗憾。

容县千秋村，沙田柚原产地。村民说，今年小年，柚少价高，季尾开价七元，五元成交。每一个约二三斤，15～20元一个。当场剖开尝鲜，味道新鲜，却是平和之甜，离蜜甜尚有半步。是否与肥料有关？询柚农，言鸡粪最好，掺加几斤有机肥。看墙上广告，不知还有多少比例农家肥见？沙田名气大，全国订货，直至香港。所以老屋换新房，生活还是靠绿油油黄灿灿成垅柚林柚子。可惜霜降后，柚子全摘，硕果挂枝的照片拍不到了。

走过南宁：边境街印象

我对南宁多年印象：城市中心，豪华百货街口，摩托穿梭，交通不畅；百货大楼对面树林里，居然有十几桌麻将，推着喧闹，一座日常生活气息浓郁、具有乡土气息的南方城市。但昨晚于大雨中进入民族大道，夜景璀璨夺目，颇感意外。国际化网络化的时代，超越发展的中国，每一座城市都会呈现出矛盾复杂的多个侧面。瞎子摸象，难免片面。

中越边境，一片祥和。越南街上，朝至暮归的越民，坐着站着，路边摆卖，租赁摊位，全是越南货：法式咖啡、榴莲糖饼、特效鼻炎、虎牌药膏……女尖顶笠，男军用盔，太熟悉不过。中越纠纠缠缠，打打歇歇，约有三四代人。

边境街，法式房，亦有骑楼，装修偏新，广告偏多，无法看出整体风格。似乎法式楼房与岭南骑楼的结合。越人开店，红木为多，原产越南。巨大榴莲、红木雕像、大蛇药酒，印象深刻。

近距离观察越南女子，亦非印象中肤色黄赫，脸颊高耸、肤白大眼、身材挺拔者也有，不过主流是东南亚瘦小个子。男人似乎一色黄瘦，脸部线条刀削一般。印象深刻的是，越女兜售一种孵化一半成型的煮熟鸡蛋，好吃又补，然细细端详，不寒而栗。

菠萝炒饭，就是整个青菠萝切半，做成托盘。椰子蒸饭，更是在椰子壳里塞上糯米饭上笼蒸熟，切开几瓣分吃。越南春卷，点鱼露入口。最具越南风味的可能是柠檬蒸鸡了，鸡肉切块，放上香茅柠檬叶，入笼蒸熟。

广西“八桂大地”生活着十几个民族。拥有奇迹般侗族大歌的侗族，居然只有那么一点人。在民族博物馆八桂灯光显示中间，他们偏处一隅，完全是山区里的少数民族。京族是广西唯一的海洋民族，但是人数稀少，只有 2 万到 3 万人，与越南属于同系。

印象突出的铜鼓，整个南方，尤其是云贵川高原上的各个民族都有。最早是一个食物的锅，翻过来就变成了一个乐器，然后逐步演化为用于祭祀的礼乐器。鼓面上铸有青蛙铜饰，意为“青蛙一叫，风雨就到；青蛙再叫，子孙繁茂”。白居易有诗谓：“牙樯连海舶，铜鼓赛江神。”可见铜鼓源远流长。

广西岩画有 2000 多年的历史，岩画的画法大约有四种：自上而下的悬挂法；自下而上的攀缘法；水涨船高的浮船法；平地而起的搭架法。岩画为人类奇迹，著名的西班牙岩画有 4 万年历史，显示早期人类物质与精神状态，如狩猎、种植、祭祀、节庆，具象与抽象兼备，神韵十足，令人浮想联翩。

一条邕江穿过南宁市区，一座青秀山青翠南宁市区。南宁的青秀山，

相当于广州的白云山，但是我弄不清楚，为什么青秀山可以评上五星级的风景区？因为询问市民，他们说青秀山里并没有古迹，只有名树不少，遮日蔽天。

南宁的特点是男人好吃懒做，女人勤恳能干，而且南宁家暴比较厉害。女人常常一年赚到的钱，就被男人拿去吃喝嫖赌花完了，妻子只好丢下家出去打工，一年一个月有 2000 多块，她们也挺满意。我们碰到一位湖北白酒代理商兼职滴滴快车，几句话把南宁男人否定了。是这样吗？想起前几日四川司机对梧州男人的批评，广西男人如此不堪？

仔细想想，一方一隅的风土人情，往往与历史渊源、本土文化密切相关。而脱胎于中国乡村的城市，往往是由拼盘式的文化所组成，受到各种文化影响。南宁作为省会，历史渊源与文化传统似乎不如桂林。她到底是一座具有什么样的文化个性的城市呢？匆匆过客，唯待日后琢磨判断了。

岭南之东

山海间有文脉商道

来回粤东与粤西

细雨霏霏，汕头大学设计院门前，蓦然回首，惊见一组雕塑，以为还有早行人。雕塑坐落水库之中，依山傍水，背景辽阔，黑色群像，颇有神秘色彩。一群西方绅士形象，流露国际范，具象中有抽象。唯一遗憾的是非我炎黄子孙，大好河山给洋人做了舞台。

汕头大学有三千亩吗？荒野一般的环境，昭示一种底气，够大才有搁荒的本钱。学术交流中心外形近于简单，内部设计却不无国际风范。分部小楼似有日本元素，偌大一个水库，托出一组雕塑。小坡上有一簇黄花丛林，最妙在人工与自然之间，依稀有野地的风韵，加之冬日清晨的雨丝，山间弥散的薄雾，以及即便雨中也不歇的几声鸟鸣，油然生出鸟鸣谷更幽的几分情调。

汕头大学涂鸦长廊，以世界名校 LONG 为标志，因为有了名校挂牌，涂鸦似乎不再是涂鸦，非主流也因此被招安了，符合主流社会大学国际化诉求。多少有点可惜，因为不是我期待的自由奔放，无拘无束。

图书馆名副其实国际范，简单朴质的方块外形，精彩奇妙设计在内部空间，亲水平台，中心空间，弯曲通道，家常台面，展示橱窗，各有特点。汇合搭配，奇思妙想却又舒坦如风。书香满屋，却又包罗万千。我最惬意的除了格局外就是柔顺色彩，如入自家庭院的个性书房，公共空间如此温馨焕发，平和心境，专心致志，人与空间共处一种境界。

汕头老街，十年一别，著名的永安百货，曾经的南国繁华，百年沧桑，民国一梦，形制与上海永安孪生兄弟。可惜昏暗街灯下窗户空洞，门柱倾毁，依稀可见百货大楼门匾。楼前路面坎坷，雨水积蓄，萧条老街昭示一个时代的结束。唯有夜宵老店，唤起温馨回忆，那般悠长，那般久远。

潮汕文化，统辖四地。潮汕加揭阳汕尾，原以为潮汕话响应处，民风一致，心理相同。此次访问，方知内里乾坤，颇多讲究。古时潮州府，行政统治，传统最为深厚。但汕头开埠以来，财富迅速聚集，汕人并不愿只顶着潮人的帽子。你说汕人为潮人，即刻反应：“我系汕头人好吧。”傍赖特区优势，更有国际范的汕头大学，气势直压资历极深的韩山师范学院。汕头人生活小资，心理中也暗暗抗衡潮州，可见经济可以改变心理势能。揭阳是东南亚玉器集散地，近年来经济渐旺，他们内心与潮汕有无隔阂呢？声誉欠佳的是汕尾，问的哥，直言凶悍，制假，返毒。前一阵警察包围制毒村庄一如大片，到底区别在哪里呢？值得玩味。

在汕头市区原永安百货大楼门前，在小公园混大的阿聪告诉我，潮汕人心目中所谓潮汕只三地，潮汕、汕头加揭阳，并无汕尾。而且三地人暗暗较量，争为正统。我感兴趣的是这种地方心理较量的根基原因是什么？程度如何？汕尾人如何看？排除在外，是情何以堪，还是本非一家人何必同堂坐？不过翌日在潮州城观光街，看街市红火，观城楼巍峨，不禁想起汕头老街的破落凄凉，如何竞争，靠什么维持地域文化生气？思绪颇多。离开潮州，从揭阳机场飞湛江，上机即送两份汕头特区报和特区晚报。报上赫然刊出“汕头文化符号”推荐评选活动。自誉文化底蕴深厚，但其历史叙述多在开埠之后，恐难与潮州争深厚，但暗明较量明显可见政府立场，有利有弊，我也一时困惑。

甫一下机，便见湛江市区的法国街，遥想从前的异国繁华，如今已成往事。历史留在书页里，面相留在建筑里。难得还留着一口老井，水面如镜。今人古人同映，街边老树，卓然成行，大叶微红，不知何名。

天真蓝，阳光真好，万里无云，碧空澄澈，蓝天是今天湛江的主题词，在北京珍贵，在广州难得。疆域最南端，面向南海洋。

湛江方言迥异于广东三大民系方言，鸟语花香，花香依然。但鸟语有别，问湛江可否容纳所辖各地民俗，答曰大致可以。但地域上可有两大走向，往海边去的大多渔业为生，为人拙直纯朴，肤色古铜见暗红，也有一身小麦颜色，接近当下国际时尚肤色。比如与海南岛隔海相望的徐闻，靠广府走向区域大多从事商业，人精明强干，商业传统显著。比如整条村都是建筑业，房地产老板比比皆是。湛江两所大学，湛江师院如今改名岭南师范学院，百年师范底子，传统根基深厚。另一所广东海洋大学因为与海洋经济密切，似乎更受政府器重，后来居上，风头更健。两校共居一个亮点，风景上佳，师院一前一后两个公园，校在园中；海大则毗邻火山湖，高级别景区湖光岩公园，又可谓人在景中。湖光水色衬托海洋大学水之内涵，或许还有海之性格，足以唤起我之羡慕。

来回粤东与粤西，广东两个端点来回，三大民系，四个文化板块，匆匆言里，亦为吾之本土思考矣。

第一侨乡：内外两个台山

台山，中国第一侨乡，号称“内外两个台山”，在国外侨居人数超过国内居民。而海滩尚在 40 公里以外。城内骑楼，民国所建，虽不如广州高大，却成街成片，亦可见昔日繁华，余韵尚存。莲花宝座望景台，居然是重修通济桥所建纪念塔，可惜传统宝座之上塔身略显现代，失了古风，与老桥不配。塔有 108 米之高，电梯五元购票登顶，却可俯瞰全城。原本以为台山海鲜名世乃临海古城，高处俯瞰，方知群山环抱，江水绕城，颇有回龙湾——上佳风水景象。360 度环顾全景，颇为壮观。给老城增色，心底喜悦，不由加分。

台山独一份咸汤圆，通济桥头茂记汤圆为有名老店。一碗底价六元，除小汤圆外，加入紫菜萝卜丝。另外加料三元一两，随客心愿，挑选后称重：传统有小蚝小蟹小虾猪肉猪肝猪腰鱼饼丝咸鸡腊肠烧肉；迎合年轻人口味还有午餐肉；豪华加料为泥虫，一种海滩上的活物，类似海蚯蚓，十元一两，一般高价只有一种。店内多在 10 ~ 20 元一大碗。台山人冬至必吃，家人团圆年三十也吃，取团圆美意。我问汶村本地人陈方欢记者，他告诉我：冬至大过年，中午咸汤圆，自古有之。

冬至晚餐在祭祖之后，祖先吃好了晚辈吃。一大桌菜全家围坐，五味鹅为主菜。汶村儿媳必学，一边煮鹅，一边将浆汁不断淋向鹅身，反复浇灌后，盖锅收汁。各家做法均有高招：加陈皮加姜；新派做法酸梅代醋，可乐代糖。祭祖菜肴由媳妇操持，大男子主义男不动手，所以外来媳妇即会花样创新。我细品尝，鹅肉烹制到鲜嫩软烂，但皮色焦黄保持品相，五味透彻，烘托鹅肉，打开全部味蕾，实为岭南名菜佳肴，岂止名品，十足上品，可叹可叹。

台山洋楼，与开平碉楼应为亲戚，同处五邑，但更亲切日常，因为完全是花园洋房。仔细观看，只有少数厚墙上配枪眼。何因？两地相隔不远。源于侨乡，一望即知。台山侨汇曾经占全国三分之一，俗称台山人钱包里装满“万国货币”。

名人名车名镇，岁月怀旧，难免沉重。唯镇边田头，台山花菜，洋溢清香。广式腊肉，大火快炒，再加腊肠生抽蒜头，中火稍焖，即成地方名菜——素荤搭配，清脆可口。

冉冉晨雾重，晖晖冬日微。南堂冬日明，窗户暖可喜。你在北方穿个貂，我在南方露个腰。你在北方穿霾吐雾，我在南方晴空朗朗。你庆幸偷闲数日下南方，我紫荆花下迎文友。冬日暖暖，南风习习。树间鸟鸣婉转，鱼塘清水涟漪。世间喧哗，谁不自夸家乡；如今雾霾天下，唯以清风碧水朗朗天空聊以自慰，权作茶余话后几分窃喜偷笑。

台山分台南台北两片。台南临近大海，上川下川岛有名，生活艰辛，民风剽悍，多海上为生，尤重拼搏。台北内陆，经商人多，民风温柔敦厚一些。可见环境造物亦造人。台南多海鲜。台北华侨相对多些。雷洁琼、骆家辉等均为台北一片。斗山镇为台山南北两片中间地带，中国第一条民办铁路创办人陈宜禧故乡。

台山一些镇多以农历初几为村名，比如三八、四九、五十等。即初三初八为墟日，比较接地气。但有的镇，比如斗山，地名就显诗意：浮月、浮石、十坊八坊、牛游塘桥、十坊桥、神头村等。或许因为这里有南宋皇室后裔。南宋最后一战，即于台山新会交界处。小皇帝沉海后，赵氏一支流落于此。故历史渊源，传统深厚。

潮汕文化的内里乾坤

潮汕文化统辖四地，潮州、汕头、揭阳加汕尾。我原以为潮汕话响应处，民风一致，心理相同。2014年底访问潮汕，方知内里乾坤，颇多讲究。据资料介绍：潮汕地区行政区域的名称，自古以来，多次变化。潮汕最早的名称叫揭岭，是秦朝驻军的地方，距今约2200年。汉武帝元鼎六年（公元前111年），始设揭阳县，归南海郡管辖。东晋时，又分设海阳、绥安、海宁、潮阳四个县，归属东官郡。后又设义安郡。隋文帝时，改义安郡为潮州郡，这是第一次出现“潮州”二字。唐朝天宝元年（公元742年，距今1200多年），改称潮阳郡，直到明朝初年（公元1369年，距今600多年）才叫潮州府。

1858年（清咸丰八年），第二次鸦片战争后，英帝国主义强迫清政府订立《天津条约》，拟辟潮州市为通商口岸，因遭当地人民激烈反对，才于1861年改在汕头开埠，至今已160年。汕头开埠后，经济地位日益提高，成为沿海重要港口之一。1932—1935年，汕头港进入全盛期，每年出入港的轮船吨位居全国第三位，仅次于上海、广州。民国时期以至新中国成立之后，行政建制也曾多次变动。1981年，汕头更率先和深圳、珠海、厦门建立经济特区。1991年11月，整个潮汕地区调整为目前的汕头、潮州、揭阳三个省辖地级市，分管地区内各县市，过去代表

“大潮汕”概念的“潮州”，也普遍为“潮汕”一词所代替。

在我主持的一年一度校园广东地域文化调查报告活动中，潮汕同学最为卖力，似乎也最心齐，文有饶宗颐，商有李嘉诚，都是当下中华名人，潮汕文化之骄傲。各种文化门类齐全，潮剧、潮绣、潮瓷、工夫茶、潮州菜——似乎可与广府抗衡。许多习俗，带有一定的地域封闭性和独特性，比如“出花园”，比如潮州男子一般不找外地女子为妻。汕头小黄告诉我：“比较起潮汕男子不找外省女子为妻，潮汕女子的传统立场更为坚决：她们基本反对嫁到外省，甚至嫁给在广东省内工作的外省人都不情不愿，当然讲的是大多数。个中原因，错综复杂，既有文化的排异性，也有经济发展差异所引发的误解与歧视心理，还有自然气候的原因。比如，潮汕人普遍认为外省都是下雪的地方，怕自己忍受不了。”

我印象中，潮汕文化可以视作广东文化中的奇葩，没料到，一方文化，却是内里乾坤，大有讲究啊！因为有谜，有迷惑，潮汕文化的魅力不减反增。

惠州：半城山色半城湖，隐约可见苏东坡

半城山色半城湖

知道惠州有个小西湖，但没想到数湖连成一片，好大一个湖！知道苏轼贬谪惠州，但没想到遗迹遍地，影响那么大，回响近千年，绵绵而不绝。

广州启程，两小时车程，直抵湖畔，眼前一亮，惠州西湖是也！湖光山色，水天浩荡，江水穿城而过，大湖傍城而兴。合江楼屹立东江西枝江接龙处，见证东江风风雨雨。

“半城山色半城湖”；草木葳蕤，繁花似锦；“城里闻鹧鸪，城中飞白鹭”，美丽如画，山水即在城中。

西湖后面站着“千古一人”苏东坡，或隐或约，虽近千年岁月流逝，暑往寒来，柳暗花明，旭日东升，夕阳西下，他总在那里，光芒不减，日月长存。堪称奇迹，堪比韩山。

苏轼一生流放，黄州惠州儋州。流放惠州，定名西湖，口出名言：“日啖荔枝三百颗，不辞长作岭南人。”让我们在一种岭南招牌水果口感中都有了“苏东坡的味道”。

惠州三年，东坡先后写下了一百六十首诗词和几十篇散文。歌咏风

物，抒发情怀，使惠州名扬天下；传播文明，推广教育，以至文人墨客云集，书院科举兴旺。恰如清代著名诗人江逢辰所言：“一自坡公谪南海，天下不敢小惠州。”

东坡遗迹，最抓人心的是爱妾墓地。苏东坡被贬惠州，已年近花甲，众多侍儿姬妾散去，唯王朝云追随陪伴。惜不幸遭遇瘟疫，三十四岁病逝惠州，葬在西湖，令老年苏轼痛彻心扉。

众多雕塑画像，任游客评述，苏杭美女，抑或客家妆容，唐朝丰腴，宋代清简，女子被“观看”，以貌取人，常常忽略情之所在，倒是反衬出东坡之多情与真情。多少功名利禄事，不抵千古真情经得起岁月淘洗呵！

我们此行一个重要行程，即是研讨惠州小小说作家申平新著《苏东坡小小说译评》。丰湖书院，惠州文化发祥地。小小说大课堂于 2016 年开始每月一课，除春节放假，每年十课。扎实培养作者，与惠州学院小小说创作研究中心相互呼应。

此行参加小小说颁奖仪式，认识获奖者——鱼档卖鱼妇毛小玟，质朴而文静，多有作品，屡获大奖。“卖鱼婆”追逐文学梦——媒体这样报道。写作似乎很难与卖鱼携手。每天卖鱼收档，学写小说，何来动力？答：忙生活，还得有自己，作品就是我自己。

小小说学会于惠州做成大事，丰湖书院办大课堂，建作品展馆，延续文脉，发扬传统，情切意真，坚定执着。我在书院正襟危坐，听会长申平介绍，恍若回到古代，芬芳书香一片……

客家菜又称东江菜，客家菜水系流派。东江盐焗鸡、东江酿豆腐、梅菜扣肉等闻名遐迩。在广东广府潮汕客家三大菜系中，客家菜以质朴本色见长，做到价廉物美，日常喜爱。

东江菜偏重“肥、咸、熟、香”，下油重，口味偏咸，用的酱料较为简单。如今适应形势亦在创新，一是选料讲究，选择本地家养粗种的食物，无污染净生态；二是烹调采用煮、煲、蒸、烩和炖，既保持原有的香味，又使人口感舒适，亦是原生态原则。

东江盐焗鸡，客家菜头牌。惠州人认为正宗在惠州而非梅州，关于周总理请盐焗鸡进京传说言之凿凿。酿豆腐则仿北方饺子包肉，最见客家精神："要问客家来何处，客家来自黄河边；要问客家居何处，逢山有客客居山。"因为，来自北方与山区居住乃解释客家菜的两把钥匙。

小小说作家林惠聪另一身份是东江盐焗鸡传人，惠州老店东兴饭庄传人。盐焗鸡作为客家菜头牌，非遗申报成功让梅州抢得先机。

林惠聪告诉我：有中央领导询问起盐焗鸡的产地，梅州市市长以成功申遗为由认定在梅州，惠州市市长则以上了央视《舌尖上的中国》为由认为是惠州，"父母官"争抢盐焗鸡产地已然成了佳话。

林惠聪肯定地说：不论是工艺还是菜名，都是由东兴饭店所首创。东兴饭店从新中国成立前的江边小店，到新中国成立后公私合营成为惠州最大的国营饭店，无不以独创的东江盐焗鸡作为镇店之宝，而最终让盐焗鸡声名鹊起的也正是东江盐焗鸡。

惠州是一座具有包容品质的城市，通行客家话，博罗部分人讲白话，惠东部分人讲闽南语的福佬话，惠东平海镇讲军声。据说，各个方言群均非广东三大民系正宗，以至身份多少有点暧昧，内心难以强大。但方言多元，反而利于包容厚道。

20 世纪 80 年代以来，大批外来移民进入，不少文化水平较高的专业人士进入户籍，从心态上多少缓解了民系身份焦虑。市区普通话流行，市民交际无语言障碍。从青海调入的山东籍女士白雪对此深有体会：宾至如归，无异乡感，城市生活中没有一点排外。

文明宜居城市，5A 西湖景点，经济逐年上扬，排名广东地市 GDP 第五，加之文化兴市与旅游形成双翼，交叉发力，前景可好。

湖光山色，传统芬芳，西湖罗浮山，千年苏东坡。小小说现象连着自然、传统、民间、大众，弥补纯文学与大众隔膜，在文学殿堂与基层民间之间保持一种珍贵联系，并夯实文学文化金字塔底基，持久不懈，新鲜生动。

在惠州，发现苏东坡

惠州成为岭南小小说创作重镇，阵容强大，热情不衰，此为享誉国内创作界的“惠州现象”。其中广东省小小说协会、惠州小小说协会会长以及作家申平的多年努力功不可没。

获奖者澳门小小说作家许均铨谈到创作动机时说：“精神生活，开心快乐！而且可以留下人生与时代记忆，享受人生。与是否赚钱无关，与功名利禄无缘。我以为文学天地很大，需要更多人参与，各取所需，各得其所，分力汇合，共成事业。”

作家申平在广东惠州，发现苏东坡的小小说，一个有趣的话题。申平来自北方，与苏东坡一样，也有迁徙移民的生命体验。到了惠州，这里也成了他的第二故乡。

一个来自于北方的移民作家，在广东惠州与苏东坡心有灵犀，生命体验交流，地域情感沟通。他比常人更接近大师的内心，也更能读懂这些拥有现代小小说气质的短章作品。

苏东坡在惠州、海南一片，留下了许多遗迹以及生命故事。苏东坡对这块土地怀有特殊的感情。他就像一颗巨星，照耀百姓，照耀一方水土，以一人之力，穿越岁月，影响绵绵不绝。

20世纪60年代，郭沫若到海南，发现儋州有东坡话。一个人的语言，成为一方百姓的方言，可见其巨大魅力。因此，申平发现苏东坡，亦有大师的照耀与召唤。

一　奇人异事：观察人生的独特视角

苏东坡的小小说作品大多是奇人异事，人奇特，事怪异。但在我看来，均是借他人酒杯浇自己块垒；常常是超越阴阳，跨过现实，直指人心。比如，神奇的蟾蜍，吐纳仙气，人与自然相通。借此拓宽视野，丰富小说表现。所谓奇人异事，常常在跌宕起伏情节中，异于日常，超越现实。借奇幻，说现实；赖异端，说心事。

奇人异事使得日常生活平添"陌生化"效果，有利于表达出作者丰富而复杂的人生体验。当然，也有直抒胸臆，以文铭志之作，比如《禅师放生》。不过，大部分作品均点到为止，内敛含蓄，以事喻人，幻象奇景，恰到好处地点化主题。所以，相隔近千年，大师的内心呈现眼前：丰富而生动，复杂而深刻。

二　直指人心，跨越精英民间界限

中国文人自古形成自己的话语体系，在属于精英的小说作品中，也自有话语风格。这一点，在现当代文学中表现尤其明显。五四运动后，一方面知识分子继承了中国文化传统，另一方面又受到整个西洋风气熏陶，因此出现了精英文学艺术作品距离民间底层传统本色愈来愈远的倾向。

作为小小说文体，天然具有民间性、本土性，与中国基层民间生活更加接近。苏东坡的作品，在今天可引为启示。因为苏轼虽为京城文化精英，饱读诗书，文为正宗；但是，他每到一处，必然与当地的文化交流沟通，并不以此为乡野粗鄙。

他的作品大多取材于民间传说与传奇故事，鲜活动人，绝不说教。我们读他的作品没有那种文人高高在上、精英话语系统与民间话语系统隔膜疏离的感觉，反而每每感动于大师打通精英与民间的通道直指人心之淋漓尽致，在保留中国传统文艺扬善惩恶的同时，传达出个体生命复杂鲜活的体验与感受。许多对于生命的思考，至今看来常读常新，熠熠生辉。精英在其中，民间亦在其中；传统在其中，个体亦在其中；古典在其中，现代亦在其中。

苏东坡在惠州做了许多好事：推广经自己改良过的秧马；协助知州詹范建惠州东新桥和西新桥，筹措经费，带头捐钱捐物；为贫者施药；收葬无主枯骨；呼吁减轻百姓税负。有空酿桂花酒，调息练功，写诗作文，游览山水，与僧道交流，赏花品果，买地建房，准备在此终老。爱妾朝云病故，亦葬在惠州湖畔，留下爱情佳话千古风景。

今天，惠州的小小说家在此发现苏轼小小说作品并赋予当代意义，亦算得上是对大师的一种文化致敬与报答吧！“问渠哪得清如许？为有源头活水来。”21 世纪的今天，苏东坡的作品已然成为经典，并为人们提供无穷的启迪。

揭阳潮州，一掠而过

客家山区，青山白云，群山叠嶂，绵延不绝。木瓜抢眼，硕果累累。其中一株花多果少，且垂挂花朵，美若盆景，不由惊讶，头回遭遇，是木瓜变异，抑或其他？一袭花裙华丽转身，却是忘了开花结果之本分。

木瓜树有公母。种上公树，不结果，但可以在树茎头上砍它几刀，它会变性的，变得能结果。木瓜的花性比较复杂。雄花不结果，有雌雄均衡的两性花和偏雌性和偏雄性的两性花，它们发育成不同的果实。

潮汕粿条，米饭以外的主食。米磨成浆，蒸熟切条，类似米制面条。潮人喜爱，晨起档口一碗，七至十元，中晚餐亦食。吾为外人品味：诱人处在盖浇猪杂与海鲜两大主力，辅以整片青菜及酸菜葱花，而粿条则沉底甘为配角。猪杂有猪肝猪肚猪粉肠，海鲜有虾仔生蚝鱿鱼片等。荤菜领衔，引领鲜味；米面青菜犹如绿叶托红花，凸显主力。荤虽多却不油腻，关键工序在于所有荤菜均在滚水涮个半熟，原则鲜嫩，入口爽滑。粿条汤底，恰恰又是涮锅里轮番加入荤鲜之汤汁，既鲜美又清淡。想想肉片汤猪肝汤吧，一两样已经鲜味异常，多种交叉，加之携手海鲜，更是锦上添花。但潮人讲求食材新鲜原味，所以绝不滚油火烹，而是安静地悠然地轻轻地涮着，千年恪守既丰富又清淡的饮食传统，粿条无论汤煮火炒，即为例证。

揭阳学宫乃小城信仰中心。学宫亦为孔庙，建于宋。广场进门耸立石像孔子与其高足子路颜回。然无人祭祀，空空荡荡。右转城隍庙却是另一番景象：金碧辉煌，人满为患。中年妇居多，多提供品入内，先认真摆放，再虔诚祭拜。亦有求签卜卦，先将木制圆角圣杯坠地，继而抽签并给香火钱，一般十元二十元。巨大供桌，自由摆放。食油点灯，避免了烟火呛人。祭拜者多专注虔诚，并不在乎吾之旁观。求愿心切，至少可得心灵慰藉。潮汕多祭拜，此为例证。

与城隍庙毗邻的雷神庙就要清静许多，是雷州半岛哪位本岛神吗？至少隶属本土。关照四季风水，庇佑风调雨顺，亦为中华神州之普遍祭祀。但本地神大不如日本重视，缘由何在？孔子乃主流倡导，似又不如民间城隍诸神红火，可能后者更为世俗，比如财神关公、求子观音都是日常避凶趋吉之拜。神州信仰系统复杂，宗教之外，又有主流精英民间底层之分，耐人寻味。

尖米圆，粿条形式之一。寸把长，中间圆，两头尖。比米面更劲道，但依然配角，主角还是盖浇。询当地人，盖浇有无潮汕方言专称？答曰：配肉。常见配肉为猪杂加生蚝，牛肉粿条一般有专门店。潮州老街，摩托飞驰，小店随处可见，早晨从一碗粿条开始。七八元到十几元一碗，主要依据盖浇品种与数量，比如猪杂为主，牛肉丸、生蚝另加。邻座男子颇多自豪：粿条吃“鲜”，米浆黑夜磨，起早进猪杂牛肉海鲜，潮州人嘴尖，不鲜不食。

老板娘紧接话头：“我家只做早中餐，一点收摊关门。”果然一个“鲜”字了得。忆起乡下杀猪菜，生蚝更是粒粒如珍珠，白里透亮，玲珑可爱，入口爽滑，鲜美非常，并无丝毫生腥。粿条近似岭南拉肠米粉面一类米浆制品，只是在配料食材新鲜丰富、底汤清淡鲜味以及不同配方酱料上独树一帜，令人过食不忘。

潮州老城排档火锅街。午餐四菜一汤：酸菜炒猪大肠，菜名为酸菜炒酥肠，酥为脆，有嚼头但不生硬。煎焖巴鲫鱼。白灼血蛤，血蛤形似花甲，贝壳呈白色，用开水烫熟，打开红如血，白口食，取其鲜，多数外地人吃不惯，嫌其腥味。忆起童年在福州，偶见血蛤，知为闽人补品，视为山珍海味。最有名的是蚝烙煎，新鲜蚝仔，调薯粉与鸡蛋下锅油煎，鸡蛋薯粉遇油煎炸喷香，衬托出嫩滑柔软生蚝之海鲜味道，外焦内嫩，可谓食中上品。台湾小吃亦有此菜，名声遐迩，名为蚵仔煎。

惠东：巽寮湾与双月湾

惠东名气大是因为巽寮湾和双月湾，后者尤其美观，双月并峙，月牙弯弯。县上号称“头平二淡三多祝”。县城平山，二淡为淡水，多祝为山区镇，古时为墟市，墟以三棵竹为标记，地名演变为当下的多祝。大部分为客家人，少数为闽南人，还有明代屯兵城，纯粹“方言岛”。县城似乎平淡，难见特色。路边老榕，昭示城乡结合地带。新城与老城之间看不出有何文化上的联系，房价五千上下，寄望深圳人购楼，明年通高铁亦是利好。倒是门房间间俱有春联，新年刚过，笔墨簇新，传统气息浓郁。

著名小吃为多祝冷粉，属于宽粉，以花生油与酱油拌粉香味浓郁为特色。我选择卤肉拌粉，配客家猪杂汤。粉为广东肠粉，质地细腻，米香醇厚。肉为本地土猪，卤煮透彻，大块切片，与粉合拌，更显肉香诱人，辅以浓汤，实为惠东美味。还有银针粉、细丝粉等。

客家泥焗鸡，恐怕与河南乞丐鸡有渊源。上好母鸡洗净，置佐料包泥巴入火窑柴火烧烤，干柴用果树材枝，烧窑用泥石为壁，干柴烈火，烧烤入味，亦是当地美食。

杜甫《丽人行》：“三月三日天气新，长安水边多丽人。”这是自古以来重要节日，各地内容不一。广东则为北帝诞，既传统又有南粤特色。

广州番禺沙湾北帝诞活动，童男童女立于众人之上，颇生动亦颇辛苦，最末一个居然凌空睡着了。

吾于惠东罗冈围古村意外遇到北帝诞。全村人集聚广场宴席庆祝，集资缴费贴春联挂灯笼搭神台插香炉，人人喜气洋洋，十足乡村节日。我虽然体会不了村民信仰程度，但看那小炮般的巨香，满地长长鞭炮碎屑，更有家家高挂迎风飞扬的标语，多少可以猜想村民的重视程度。

乡村宗族祠堂，在节日显示号召力与凝聚力。户户集资，自愿出钱，引导招呼，井然有序。外嫁媳妇与五保老人，不用交钱，免费就餐。有祠堂在，就有传统，就有本土。毕竟是“广东十大最美乡村”，客家围屋，拢住人心。

粤东海边：听人讲海盗的故事

2007 年 3 月，我访问广东惠东县，靠近海边的一座小城。大概人口没有上到一定规模，惠东现在还是惠州地区的一个县级。到了惠东，我知道其最有名的就是海边旅游胜地：一个是巽寮湾，名气很大；还有一个景色很美的双月湾，月牙弯弯，两弯相对，景色非凡。

到了惠东县城以后，我发现有一个题材值得重视，那就是中外海盗的历史。外国的海盗，就是倭寇。“倭”是汉代开始中国人对日本的称谓，到了隋朝，我国和日本两名并称。“倭”的本意是爱——当地人的说法让我意外。也许古代中国人看日本人觉得他们特别爱笑，但到了元末明初的时候，倭人频繁地在我国沿海烧杀抢掠，所以被称为倭寇。这一点在中国的正史上有很多记载，突出的就是戚继光扫除倭寇。最近有一部电影，还在表达这样一个历史事迹，因为它比较符合中原正统皇权统治下的“人设”。

但是，有一个历史事实是我们所忽略的，或者说在正史上不太记载，那就是广东沿海的海盗恰恰是由当地人组成，他们跟倭寇的关系很微妙。倭寇在实力鼎盛时期占领了福建和广东沿海的一些城市。那么，这一批当地的汉族的海盗呢？既去打倭寇，同时又借倭寇之力，搞封建割据。颇似抗战期间，日本、伪军和国军的关系。中国中央集权统治力量衰微之时，地方的武装、封建的割据就很明显。

广东沿海海盗的实力如此之强，也让我感到吃惊。倭寇与当地海盗、朝廷官兵之间是什么样的关系，海盗和当地的渔民之间又是什么样的关系？我觉得如果从人性的角度去展开，用历史的、比较宽阔的视野去观察，一定会有很多有趣的事情。我对当地人说，我有一个遗憾，就是没有到平海古城当年明清屯兵的地方去做田野调查。但是我看到了海盗史料，又有新的惊喜。

广东沿海的海盗，大概到了 1850 年，也就是清代的嘉庆时期，达到 7 万之众。当时全国的绿营总兵力，有 60 多万人，广东的朝廷驻军只有 5 万多人。也就是说，当时广东沿海的海盗比全省的朝廷驻军兵力还要多。这些海盗不但自己有武器装备，而且还实现了一种联合，可见组织性非常强大。

嘉庆十年六月，广东沿海七大海盗首领签订了“海上武装公历月单”，这份协议至今还可以查阅到原件。其主要内容是协调各帮关系，瓜分利益。同时制定规章制度，明确对违规者的处罚细节。条约上明确写明七大匪首姓名：郑文显、麦有金、吴志清、李香清、镇流塘、郭学宪，梁宝。其中郑文显的势力最大，是这份协议的牵头人，所以名列首位。这份协议相当于当时的封建割据的势力范围划分的一个公约。这种大规模的海盗团伙，致使广东沿海民不聊生，而且直接威胁到清朝统治政权。

嘉庆皇帝对此大为恼火，陆续派出大员赴广东清剿海盗，打了很多败仗，偶有胜仗。比如 1805 年秋，就组织了一次颇具规模的雷州洋剿匪行动，击毙打伤海盗八百多人，缴获飞船 24 艘。但是海盗难清，于是朝廷改变策略，在安抚上下功夫，就是想办法招安海盗头目并授予官衔。

最早，略有些效果，但朝廷里头对此颇多争议，用剿灭的办法好还是招安的办法好，始终争执不一。所以，起起落落，海边战火不休。

1809年，皇帝派了一个叫百龄的人任两广总督。此人讲求策略，恩威并施，教民有方，抚之有度，同时他还辅助以经济手段，让沿海民众不下海而在岸上谋生。这样一来，愿意去当海盗的人也就少了。

真正导致海盗走向瓦解的转折点，起于黑旗帮与红旗帮之间自相残杀，红旗和黑旗由于势力范围的争夺，逐步反目为仇。红旗帮主动联络百龄商议投降。1810年，红旗帮128只船舰及八千多人归属朝廷，首领被授予官职。黑旗帮亦生降心，百龄为了表示自己的诚意，只带十几个随从单刀赴会，一条船去与海盗谈判，并且答应了投降条件。于是，黑旗帮一万七千人被招安，附上200只战船及1300多门火炮。首领张保仔被授予官衔，后调福建临安当副将，官至二品，归宿不错。

百龄随即发动了一场全省规模的围剿海盗战役，大获胜利。从此，广东沿海才逐渐安定下来。这样一种历史现象，按从前的观点就是朝廷之外的地方武装，属于农民起义。但是这些人并不是完全被逼造反的，海盗的组织严密，似乎还有自己的传统。他们与倭寇、官兵、官府及当地百姓之间的关系，大有历史叙述与想象空间。因此，我认定将来合适的时候，这将成为一个好题材、大题材。

惠东沿海，海风中有海盗的传说，惊心动魄，逆风行走。

潮州汕头：一文一商，相得益彰

从广州坐高铁三小时来到潮州，立刻感受其传统与缓慢——一座慢城，古迹遍地，骑楼兴隆，住户与商铺兴旺，并无腾笼换鸟，空城寂寞之感。

潮州古城，城楼巍峨，城墙高大，一条牌坊街古风犹存。老街于1952年拆除，当年存老牌坊98座，现重建恢复只有28座，但依然壮观，实在无法想象昔日盛大场景。

满街传统工艺食品商铺，卖牛肉丸、卤大鹅、蜜果、乳饼，遍地美食，琳琅满目，难得均有地域标志，特色手信，潮州三宝，抓人眼球。据说广东政府接待外宾，推荐城市为，现代看深圳，传统看潮州。潮州民俗特色鲜明，祭祀风盛，香火不断。城中开元寺为广东四大名寺，颇为壮观。

居民注重一日三餐，为菜新鲜，每天买两次，午饭晚饭各一次。宗族观念比较强，外出人过年清明一定回来看父母拜祖先。赚钱不靠文化靠脑子，但近况稍变，也让孩子受教育。潮州人找结婚对象，首选同乡。女孩偏于贤妻良母，一般不外嫁他乡。

潮州270万人，国家历史文化名城，唐宋二朝十个宰相到过此地，影响一方，是瓷器、刺绣、木雕之乡。汉朝时建易安郡，后改潮州。历史上广东省会广州排第一，到清朝民国时潮州排第二，直至 20 世纪 80 年代改革开放珠三角崛起，粤东开始边缘化。

潮州老城老宅，藏着昔日风光。老宅多为老人居住，老家具沉淀蕴涵着一种幽暗光泽，旧什新物堆积如山，缺少清理打扫，却依旧掩不住民国旧宅曲径通幽的雅趣，让我惊讶的是无论房屋如何颓势，花木依旧生机盎然。

老城民宿星罗棋布，规模多在七八间房，酒店空调卧室设计，老宅里注入现代设计：妙到好处或弄巧成拙？大雅大俗或文人雅趣，全在一个“度”。老宅自有沉淀时光的气场，如何烘托提升凸显当见功夫。

潮绣展厅，眼前一亮，豁然开朗，近乎震撼。叹其神似，毫发毕现，白猫淘气；叹其夺目，九龙屏风，金碧辉煌；叹其逼真，人像风景如摄影如油画。一布一线，丝丝缕缕，丝丝入扣，缕缕含情。令人惊叹不止，美不胜收。询大师方知，金线与立体乃潮绣两大特点，其他与四大名绣中的湘绣苏绣蜀绣相近。

潮州木雕，充分体验潮人“种田如绣花”之精细精致精美。进工艺大师金子松工作室，清风扑面，风景独好。琳琅满目，美上加美。金大师言潮州木雕特点：多层面镂空，依原木长势花纹进刀雕刻，可以分多层次展示。比如虾篓蟹篓，仿佛渔夫捕鱼归来，鱼篓中虾跃蟹动，虾之长须颤动，蟹之双钳嚣张，气势灵动。八仙贺寿、凤朝牡丹、连年有余、梅兰菊竹、花开富贵，中华传统吉祥如意完美呈现。我购心仪《三羊开泰》一件，拟挂书房，一室光彩。

唐代文豪韩愈执政八个月，深受潮人拥戴，直至江山易名韩山韩江，亦是文化奇迹。韩愈贬官广东，潮州之前亦在清远一年却并无太大作为，徒留诗词几首。两相比较，实在耐人寻味，潮州风土人情确有异乎寻常之处！韩公祠、开元寺、广济门、广济桥均为高颜值高含金量的历史文化名胜。

潮州历史久远，半小时车程又有汕头特区，组成潮汕主体。潮州饶宗颐学问盖世，有“北季（季羡林）南饶”美誉。“华人首富”李嘉诚以及他任校董的汕头大学，名头响亮，在广东乃至全国均有相当知名度。

汕头可谓传奇之城：一为沧海桑田，一为百年开埠。明朝时才从海水中冒出逐渐形成大陆，属于临海半岛。1860 年清朝开埠，民国 1921 年方有建制，货运量曾列全国第三。历史上汕头与潮州是父子关系，后来经济强大渐渐升了辈分，父子变兄弟。彼消此长，历史上亦有先例，譬如中华与邻国关系。历史风云，恩恩怨怨，多方博弈，爱恨情仇，百感交集，一言难尽。

潮汕文化也是一个策略，汕头特区讲面子，期望汕头与潮州并肩而立，多少有点改变文化，这引起内部不同意见，潮州和汕头两地人暗暗较劲。汕头大学原名潮州大学，校址选在韩山师院，后转投汕头。潮州百姓为此不悦，怪罪李嘉诚。1954 年至 1989 年汕头成为当地政治经济中心，潮州屈为属下县级市，归行政区划汕头地区管辖。

大潮州与小潮州，区划分布变化，历史沧桑。海外潮人为原住民的三四倍，亦是著名侨乡。潮汕出过最有钱的三个男人：李嘉诚、马化腾、黄光裕，后两人生于汕头。李嘉诚重点投资汕头：汕头大学、跨海大桥等。马化腾创建腾讯，网络一代英杰，风头正健。黄光裕跌宕起伏……

老妈宫祭妈祖，乃汕头最早的地标。南生公司旧址，拉动地产。20 世纪 20 年代，建成 19 条骑楼街。现代生活方式迅速流行，酒楼影院戏院林立，报业发达，中西融合，但民间祭祀依然红火。

2016 年老妈宫戏台重建，中西合璧，高大巍峨。老妈宫装饰华丽，一个屋顶异常丰富：嵌瓷辉煌夺目，熠熠生辉；屋檐木雕，繁华绚烂，异常精美。妈祖亲切，护佑一方潮人，潮水平安。

汕头人拉家常：几月几号是地藏门打开，让鬼神出来……什么时候关门？放生超度，咒语凿凿，令黄鳝硬挺挺立起，让人肃然起敬。

飘香美食店，乃汕头传统小吃名店。姜薯白果，汕头糖水。姜薯为当地特产，微甜软糯，配银杏合煮，可凉可热，据说热汤更显姜薯味道，冷品则近淮山滋味。

食在广州，味在潮州。潮州食材极为丰富，天上地下，无所不食。山高皇帝远，偏远山区仍有野味。招牌小吃如肠粉、牛杂粿条汤，潮州老城西湖镇记最为有名，二三元一份。镇记老店隔壁的潮镇老尾牛杂，乃镇记牛杂老店店主胞弟所开，牛杂丰富，粿汤鲜美。春饼，2.5 元一个；鸭母捻，10 元一份；绿豆饼，入评广东十大小吃；潮汕手打牛肉丸，选黄牛脚筋部分，捶打成泥，掺入牛骨浓汤，名声遐迩，50 元一斤。

粤菜清淡，潮菜为最，尤其注重食材自身原汁原味，并用蘸料调剂味道，常有烘托引导提升之效用。正所谓一碟蘸料，让你穿越千里回到潮汕。夜宵砂锅粥，各种食材入粥，任客选择，丰俭由人。

沙姜牛肉火锅尤其喜好，把牛肉吃得无比细致、风生水起，也是潮菜独门优势。网传“没有一头牛可以从潮汕全身而退”。海鲜吃法多样，其中排档打冷——腌制生鱼片生虾，配白粥为日常食法。潮汕以滚汤为主，不似粤菜主打老火汤。羔烧番薯芋头，羔即糖浆。

工夫茶，潮人最爱，一天到晚不离茶盅。茶具讲究，泡茶手法独到：高山流水、韩信点兵、关公巡城等妙不可言。其中我尤喜地方凤凰单丛，妙在一树一茶，独立产出，且香型多种，口感各异。家家购买茶叶，月消费大几百元。

潮州汕头，一文一商，相得益彰。潮汕土地，粤东一片，既有千年古城渊源，又有百年开埠生机勃发，辅以揭阳汕尾，串联一气，联手发力，有望再写粤东传奇。我向往，我期待！

粤东潮州：古风、神道与商道

古风犹存话文里

广东潮州市潮安区，民国初年大码头经济好，年轻人去沪求学，著名文化人有陈波儿、冯铿、杨邨人。陈波儿为著名电影演员，代表作《桃李劫》；延安文艺座谈会时坐毛主席身边，新中国电影事业奠基人之一。冯铿为“左联五烈士”，柔石女友。杨邨人早年入党，后脱党并与鲁迅论战，命运结局悲惨。

今天访问文里，乃潮安区庵埠镇之名村，县政府与镇政府均在此。广东最重传统，古风犹存的文里村重阳节活动开始。南狮舞后，两大非遗项目亮相：英歌和鲤鱼舞。文里村主任讲话，向来宾致谢！连做三礼：军礼、拱手、鞠躬，可谓古今汇合。此细节恰如当下文里：市场经济走潮头，交往天下开胸襟；延续古礼重传统，重建乡村再辉煌。

狮舞传统发扬光大，震撼锣鼓，龙腾虎跃，一会如巨龙过江，一会如猛虎下山，精壮少年，勃勃生机，双人舞狮，各有高招，观者无不血脉贲张。

鲤鱼舞看似童话开场，鼓点中盘旋成圆，锣鼓渐密，少年舞步加快，手中高擎鲤鱼，上下翻滚，推波助澜，一展“天高任鸟飞，海阔凭鱼跃”

之气势，二十位英俊少年随队形变化，身形舞蹈，与其说优美，不如说英武豪迈！

令吾眼前一亮的是30位化了古代戏曲妆容的青年，或若黑面包公，或如白袍赵云，亦有男扮女装花旦美貌，亦有诙谐小鬼滑稽丑面。他们的妆容是根据什么体系，吾一无所知，只觉古风扑面，刹那复古。后得知是根据《水浒传》一百零八将脸谱生成，煞为壮观。

锣鼓声中开演，竟无丝弦悠扬温柔，仿佛金戈铁马，杀声渐起；先是如京剧踩点起盘，盘旋成圆，旋即变阵，分三组舞蹈；每人手中统一执二短棍，棍棍相击，时有声响；队形快速变化，令人目不暇接，惊心动魄，忘了自我；直至古妆汉子成双相对舞蹈，有节奏地相互敲击短棍，快速互换位置，腾挪跳跃，四目对视，仿佛武士抓对厮杀……雄风振奋！粤东南方潮人，既有“种田如绣花”之细致，更有舞剑弄刀之阳刚，古风犹在，豪气犹存……

吾渐入忘我境界，心跳加快，意欲加入方阵。眼前迷离，恍惚一千年以前，来自中原的士兵与土著武士大战三百回合，直杀得天昏地暗，天地为之变色！壮哉潮人，壮哉大潮汕！

文里三山国王神庙，供奉本地神，三国王乃潮州三座山之山神，始于隋代揭阳，当地民间信仰，亦遍及潮汕与东南亚。各地按时间游神，祭拜国王，三神助宋皇赵匡胤平乱有功，奉为神灵，建庙祭祀，渐变信仰。

参观古村祠堂，十二处列为市文物保护。蔡氏宗祠奉蔡伦为祖先，年代久远，不知家谱维系血脉是否可靠，嵌瓷人物立于屋檐之上，以碎瓷粘连成各种造型，地域乡土艺术令人过目不忘。

潮汕美食之道

吃在广东，广东吃在潮州，潮州吃在潮安，潮安吃在庵埠。乡村会堂摆桌，浓郁乡情弥漫。一大盘潮州卤水，六碟点料，生抽、醋、芥末等，鹅肉与猪耳分享不同点料。

螃蟹大鲜，白嫩豆腐托底，肥蟹食毕，汤汁中豆腐鲜嫩无比。鲜鱼一只，下铺三角油豆腐。猪肉焖芥菜胆，类似电白芥菜，以荤托素，倍显广东芥菜之清甜与脆口。

鱼饺汤，于清汤中三样鱼肉制品——鱼丸、鱼饺等，是酒席中的一个转折，此后菜品味转浓。下半席第一个红烧羊肉，主人专门介绍下八角，味道重——但我食之，味道透彻，羊肉烂熟却不失嚼劲。

潮州八宝饭，生子必吃。果盘以甜柑托起杨桃，应该是我来广东后吃过的最佳杨桃，清甜不涩，润泽无渣，甚是可口。

潮汕无论男女，到了十五岁均要过成年礼——出花园。男孩吃公鸡，鸡头出人头地；女孩吃母鸡；吃鱼寓意“跳龙门”；汤圆，团团圆圆，家庭和谐；红烧豆干，潮州话“干”音“官”，读者做官；面条，代表长寿；鸡蛋，代表为人圆通。

“没有一头牛可以从潮州府全身而退。”如何把牛肉吃得精致而艺术，实在是潮汕人的一门生活学问，高深而精彩！牛肉火锅吃最好的牛肉，为潮人自豪，访者津津乐道，食之难忘。

潮汕菜讲求清淡原味，食材自然。不但鸡鸭鹅猪肉海鲜河鲜做到上品，卤鹅、牛肉、海鲜等更有上佳食品，堪与广府菜各分秋色，且有地域本土色彩，往往发挥一己之长臻于极致，品相口感寓意堪称上佳，令人回味不已。

期盼庵埠文里再次起飞

谢家远祖谢安，移民广东，祖先为皇叔婿，所以攀龙附凤，自诩皇亲，取用双龙悬置屋顶，威风赫赫。据人类学W博士观察，龙为四爪，距皇帝五爪龙尚有一爪，故无欺君之罪。潮州著名学者H则告知：判断老房子，门框用木为明代以前，石料门框则为清朝以后。

村里多处善堂，延续潮州民间慈善传统。主要照顾孤寡老人，政府每月抚养费500多元，老人家吃药勉强足够，民间集资善堂则月补600元，并义工照顾，以至养老送终，完成殡葬。村委Y热情相邀参观，为自己组建的善堂功德深感自豪。从乡村发展看，十足民间自治，是为优秀传统。

仙溪村王氏祠堂，中华王氏出过“十八状元三宰相”，王氏深为祖先自豪。族中老人介绍，祠堂又名“老虎祠”，意皇帝身边人，虎威凛凛，威震一方。祖先从福建到粤东，史载皇帝出巡，祖先为官三天监国，相当于“当过三天皇帝”，所以门前设麒麟。

不过，当地学者说，古代一二品官均可设麒麟。麒麟作为官邸常用题材，有等级之分以示门第高低。照壁塑造，大有讲究。麒麟脚的站跪姿势应按族人官阶品位来定：一品跪三脚、二品跪二脚、三至五品跪一脚、六品以下麒麟不可跪。如若越制违规，官府有权问罪。

该村八千多人，有企业100多家，已无田地，但每年都有集体分红。参观仙溪村小学，勤恳庄校长激动得不知如何是好，邀请我找时间来开讲座，五百多名小学生都没见过教授。我诧异村口有高大秋千，俩少年对摇，应该就是村小学生。快乐身影晃荡在半空中，实在是生命的蓬勃生机！

潮汕地区旧时为“潮州府”，分为八个县，海阳、潮阳、揭阳、澄海、饶平、普宁、惠来、丰顺，也称“潮州八邑”；虽然同说潮汕话，但每个地方的口音都略有不同。比如潮州市和汕头澄海、金平等地的“你”念“吕”（谐音），而惠来、潮阳则念“鲁”（谐音）。在潮汕地区，凭口音基本就能分辨一个人是哪个地区的。

后来的潮汕地区（潮州市、汕头市、揭阳市）重新将这八个地区统辖规划，因此也出现一些有意思的文化归属心理上的现象。比如潮州市的饶平县人，会说自己是“饶平人”，而不太认同自己是“潮州人”；汕头市的澄海区的人，会自称为“澄海人”，而不太认同自己是“汕头人”。这里面的缘由，大概是从“潮州八邑”时期留下来的文化认同。

庵埠人的口音属于潮安口音，但因为庵埠在地理上处于潮州、揭阳、汕头三市交界，姻亲往来又多，因此庵埠虽然在行政上隶属于潮州市，但在饮食口味、口音等方面，其实与汕头比较接近。一个庵埠人，如果在潮州市区的话，他的口音是“与众不同”的，但是如果他在澄海，几乎没有人会发现他的口音有任何异常。

采访中获悉：庵埠在撤县设区之前，是潮安县的县城，但在地理位置上并不处于潮安的中心，之所以这样划分，是因为在二十年前，庵埠的经济实力非常强。2005 年庵埠还被评为“中国食品及包装印刷第一镇”，食品（以凉果为主）、包装印刷是庵埠的两大支柱产业，同时也带动了周边乡镇的经济，创造了大量的就业机会。

直到后来以陶瓷产业为主的古巷镇和以不锈钢产业为主的彩塘镇崛起之后，庵埠的支柱地位才慢慢被取代，在经济转型的现在，庵埠大有壮士暮年的凄美之感。

同时，凉果食品的制造、包装印刷的过程对环境产生了非常严重的污染和破坏。许多乡里的溪水都被污染得变黑变臭，以前每年端午都会举行的划龙舟，也因此受到了很大的影响。好在这些年各乡政府都开始对环境进行治理，污水的治理也收到很大的成效，不少溪水也重新变得清澈了。

由此可见，文里以及庵埠有市场经济的辉煌历史，但已是昨日光荣，今天如何站起来，这是一个需要努力的过程。改革开放后。潮州迅速行动，后来的衰落有大环境和小环境的原因。大环境就是珠三角崛起，抢了潮汕许多生意。小环境则是潮汕三处显出劣势：第一，交通不够便利，长期阻塞在粤东，高铁飞机高速公路，都是近年得以改善。第二，潮汕语言影响阻碍交际，少有人学习普通话。改革开放初期，基层放映影片，还需要配备专门的翻译，随着电影情节的发展，拿的话筒说潮汕话，才能够让老百姓看懂。第三还是观念，缺少一种向外拓展，以及容纳百川的胸襟。外商华侨投资，常常是雁过拔毛，没有孵化的阶段。与包容态度相反的“排外”亦是一个弱点，在这些方面都大大落后于珠三角，以及浙江温州地区，所以，温州人，把“中国犹太人”的帽子抢了去，戴在了自己的头上。

不过，文里村委谢主任不同意这个结论。他认为温州人三点不如潮汕人：承受力潮人强，股市大跌让温州人跳楼，但潮人没有；经营不同，温州多工厂市场，潮州多贸易金融，深圳金融多半由潮汕人说话，珠三角潮汕人企业多；从世界范围看，潮汕人经济常量与企业市值高过温州。

期盼庵埠文里再次起飞。

嵌瓷，永远亮丽的造型艺术

嵌瓷，被誉为“永远亮丽的造型艺术”，与潮州木雕、潮州石雕并称潮州古建筑的三大装饰工艺，多见于庙宇祠堂住宅屋顶装饰，取材传统民间传说故事。最引吾处，在于代表潮汕艺术的日常性，可谓“生活的艺术”与“艺术的生活”。

嵌瓷非遗传人卢芝高大师工作室为自家花园，朴拙而几分清雅，古典趣味而不失民间气息。宽大画室，居中茶座，墙上大幅八仙图，以及与饶宗颐大师等的合影。

卢大师画作人物栩栩如生，神采奕奕，气场飞扬。钟馗图、罗汉图、古人今人，各个精气十足，观之振奋。而长幅山水风景静谧悠然，则显示画家内心温存柔软一面。他无疑是潮汕文化孕育成长的标志性本土艺术大家。

嵌瓷是利用制瓷过程中产生的废瓷碎瓷，经过裁剪镶嵌而成，构图雄伟，色彩绚丽，形象生动，质地坚实，久经风雨或烈日曝晒而不褪色，多用于房屋及摆挂装饰。直觉介于民间艺术与文人艺术之间，色彩亮丽，造型传统，更倾向民间，但精品不乏古代文人趣味。

我强烈感受到我们对民间艺术尊重不够，还没有置之于应有地位。民间艺术秉承传统、延续本土，一线文脉，值得加信推崇。邻国日韩对待本土民间艺术态度虔诚，值得我们学习。

梅州客家：有围屋有耕读，还有侨商与海洋

一

从广州发车，两小时进入山区，车行一半，直指梅州。窗外农田平坦，远处青山如黛，视野开阔，景色如画，心情颇好。眼前高速公路簇新清洁，路旁村庄成排农舍，衬着山坡上丛丛树林；树林之上蓝天白云，白云之下满目翠绿，山丘修竹灌木，远山树木成林。绿色为树，白色为云，蓝天底色，三色搭配，构成车窗外的主色调。

今日小寒，但广东温暖如春，即便进入大山，仍无一丝寒意。“要问客家何处来？客家来自黄河边；要问客家居何处，逢山有客客居山。”重山叠嶂，白云生处，就是客家家园。

并非客家不喜平原，而是平坦处已被土著与先到者占住；并非客家不喜沃土，而是资源有限生存竞争，客家没有现成的饭碗。于是，进深山勤奋拓荒，攀大岭重建家园，构成客家生命常态。

黄昏时分，一天晚霞，大山衬托，倍加壮观。朋友圈见北京大雪，遥想寒流南下，几时抵达？暖暖多日，稍感烦闷，期盼冬日清凉。

二

客家人与广府人、潮汕人，并称为广东三大民系。现有广东客家人口 3000 万，占全省人口 30%。客家亮眼名片有二——围龙屋与客家菜。广东梅州自古为客家人聚居地，誉为“世界客都”。

客家文化体验第一站，是梅州保存最完好的围龙屋星园酒家。他们打出“品客家菜，看客家屋，做客家人”的独特品牌。酒家特色在于经营者就是围屋的继承人。

承德楼围屋奠基于公元 1885 年，建造人为东南亚梁姓华侨巨商。围屋占地面积 3780 平方米，双层土木跑马楼结构，三堂二横一围龙，八厅八井十八堂。楼上楼下共有八十三间房间。每个房间都按不同主题装修，造型独特。文化主题鲜明的宴请厅，大小不一，各具特色。主人告知，餐厅好处在于人气养楼，欣欣向荣。

承德楼用心保护，各类大小陈设尽量保持传统原汁原味，充分传达客家风味。仅楼顶维修一项，就用传统阴阳老瓦五十万片，全屋双层 83 间房，三代工匠师傅维修，最后一代也六十多岁，目前已无传人。

客家菜是中国八大菜系粤菜的一个分支，乡村田园风味浓郁。靠山吃山，临水求鱼。讲求食材鲜美，大鱼大肉兼顾清新时蔬，肥而不腻，爽滑可口。星园酒家对此颇多心得，既承传古法，又有所创新。

今晚开席，传统盐焗鸡、酿豆腐和梅菜扣肉“老三篇”主打。盐焗鸡用围龙屋造型大盘，文化符号鲜明；酿豆腐两面煎黄，品相创新；梅菜扣肉风味独特，扣肉入口即化，鲜香滑嫩，本地梅菜香味浓郁且微微带甜，与猪肉绝配。还有诸多客家菜品丰富多彩。其中印象深刻的是招牌炒香螺，山坑螺肉鲜嫩，螺味十足；蔬菜显出新鲜优势，完美田园环保印象。还有艾叶蛋饺，一片清香，山野风吹拂。

肉丸萝卜丝丸双蒸，既粗犷又细腻，肉丸并不将猪肉馅完全做细，萝卜丝则是细丝可口；更有传统蒸味酵粄，按古法甜咸浇汁兼备，满口清香，直抵田园深处。

客家菜极少添加过重过浓作料，用自然蒜葱调味，讲究养生保健。外形古朴、花色简单，自有一份天然色香味形的纯真特色。加上一壶客家娘酒，暖暖的甜甜的，仿佛轻轻呼唤：家园在，胡不归？

三

黄遵宪纪念馆。黄遵宪（1848—1905），晚清诗人，外交家、政治家、教育家。助巡抚陈宝箴推行新政，喜以新事物熔铸入诗，有“诗界革新导师”之称。黄遵宪在客家文化中地位颇高，梅州老城梅江区称誉“诗画梅江”，诗以黄遵宪代表，画为林风眠。黄的故居前广场保持质朴风格，一尊雕塑庄重而平和。

黄药眠故居。同行作家黄茵的堂叔公，《虾球传》作者黄谷柳是她外公。黄茵颇为兴奋，毕竟血浓于水。故居已旧，但在亲人的心目中，名人形象魅力依旧。抗战时期，黄药眠在此居住了一段时间。

黄药眠（1903—1987），现当代著名作家、文艺理论家，抗战时期在桂林因辅导无数文艺青年，被尊为大师。新中国成立后为北师大教授，1957年错划为右派。故居在防洪坝下，一片老房子，名人故居不少，比如“将军第”等。

诗书继世源流远，孝友传家福泽绵。留余堂，门厅悬挂五个“文魁”牌匾，充分呈现出家族科举兴盛。家族中出了现代作家张资平，为“中国言情小说开山祖”，创作了中国现代文学史“第一部长篇小说”。

名门望族拥有更多政治经济文化资源，因此对“王侯将相宁有种乎”也可作肯定性回答。文化承传亦如基因，总在或隐或现中发生作用，悠久而漫长。

没料到梅州老城区有如此之多的骑楼街，民国时代应当繁盛一时。

蕴含往昔岁月的各式老店，仍然拥有各自老顾客。

饥饿农耕时代的老食品依然火热上市，芋头条、南瓜条切丝油炸，都是三四十年前的老味道。客家汤圆热情接待，免费品尝，亦是老味道。

梅州民宿，艺术家设计，文青最爱，小资钟情，移步换景，步步动心，处处匠心。细细品味，方知日常生活亦可借艺术超越提升，以美学，致生活，美在生活细枝末节中。涌入拍摄团队，一问，电影《围屋喜事》拍摄进行中。

林风眠故居，两排朴素民居，其中一间为林住过的房间。林的祖父和父亲均为当地有名的石匠。其父工艺上乘，深得赞誉。林在家乡读完中学，19 岁赴上海，后留学法国。

林亲侄女林素玲，78 岁，身体健康，拿出 1991 年赴香港探望林老合影，深情回顾：林老对我们很好，年年亲笔写信，还有赠画。握住老人粗糙的双手，仿佛感受昔日岁月：世事坎坷沧桑，回忆温暖依然。

林风眠“文革”时自毁作品，恐火烧烟多，将几百幅画浸入浴缸泡烂，抽水马桶冲掉。焚琴煮鹤，不堪回首。后蒙冤入狱，据说捆绑双手，不仅不让其作画，连吃饭都低头舔食——但他没有绝望自杀，活到重见天日。

林风眠在世界画坛极有影响，其仙鹤与仕女图拍卖价高达千万。他既做了浙江美术学院又做了中央美术学院校长，李可染、赵无极等中外名家都是他的弟子。

林风眠在国内美术界为开创大师，引进裸体模特写生等西方课程。中国美院学生访故居，自觉脱鞋进入，以示敬仰尊重。

四

丘姓村庄，白宫新联村。联芳楼，由印尼侨商回乡建设，所有材料来自外国，两个家族合建。建筑有巴洛克、伊斯兰、客家民居等多种风格。

1934 年建。梅江大桥多人集资，耗费 1600 两银元；而联芳楼由两个家族建成，耗费 2400 两银元。可惜屋主拒绝外人入内参观，但只看外形，依然可见当年辉煌。

村中出了乾隆皇帝帐前带刀侍卫，官至三品。曾自建一桥，桥前立碑霸气：凡过桥者，文官下轿，武官下马。村前小学，四所私塾合并办新学，校门前小山坡，有带刀侍卫练功处。

新联村，牛角屋，1884 年奠基，十年修建。隐姓埋名堪舆大师照风水设计。依山形，破常规，牛角神奇一撇，围屋并不合拢，却巧妙地与屋后山坡合抱成圆。登高俯瞰，果然如牛卧山间，屋后还有两口古井，形同牛眼。

风水先生预言每个方位有二十年风水，故东西南北皆有门，依黄历开门，所以门多。每天关门都要几个小时，大户人家门有机关，常人不知，无法抽开门栓。

当过七年老师的郑文珊讲解细致，娓娓道来，如数家珍，让人感受一份炽热乡情。她告知我们：村子挽水西流，通梅江到松口进汕头下南洋，所以此村民形成外流途径，不但人丁兴旺，而且非富即贵，风水极好。

目前已有企业入驻投资，拟将神奇牛角屋装修改建为民宿，再续旺盛风水。

玉水村，曾经古驿道，有当铺旅馆，为几百年货物集散地。潮汕海盐到梅江，由客家妇女从码头挑到江西换米；民国时，男主人多下南洋谋生。松柏楼，康熙年间当铺，门楼高大，墙体坚固。可见，当年驿道驿站市场繁荣。

两棵榕树，村西村东，遥遥相对四百余年，亦是玉水村一个标志。榕树婆婆，红皮无须，树冠若丘；对面榕树公公，枝干雄浑，遮天蔽日。

村庄传统农产品三华李，年产300万斤。

竹园堂，有功名，承朱子家训，其间又蕴含红色文化：朱德元帅当年攻打梅州撤退去井冈山，在此过了一夜。另有围屋完整的崇善堂，处于群山环抱的小村中心。只见堂前菜畦水井，堂内供案牌位，一片安详宁静。

72岁的屋主人告知："爷爷在旧金山挣钱回乡盖了崇善堂，但三十多岁被土匪绑架撕票；父亲亦去国外谋生，每年回乡一次；我这辈几个儿女在老家长大。如今我的儿女都读书进城，就剩下我与老伴守着老屋。"

我欣喜地看到玉水村"美丽乡村"建设初见成果，旅游观光、民宿饮食，更有石斛、花卉、水果、拓展训练基地渐成规模，加上古驿道驿站遗址、红色文化遗址、明清老宅，以及季节性满山李花桃花……

小小山村，青山绿水，满园春色。如今五百年古村焕然一新，前景可观。

客家腌面加三及第汤，标配早餐加客家名牌小吃。难得此店虽小，烹调认真。汤与面均是一小碗一小碗单做，汤料上好，猪肉猪肠猪肝三样，膏汤煮沸加枸杞叶或艾叶；碱面一团团备好，沸水煮熟，猪油葱花拌食。面香汤鲜，亦是童年老味道。其中猪油醇厚，别有一份芳香。

五

客家博物馆，比十年前现代大气。十年前，那个"厓"字下方，摆满了客家妇女事迹与实物，造成深刻印象：客家妇女乃天下最辛苦的女性，几乎承担家庭所有重担，男子似乎就是出外做生意或征战。

提升改造后内容丰富，客家来源、特征与影响大为加强。五次南下、重祭礼重祖先重耕读、围龙屋重族群重防御重风水、客家菜、山歌、汉剧，等等，显示了汉族一个"衣冠南下"的族群如何生存并流散全球。

梅江区作协主席朱红娜告知，可以南下的大多是世家大族，有经济实力和文化传统。所以，客家人大多具有文化底蕴，是文化家族。

唐宋四人对广东影响深远，韩愈之于潮州，苏轼之于惠州、包拯之于端州，刘元城之于梅州。但梅州人内敛，刘元城官位在包公之上，但宣传不多。

几天访问，我对梅州客家侨乡印象深刻。客家人遍及世界，国内五千万，海外五千万，此言不虚。看来，整个广东的“海洋性”恰恰体现在几百年不间断地海外谋生与海外移民。客家“迁徙”不仅局限于华夏，“视野”亦是世界：宏阔而深远。

梅州人从前回乡走香港坐船到汕头，再经水路到松口镇，然后由松口镇陆路返乡。梅州人出洋也是沿此路线出去。故有一种说法：客家人“海洋性”与开放性比潮汕人略逊一筹。此说法未得考证，请教各方大家。

有专家认为：梅州客家人的开放性比潮汕人差一些，普遍崇尚读书、从政，求稳，讲规则，却也有骨子里的软弱。但另一方面，梅州人视野相比其他客家地区来说又开阔几分，接受新事物能力也较强，并不封闭和固化，这与梅州人敢于走出去、受到新思想的熏陶有关。

这，或许亦是今天客家文化增强影响力与传播力的思考起点与有效路径。吾愿与梅州文友共同探讨与实践。

岭南美食

茶盏间最浓的乡愁

似曾相识的濑粉与童年记忆

濑粉是广州小吃之一，虽然经营规模和名头远不如肠粉，但对我却有“似曾相识”的意义。如今广州濑粉有手工和机器制作两种。手工的最见传统，有一特制容器，装上濑粉原料米糊，由一个细尖漏嘴缓缓流下，一缕缕，直接坠落沸水的锅里煮成，口感又软又有小小劲道，其形状很像小时玩耍的布叠小老鼠，中间粗两头细，白白嫩嫩，煞是可爱。机器制作的，就是规范产品，像粗米粉，一寸来长，上下一般粗细，口感稍微逊色。但似乎关键还在那碗汤，传统做法主料据说是猪油渣，加一点海鲜，虾皮、淡菜等，再佐以鲜菇、葱花、腌萝卜等，生生地托出白米濑粉的米香味。我以为，濑粉小吃属于轻口味的鲜美，比江南小吃从容家常，比成都小吃更婉约含蓄，远非大富大贵，却是独树一帜，远非声名远播，却是南国一香。悠悠长长，穿越岁月，有一番沧桑，却又是平常心一颗。

我第一次在广州遇到濑粉，有一种久别重逢的感觉，很特别，有点惊讶——在广州员村二横路对面小巷首次相遇，后来又在赤岗南菜市场老街和东山口龟岗大马路小店吃过——仿佛重返从前岁月，与老友重逢，而我才来广州十年，为何如此？难道那小小一碗的濑粉中藏着童年，藏着朴素，藏着真情吗？藏着某种神秘的召唤吗？细细想来，可能与我的童年记忆有关——在福州读小学中学，那里的早餐是家常的遍布街头的小吃“锅边糊”，类似北方“面疙瘩”的做法，与濑粉一样是南方大米制品，具体做法已经在记忆中模糊，但那口味却是挥之不去，也有肉荤与海鲜的和味交融，也有淡淡米糊的香味和热乎。联想到有博主名“雕爷”在网上发表饮食高见，将所有人的口味分为“童年记忆”与“普适性的美”两种。前者不讲道理，他说好吃就好吃，爷就好“这一口”，与我童年欢乐牵着，舌尖上有自己的人生；后一种则有普遍的美的标准，是有道理可讲，内含“普适性”——为此高论击掌！因为看似胡言乱语中却道出真谛，生活真谛，也是文化真谛——恰如我近年关注文化的“本土性”。试想，这“本土性”也可比作一碗濑粉，与你童年相关，所以香不香、美不美就有“不讲道理”的一部分，你叫上海人去吃重庆火锅，你叫湖南人去吃无锡排骨，本土性强大的口味会出来给你做裁判；但另外一半又属于可以评判的“普适性”，好比在美国，华人聚餐，对粤菜就有较大的适应性，因为粤菜讲究食材本身的味道，味淡，好调味，比较好解决“众口难调”的问题。由此想到，本土文化要走出去，需要在两点上下功夫：一是努力传达你“童年记忆”的部分，把其美提升至进入“他者”可以接受的传播通道；二是努力开掘“普适性的美”，将其发扬光大，使得更多的人接受并享用其美丽，再往前一步，使之进入主流，成为美丽魅力的标杆之一，当然是“之一”，而不是“唯一”。在我看来，“童年记忆”与“普适性的美”，既有各自独立之处，又没有不可沟通之鸿沟，连着系着乃至你中有我我中有你，艺术家在做本土艺术时，当有细细分辨之耐心和本领，其中奥妙必须自己领会。“羚羊挂角，无迹可求”，中国古代文论的这种境界，也许可以帮助我们接近揣摩这个奥妙。

从广州濑粉到南方米粉家族

尽管我读中学后才接触福州市井生活，早点偶尔吃吃锅边糊——因为那时中学生没有早点钱，锅边糊的印象并不比福州鱼丸深刻。

濑粉其实就是广州的米粉，传统标准濑粉是一桶白白米浆，从一个细长漏斗一缕一缕地漏进水里，形成寸把长的条状，再与底汤混合煮烩。现在则多是机器加工，好似粗米粉截成一寸长短。但各处也有变化，比如都叫濑粉，到了与广州毗邻的佛山，就已经是靠近米粉的形状了。我第一次在佛山市高明区看他们举办“濑粉节”，端出来的明明就是一根一根的米粉，不知相隔半小时车程，为何有如此变化？不过一个道理明确，都是米粉系列产品。

2015 年年初去长沙出差，因为修地铁、因为大雾霾、因为阴雨天，这座城市变得黯然失色，变得湿冷混沌。幸好有小吃，有各色小吃店，让黯然失色退场，让勃勃生机焕发。正宗的长沙米粉，形态别于桂林，别于南昌，别于广州濑粉，并非清爽的一根根鲜明，而是类似于刮刮粉一缕一缕的，但在开水中煮熟捞起却又成了细面条般清清爽爽，浮沉在肉汤中，点缀着肉丝、木耳、酸菜、豆角加主色的红剁椒，细细嚼食如面条般细腻，却又有着米粉般的韧性。最抢味的还是湖南配料，一大锅的辣椒炒酸菜，一大瓶的红色剁椒，关键是压倒一碗汤粉的配料吨位与分量，客人随意加。观察小店，客人多是大勺加料，绝对重口味，绝对怕不辣。印象深的还有随处可见的炸臭豆腐，黝黑方方小块，沸油中炸熟，竹签串着吃，满街炸，满街吃，小店炸，街摊炸。长沙女孩衣着时尚却举着竹签，嘴角噙着黑乎乎的臭豆腐，亦是典型街景。哦，还有神秘的槟榔，嚼呵嚼，古怪却诱人的味道，无法形容呵。这个试图把湘菜高档化却又掩盖不住充满诱惑的乡土气息，这个充满小吃的城市，这个覆盖浓浓乡音的城市！

才从湘江边领略长沙常德醴陵米粉，又到赣江边尝遍南昌吉安铅山米粉。江湖一脉，都是米粉世界。虽然家常小吃，却亦五彩缤纷；各有独门利器，各有看家本领。长沙米粉与桂林米粉形成反差。但吃了几回，也没分清长沙常德醴陵米粉之区别，也许天太冷，也许汤太鲜。南昌炒粉则是当地早点加名菜，一般肉丝豆芽黄芽白菜梗加辣椒，铁锅大火快炒时不断加各种作料，师傅边炒边用锅铲铲料进锅，锅铲一敲锅沿，佐料爽快进锅，哐哐哐！动作麻利，眼花缭乱；铁器相撞，声音悦耳，有香味飘来。这类小吃，最适合街头排挡小店，可以亲眼看见制作过程，正好体验那粉那菜，如何变戏法一般成为“我的菜”！多油多酱多佐料，辛辣重口味。米粉油汪汪地闪亮，黄豆芽黄芽白或是次而求之的空心菜，恰如其分以新鲜色相口感辅佐相伴。

最耐人寻味的是三元钱一碗的拌粉，米粉都是当地上好稻谷所制，奇在各家佐料不同。在熟油酱油辣椒蒜葱重口味的总原则下，各有独门配料。或自腌酸菜咸菜，或萝卜或菜头或豆角，总之口感各异，差别中自有风景。吉安米粉除佐料外，基本在南昌味道的统辖之下。铅山米粉就独出一路，不但米粉粗些，底汤亦有讲究。配料四五种，自取自配，给食客一个自己发挥的空间。此法我最赞赏，丰俭由人牵涉到钱包，咸淡酸辣则关乎口味，众口难调，但桌上的调味可以稍稍平衡。最叹长沙遭遇大坛酸豆角大坛红辣椒，南昌似乎温柔一点，小罐小碗小盆。也难怪霸蛮乃湘人，当年湖南来几个年轻人，不就在赣江边掀动了十万农工举起梭镖。那年头距今已近百年，但米粉依旧辣椒依旧。无论湘江珠江，无论长沙南昌，无论汤粉炒粉拌粉，米粉始终与辣椒肩并肩，红白相间都是米粉。

哦，南方的米粉，我的米粉家族！

羊城广州，每一条街都潜伏着美食

有一种说法很形象，把北上广深四座城市各赋予一个比喻：北京是一座城，上海是一扇窗，广州是一锅汤，深圳是一股劲。比较起来，广州就是活色生香，一锅煮沸了两千多年还历久弥新的汤汤水水，这个汤水接近日常生活，唾手可得，亲切自然，十分形象生动地传达了一份广州的气质与精神风貌。美在花城，食在广州。鲜花盛开，美食遍地。汤水家常，温暖宜居。这座城，每一条街，每一个角落，都潜伏着美食。无论大排档、“居家店”，抑或大酒楼、大酒店。

己亥新年，开门潮州菜。潮州菜，粤菜大系。炸鱼皮为潮汕传统小吃，鱼皮多用急冻半滑舌鳎（龙脷）皮、鲮鱼皮或黄鳝皮做，最理想的是用九棍皮炸，鱼皮香脆且无腥味。鱼皮油炸却不失原色，松脆微咸，蘸滚烫鱼汤入口，别具风味。只是不知鱼汤有何讲究？什么鱼熬汤最佳？需要与鱼皮配对吗？海蜇丝捞鸡，手撕鸡备妥一盘，海蜇丝辅以洋葱丝、胡萝卜丝、芹菜芋头丝、米饼片等一盘，两盘合一拌之，风格近似顺德菜肚丝捞起、鱼生捞起一路，但海蜇加盟，海洋气息浓郁。蒸鱼令我印象尤为深刻：切开小柠檬抢眼，酸甜汁成就酸汤鱼肉异香，提升鲜嫩境界。白果芋泥，数枚雪白银杏点缀，让紫色芋泥刹那富贵，足见潮州菜之功夫精致、匠心独运。潮汕卤味一向抢手，潮州冷拼深受羊城食客喜爱，琳琅满目，选择面宽：鹅鸡鸭、牛猪肉，与鹅肝、猪手、肉卷、卤豆腐等均为食客常点冷菜，其中尤以狮头鹅名声显赫，品种互搭，交相辉映。

开年又读林语堂《吾国与吾民》：“人世间谈任何事情，值得吾人慎重行事者，那不是宗教，也不是学问，而是‘吃’。”——潮汕人得此真谛，其“种田如绣花”之态度，使潮州菜亦成一本生活艺术教科书。岂止厨艺，同时还有热忱与态度，生命热爱与大自然热爱的融会贯通。

吾将炸鱼皮余过滚烫鱼汤瞬间，小有觉悟：语堂先生所言中国烹饪别于欧洲二原则——食材肌理与口感；食材滋味依仗调和——恰巧以炸鱼皮滚鱼汤、小柠檬入蒸鱼为上好例证。至于潮州卤味，潮人至爱。吾移居深广二十年矣，遇嗜好鹅头鹅肝者，每每惊讶。细细品味，潮汕卤味实在是食材滋味调和之经典：丝丝缕缕，无微不至。拜服，拜服。

“点都德”——广州早茶金牌店，承传而创新。此店出品新派早茶，因为品相抢眼，最得初来乍到的外地游客青睐。其一大吸引处，上午九点半至晚上十点，全天茶点，时时早茶。招牌参汤四色虾饺，乃非遗作品金牌虾饺皇之发展。一饺数虾为馅，蔬菜汁染饺皮——红黄白绿四色，玲珑小碗衬托。金莎海虾红米肠，色香味俱全，口感分层实现，食客喜爱，台台均点。日式青芥萝卜糕将最日常的萝卜高度精致化，型靓味佳，颇具广府早茶茶点之精神：源自寻常，神奇点化。平常油条，不但油炸酥脆，摆盘亦有几分讲究，量虽小却都显示茁壮蓬勃之势，令人眼前一亮。至于各色粥品、糕点包子、凤爪排骨，无不经典。食之悦然，品之回味矣。

如果说这一家的白切鸡是广州最好的，一定会有许多食客摇头。作为“无鸡不成宴”的广州，白切鸡、豉油鸡、盐焗鸡等上百品种，不但各家有各家做法，而且各店有各店的高招。但是，说眼前这盘葵花鸡所做的白切鸡，是最好的和最贵的之一，比较合乎事实。理由简单：这盘鸡，出品于广州中国第一家中外合资五星级酒店——广州白天鹅宾馆。由香港霍英东先生与广州市政府合资兴建，1983 年开业至今。此品平时 880 元，周末节日 1080 元一盘。鸡肉鲜嫩，鸡味十足；鸡皮更妙，滑嫩中既脆又韧，口感味道一流。全鸡摆盘呈现，亦是粤菜一个标志性风景。

古老肉，亦称咕噜肉。猪肉配菠萝恰好是广府菜一个绝配：酸酸菠萝衬托出咕噜肉的鲜香。此品诞生于清朝，与当时广州外国人口味大有渊源。老外尤喜糖醋排骨，但不习惯吐骨。广东厨师即以出骨精肉加调味淀粉拌和制成肉圆入油锅炸至酥脆，粘上糖醋卤汁，并佐配岭南佳果菠萝，有款有味。其味可口酸甜，大受外宾欢迎。糖醋排骨历史较老，经改制后便改称“古老肉”。老外发音不准，“古老肉”叫作“咕噜肉”，因为吃时有弹性，嚼肉时格格有声，故两种称法并存流传至今。由此亦可见出广府菜的“世界性”，此品在国外亦有一定知名度与美誉度。铁板叉烧，亦是鲜嫩无比。猪肉经过腌制，用炭火借助铁板烤熟制成，肥瘦相间，口感味道一流。最考刀工厨艺的炒鱼片，火候上佳，细腻滑嫩。满族语音直译的萨其马宫廷点心，据说亦是广州顶级水平，软糯微甜，广州人“老味道”之一。

白天鹅宾馆已经成为广州市民的一种本土情结，代表改革开放时代的一个标志。近日中央电视台播映《广州故事》，出镜的霍英东先生的儿子就笑谈当年开业盛况：市民蜂拥而至，仪式结束后，孩童鞋子遗落一地。前年关门装修，重新开张后大批市民访问，仿佛走亲探友一般。你瞧，宾馆高大内庭就是岭南山水瀑布，三个字赫然在目：“故乡水”——令人倍感亲切，弥散羊城街坊烟火气。曾在广州生活多年的陈先生说：这座宾馆构成广州人的鲜活记忆，也是一个正式的“南风窗”。

应该承认红酒杯辉映下的一道道西式粤菜，平添异样光芒，弥散南国夜色中的浪漫。西洋菜陈肾炖生鱼，生鱼与陈肾鲜香含蓄，既各具其味，又携手汇合。芦笋牛柳，清脆芦笋衬托鲜嫩牛肉。糯米饭精致细腻，腊肉虾仁蛋清花生香菇葱花与糯米融为一体，味道多元，香气交汇，乃吾于广州多年遇到色香味最佳的糯米饭。此种将中餐西式、粤菜精致化的吃法，我在广州酒家天极店已有见识。但珠江新城此家在充分西式化的路径上，还是注意保留粤菜完整性，分量稍多，用小碗保持温度。

不过，我依然认为此种西式吃法，适合于佐配红酒的沙龙性社交性晚宴，尽管分餐小份高档，但失去了粤菜享用的锅镬气，比如“啫啫”“煲仔”“焗”等；失去了整只鱼、白切鸡摆盘的观赏性，中餐色香味被西式精美小点所取代，终觉可惜。还有群体用餐的集体性：亲若家人，温馨气氛。退一步说，西式粤菜仅为粤菜食用方式支流而已，中餐毕竟是成熟礼仪，快餐西式化，“小道”矣。

老东山，粤菜流派之一客家菜酒楼。招牌有三：土猪肉汤，盐焗鸡，梅菜扣肉。著名的还有酿豆腐，豆腐包肉——传说客家南下，无面包饺，索性以此替代。“酿”已成客家特有方式，酿茄子、酿辣椒等，而吾尤喜酿油豆泡。上汤苦麻菜，清爽可口，最冲油腻。新菜“一夜情”为都市时尚出品，询老板得知：粤语砂锅“埕”发音近普通话“情”，而鱼在砂锅中腌制一夜再油煎，引申为“一夜情”，可谓抓眼球不惧浮浪。客家小吃中最日常大众的代表作是腌面，客家人多为早点，佐配及第汤或土猪肉汤。腌面为碱面，较广府面条粗犷，客家各地腌面做法不一，但大同小异，一般在盖头佐料上有所变化。

“要问客家来何处，客家来自黄河边；要问客家居何处，逢山有客客居山”——此言说明两点：客家自北方来，与中原渊源密切；客家迟到，好田好水当地人享用几代，所以只好进山拓荒，还得防土著侵袭。客家食品带有北方遗绪，且受山居影响。食物为保存，用盐腌制，耐存耐放。如今客家菜进了城，与广府菜潮汕菜相比，风格质朴豪放，咸度较高，花样也少，大多脱不了环保农家菜档次，难入精美高档，难进五星酒店。可见，客家菜接近日常环保，既是优势，亦为短板。如何既坚守传统本色，又适应现代都市，有所发展，实为迫切课题。近年对客家大盘菜的开掘，即是令羊城饮食界耳目一新之举。

城里美食彰显，郊区村落也有特色。羊城南边，黄埔村，一条河涌贯穿古村相连珠江，村里人吃饭的酒家有“小时候的味道”——冲老广这句话去寻正宗，果不其然。红腰豆猪尾煲乃亮点，腰豆鲜红清亮，先声夺人，豆香锁住猪尾胶原蛋白，成就粤菜经典名菜。猪尾软糯又弹牙，与腰豆相衬，口感味道与品相兼顾。此煲又称红腰豆焖猪尾，焖烧收汁恰到好处，猪尾醇厚荤香与腰豆天然清香水乳交融，寻常食材汇合非寻常香味。水鸭冬瓜盅不但造型宏伟，而且汤汁清甜鲜美，喝之极其舒坦。小水鸭佐配蜜枣薏米瘦肉淡菜姜片，清新冬瓜恍若一方舞台：众多食材似跳跃精灵。音乐声起，恍惚间岭南舞剧开场，孔夫子所言意境悄然而至——闻《韶》乐，三月不知肉味。吾刹那觉悟：音乐与食物之美原本可以沟通——食色天下，交融汇合亦可同道矣。美哉美哉！至于冬瓜大盅提前捞起汤料，有意佐配椒圈生抽小碟，请你喝汤亦食渣；汤渣不弃，既昭示食材新鲜，又不失乡村俭朴不奢古风。一盘上汤桑叶更蕴含岭南农耕传统，令人回想珠三角桑基鱼塘，叶大鱼肥，彰显自然淳朴的本土地域特色。

羊城北边，白云山，一间寻常酒楼，却有地道广府菜品。青榄石黄皮炖喉骨，原盅炖汤，主角是牛喉骨与龙骨瘦肉，但特色在青榄与石黄皮。石黄皮非水果黄皮也，乃骨碎补肾蕨属植物，其性微凉而味甘，具有清热利湿、宁肺止咳、消积的功效。只见汤中一枚青榄，一枚石黄皮；前者青色，后者暗红，果实较青榄略小，状似紫红葡萄。青橄榄与石黄皮果双双出场，清香弥漫，沁人心脾；与牛杂猪肉相比，反有喧宾夺主优势。芦蒿炒土家腊肉，翠绿芦蒿衬托冬季腊味异香。水东芥菜亮点在猪油渣入菜，别具家常风味。姜蛋酸菜炒饭，妙在一丁点细碎刀工嫩姜，与鸡蛋携手调剂蛋味荤香；再佐配上好酸菜碎末，焕发清新田园风味，让一盘寻常炒饭平添不寻常特色。

粤菜铁板生啫猪杂，妙在黝黑一块铁板，靠加热铁板高温将猪杂焗熟。将猪舌肝肚肠等切块腌制，加蒜葱姜芹加生抽老抽蚝油上铁板翻炒加盖焗熟，讲究烹调时间，猪杂鲜嫩，佐料正熟，恰到好处。此品上桌，滋滋有味，颇具人缘。藤椒水煮鱼片，类似水煮鱼、酸菜鱼，讲求鱼片滑嫩，鱼汤异香。此品因配料组合而具不同风味，亮点在藤椒。藤椒香味比花椒清香，麻味较花椒柔和清新，少刺激，无苦涩。不但去腥而且带来鱼汤异香，与黄豆芽交相辉映，携手登场，甚是可口，且品相喜人。

惠食佳，广州羊城著名酒家。惠食佳并非百年老店，出身亦非高贵。1992 年诞生，由大排档发展至连锁店。其有两顶帽子亮眼：上了《舌尖上的中国》；进了米其林一星。中午晚餐均食客盈门，等位者众。据说订房需提前数日，生意跑火。原创生啫大黄鳝一菜因为上了“舌尖”，名声遐迩。惠食佳招牌菜就是各种啫啫煲。“啫啫”为声响形容词，粤菜中专门以砂锅烧滚烫烹调各种荤素，上桌时香气伴着食材与高温砂锅零距离接触发出“啫啫”声响，锅盖一揭，锅镬气陡然升腾，香味乍开弥散全桌，食客为之一振，气氛相当热烈。东风店不如滨江店门面豪华，但行家说菜品并不逊色。店面不大，传统风格，包间案几供奉民间吉祥如意图，青花瓷瓶插着富贵绿竹。桌布、墙面俱为汉族传统装饰，红红火火，气氛喜庆。

我享用一桌菜，印象深刻者有二：原盅猪肺白菜汤与啫啫蚝烙。一人一位炖盅盅汤，汤盅较其他酒楼略大，汤味更浓；除汤料量足外，两瓣菜胆色白若玉，入口菜香淳厚，口感特殊，胜人一筹。我迷惑，不似菜干，新鲜如何带上韧性炖而不烂？讨教内行方知此为粤菜家常做法，新鲜菜胆入炖盅汤并不会烂熟，所以既鲜美又有质感，让我倍觉新鲜。再次由心底钦佩粤菜深入千家万户，煲汤炖盅老广州人“都知道”。我还在门外，努力登堂入室呢。蚝烙抢眼且异常鲜美，黄白相间，香气袭人。蚝烙在潮汕台湾都是招牌名小吃，惠食佳视其为老粤菜，看来出品菜式并不局限于广府菜范围。蚝仔若珍珠，玲珑且鲜嫩，用鸡蛋清融汇油煎，恰到好处地在铁锅底形成一层薄薄锅巴，入口脆香，其海鲜蛋香携手并肩，已然抵达上品境界。今天出品的蚝烙不同其他的特色之一，是加了白贝，使一盘蚝烙品相更加立体生动。

我食粤菜还真有登堂入室的感觉，慢慢品味，慢慢学习，不像大学搞课题，写论文结项。我不功利，也不急。比如，我喜欢食用南北杏菜干煲猪肺——一道粤菜名汤，其过程就让我学到许多。猪肺瘦肉佐以少许杏仁桂圆陈皮蜜枣与菜干，别小看一钵汤中之“少许”，恰如各路神仙聚会，各具风采，风光一片全在汤中，枣桂鲜甜，杏仁异香，实乃夏令祛湿排毒清凉上佳汤品。此汤与梅菜扣肉饭绝配，上好五花肉腌制后肉皮油煎，掺入广东梅菜上笼蒸熟，铺垫生菜托底。炎热夏日，既脂肪蛋白充分，又荤而不腻爽口满足。东山老店，多做街坊邻居生意，且老人居多，注重老味道老式样。近年虽铺面涨价，货币贬值，广府食品稍有缩水，比如南北杏汤汤料减少，杏减少陈皮消失，但老味道七八成还在。

学习欣赏粤菜美食，我常在美食写作中获得收益。我的美食写作已然习惯爱好，也是进入本土文化研究之有效路径。我多在享用之后即刻成文发朋友圈，一是记忆犹新，二是与懒惰斗争——转身而去常被杂务缠身，小事易被轻轻放过。然，写得匆忙，又不懂粤语，常以外地人思维评判，不免有误。好在微信即是公开媒体，亦是讨教课堂。微友不吝赐教，让写作过程延伸为学习过程：时常在感激中有班门弄斧之愧疚！比如同事强哥指教：干菜（粤语叫“菜干”）、笋干、鱼干。不说干菜，大概是保留古汉语的“倒装”式？还有类似的，公鸡，叫作“鸡公”；梅菜扣肉的梅菜，属于客家腌制咸菜一类，不干的，所以不称“梅菜干”（梅干菜），就叫作“梅菜”。比如，聂博士指出菜胆入原盅炖汤可以保持口感韧性。再如，学生烁倪从汕头远眺，也参与讨论：菜干的“干”应该和“果脯”的“脯”相同做名词吧，潮汕话也说菜干、鱼干，这里的“干”做名词发音，读音和做形容词不同。有时美食讨论会向纵深发展，比如，四川人小冯发声：我猜梅菜扣肉与四川咸烧白起源应属同宗，不过演变至今就品相看，四川咸烧白更精致，前者很容易让人联想到“大块吃肉，大碗喝酒”，四川烧白则不然，可登大雅之堂也。一孔之见，仅限于盛盘品相和口感，没有褒贬之意。有异议者，一笑而过足矣。

食用与了解南乳猪手亦是一次学习。南乳猪手乃一道色香味俱全的传统粤菜，岭南人称猪蹄为猪手，是否古语？直觉透着文雅与尊重，传达对于生物与食物之双重尊重。南乳又叫红腐乳、红方，是用红曲发酵制成的豆腐乳。用腐乳生抽爆烧煮熟猪蹄乃用心所在。荤而不腻，嚼劲回味，我甚好之。大店出品一份 16 元，再佐配一个原盅罗汉果瘦肉汤，半个干果异香微甜，几块瘦猪肉，佐配小块甘蔗，煲出汤汁浓厚。一砵蒸饭，一盅原汤，已然绝配。猪手猪手，手足有别。我在微信朋友圈请教，一时讨论者众，亦出分歧。比如上海阿勇认为：应该是这样，后面的叫猪脚。大概后来就统称为猪手了。四会阿红则认定煲汤描述有误：罗汉果炖瘦肉应该不会是这个颜色吧？感觉像猪脚姜醋。当然还是最懂广东的老徐表述稳妥：猪手，猪前蹄也。这种区分于讲究吃的粤人很有必要，因为猪后蹄没多大吃头。衷心感谢微信朋友圈，既有铁粉，亦有同好，更有义务指导老师。凡事皆有反响，写者不亦乐乎？

依此心态，且行且学习。

戊戌新春，我居然有幸参加编写介绍羊城的新书，分配撰写美食一章，深感荣幸。我认真与饮食界大咖畅谈，虚心向资深食客行家讨教，除探讨美食制作外，大家话题每每谈及粤菜“档次”。大排档与资深连锁，居家门脸小店与知名大酒楼，虽各得其所、各有位置，但菜品档次与食客消费层次，以及对粤菜品味之追求，仍分高下粗细。即便羊城内部，新城老区，消费也各有特点，层次档次不同。或说“点都德”中低档，茶点品相主要吸引外行外地人；或言广州酒家才是富贵正宗；或言荔湾区越秀区藏龙卧虎，名头可能不响，底蕴无不深厚……说法纷纭，莫衷一是。

不过，有一点却是共识：广州酒楼，店大不欺客，店小不寒碜。说到底，广州的好处在于天性包容，兼收并取。你说你的档次，我食我的喜好，谁说谁“识食”，并无绝对权威。人情世故，石井街坊，从来不会妨碍进高档酒楼者，偶尔亦去吃一份旧门店的鱼皮；至于街头随处可见濑粉肠粉云吞面，吃一碗也不觉掉了身份。哈，在羊城美食，既有档次亦非只看档次，追根究底，还是要味道好！老味道，新味道，都要味道好。别轻看了每一条大街小巷，遍地美食，隐约其间，潜伏其间。可能不显山不显水，却藏龙卧虎，天外有天，各有各的高招，各有各的利器。需要包容，需要襟怀，也需要热爱。而这一既高尚又质朴的羊城食客追求，什么广府潮州客家菜——名头再大都涵盖不了，更不是洋派米其林指南、中派黑珍珠指南能够左右。这，才是令我心仪钦佩的羊城食客态度呵。“食在广州”，遍地美食，原本就包罗万象，揽汇天下而得天下美誉矣。

粤菜极品，亦在传统与西式之间徘徊

今日到广州酒家“天极品”酒家，尝试所谓的极品粤菜。一进酒店，黄永玉写的招牌字“天极品”映入眼帘。走几步又发现赖少其的大幅书法挂在墙上，令人刮目相看。

广州酒家目前多种经营，多种档次并存。我吃过几家，有做快餐的、点菜的，顺便售卖广州酒家出品的鸡仔饼腊肠腊肉等，十分日常平民。这家店打招牌“粤菜极品”，是一个什么样的面貌呢？我多少有点好奇，静静期待着。

菜单拿上来了，一共八道，我们边看菜名边议论边品尝。所谓的粤菜极品，配的酒水是澳大利亚2016年葡萄酒，每人面前有精美的餐具，西餐刀叉和中餐两套筷子与一个汤勺，同时配备。每人三个酒杯：葡萄酒装大酒杯、中杯盛矿泉水，另外一个是玉米汁或杏仁汁。类似西餐，一道一道上，食罢撤去餐盘，再上下一道。

上菜开始：第一道古法盐焗鸡拼白玉蔬菜卷，在一个长条的白色瓷盘上，摆了一块盐焗鸡，一侧一枚蔬菜卷，蔬菜卷的皮类似春卷，裹着几样蔬菜，口感鲜脆，佐配盐焗鸡恰到好处，但是因为仅有一小块鸡肉，所以并没有完全吃出盐焗鸡味道就收场了。第二道潮式过桥桂花鱼，稍显规模，一人一钵。食前大家还议论，这个“过桥”是什么意思呢？难道是把鱼放到水里汆一下？端上来一看，黑钵里头还真有一些米粉，几片桂花鱼鲜嫩无比，放在米粉上面，点缀几片酸菜与姜片。主人说这套菜是把粤菜、云南菜、贵州酸菜鱼组合而成，同时又加了一点点辣味，兼有湘菜味道。颇具特色，口感口味的确兼容各家，但也说不上精彩。

第三道安格斯牛肉烩雪梨，安格斯牛肉是西餐中一道著名牛肉品牌，雪梨切成一半，掏去梨心，将牛肉先行腌制后放入，两半合一，然后清炖。牛肉鲜嫩，保有嚼劲，同时雪梨清甜自然渗透。此道菜颇有特点，外形好看，色香味达到一定的境界，据说也是今晚八道正菜中最贵的一道。第四道春荞河虾仔煎薄饼，这道菜的亮点是春荞，三月初春季节菜，河虾仔倒是常见河鲜，分别烹制后，与薄饼一起油煎，外形颇似中国春卷。第五道甘香柚皮焖鱼骨腩，鱼骨腩乃顺德菜中典型的一道河鲜，但此极品特点是把柚子皮进行腌制，与鱼骨腩放在一起清蒸。柚子皮的清香衬托着鱼腩，柚子皮为亮点。食之顺口，但总觉得形式超过内容——鱼骨楠量少，无法获得顺德菜中那种“焗”之香味。

第六道山泉水浸有机菜苗，潮州春菜，用矿泉水过水，也许放一点点橄榄油，清香素雅，满眼翠绿，清水出芙蓉的感觉。除了餐具衬托，其实也是一道非常平常的菜。第七道艾叶汁手工布拉肠，亮点是当下时令菜艾叶榨汁，掺入米浆，手工制作拉肠，此品为“广州银记”的主打产品。因为所谓的拉肠分抽屉布拉肠和手工布拉肠两类，手工布拉肠当然价格要高些，但也是日常食品，把日常食品做到如此精致，量如此之少，似乎亦代表一种高档消费。

最后一道菜是紫薯炖燕窝拼松露粉果，更是典型的雅俗共赏。紫薯这种平常的薯类，做成西餐式的一朵花，而围绕它的却是珍贵的燕窝，可谓大俗大雅熔为一炉。至于松露素粉果，外形极其好看，亦是广州与潮汕早茶时可以看到的粉果，细腻透明的粉皮包裹着数种素菜，玲珑可爱，清新可口。最后以贵宾水果结束，小果盘亮点是台湾莲雾，当然每一道菜量都控制到极少，以精致精美见长。

据说这家店接待了很多外国首脑和国内领导，但我品尝以后，两点感受突出。第一点感受是赞美可以把粤菜做成如此精细精美。今年在南京秦淮河名店里吃江苏菜，印象是造型摆盘上超过粤菜的，但是在今天“天极品”系列面前，这个印象似乎可以做一些修正，也就是说，粤菜也可以在摆盘上做到惊喜。当然，就这几道菜来说，大厨手绘图案倒没有达到令人惊叹境界。

第二点感受是如此类似于西餐精致有序的食用方式，似乎掩盖了粤菜煲、炒、煎、焗等种种手法。每一道菜的菜量之微，不由地让我猜测它是一盘菜炒出来的，还是一个一个做出来的？锅镬气消失了，煲汤味不见了！或者说将粤菜的那种街坊亲密、亲和吉祥、热烈红火的气息，演变成了一种宫廷式的、精致的、安静的乃至孤独的沉寂气息。

这一点，我个人不太喜欢。尤其是粤菜中的“煲”与“焗”给我很深印象：煲汤乃本色，食材之鲜于汤中完美呈现；“焗”是通过砂锅的收汁，把所有汤汁都渗入食材，汁液饱满，鲜味淋漓尽致。比如潮式过桥桂花鱼，作为一种粤菜组合其他菜系之尝试未尝不可，但一定不是主流，因为粤菜最讲究的是食材自然，尽量释放食材自身天然鲜味乃烹饪核心，意在激发、提升、点化。

这种极品菜，由于食物规模太小，过于精致，确实有形式大于内容之憾。让我想起古代的一个故事：有人去买珍珠，发现那个盒子特别漂亮，结果买了盒子，还了珍珠。即成语“买椟忘珠”。“天极品”自诩讲究“色、香、味、形、皿”，我觉得此次小宴做到“香、形、皿”，却忽视了粤菜中最重要的“色”与“味”。粤菜务实，尽管亦有高中低档次菜品，但贯彻到底的却是朴素的四个字：入味好吃。

由此看来，对于“天极品”，我赞成粤菜的一种尝试，但它一定不是主流，尤其把这种尝试做成一次宴会所有菜的形式，值得商榷。目前电视大厨争霸赛中，可以看到中西菜系交汇融合，但不少菜保留了传统烹饪方式，做好一盘菜，再用勺子置入盘中，即刻乘热送给每个评委尝试。这里既有西餐分餐的方式，同时也保留了中国聚餐的众人合吃一盘菜、同喝一钵汤的饮食传统。而这一份热闹的气场，众人同欢同乐的气氛，似乎在这种高档的西餐方式中消失殆尽。我们是否可以折中地找到一种兼容并取的方式呢？“天极品”，霸气外露，天上人间，惊艳极致。望盛名之下，不负众望。

遥对羊城：珠江岸边的深井古村

离开喧闹花城，我们坐交通船以一元船票到对岸长洲岛，避开黄埔军校码头，另寻一水路去深井码头，看明清古村落：深井村。

宋末元初，凌氏响应陆秀夫、张士杰的号召，组织义军抗元，三次收复广州。凌震一支落籍深井繁衍，成为大族，并建成深井村古民居建筑群。悠长的麻石街巷边，到处是宗祠私塾书亭民居店铺，繁茂一时。深井村有三条进士巷，自古文风鼎盛，明清朝共有七人中进士。最大的官是光绪年间直隶布政使，正一品。

凌氏吸引我的还有一位出色后人，凌叔华——20 世纪 20 年代与丁玲、林徽因并称“民国三才女”的现代作家。凌叔华虽出生京都，但此为祖居之地。类似梅兰芳认祖江苏泰州，凌叔华对深井亦是认可的。可惜在村内没有看到文字介绍。

凌氏宗祠之外，各支系还有众多祠堂，其中前山一堂如今已成咏春拳承传基地，每周六有拳师授课，师门继承，讲求武脉：广州咏春之父，“第一打仔”少春，可谓师出名门，渊源深厚，颇具底蕴。

深井老巷，邂逅梁老伯根雕艺术馆，建在他自己的小楼里。我在门口打量，以为出售艺术品。探头一问，不卖只看。进门问好，边看边聊，打开话匣。老人七十有一，两个儿子：一个成家住在村里，另外一个做厨师移民澳大利亚，现在他一个人独守老屋，守住这群根雕。他津津乐道地阐释满屋根雕，开口观点令我刮目相看：“现在市面上只对学院派的作品感兴趣，我这种木匠出身的作品就没人愿看。”我仔细观赏，不难感受到一种粗犷淳朴的民间气息，所有根雕都取材于金银花、芒果、荔枝等当地常见的树种根系。比如他的一尊根雕作品，他解释为：一边虎门，一边蛇口，后面一个洞是香港，从虎门和蛇口之间偷渡到香港——显然他用他自己的人生经历来阐释并构思创作。他自己就有在香港工作多年的经历，他母亲姓凌，本村人，抗战时为躲炮火从香港回到老家，定居扎根。梁伯说他的小楼就是由他赚的港币建成的。走上二楼，楼梯旁有自贴剪报，哦，梁伯已经是小有名气的深井民间根雕艺术家。71 岁的他自豪自创根雕，一组体育题材抓我眼球，他拿下一尊，让我猜猜像什么？冰上芭蕾。他哈哈一笑，翻过来就是外国脱衣舞。还有“聚宝盆”“深井烧鹅”“活鱼”“骏马”“芋头”等，均与日常相关，异常亲切。说得投机，告别时梁伯递上名片，欢迎再来观赏：先打电话约呵，不然我常去钓鱼呢。

梁伯的根雕艺术馆所透露的民间趣味，显然与学院派的精英趣味构成反差。很难说，孰优孰劣。但毫无疑问，人类在对自然的探索中间，需要抽象思维，需要具象向抽象的过渡，或许这是一种更高的境界。这种境界还很难说，如中国画：看山是山，看山不是山；看山不是山，看水不是水；然后到达第三个境界——看山是山，看水是水。应该说，比这个表达可能要更复杂一点。

毫无疑问，西方的艺术在整个 20 世纪，人类对于自然世界和心理世界的不懈探索，在爱因斯坦、弗洛伊德、马克思等人的探索之后，西方的整个人文科学、社会科学，涉及艺术的，都有一个飞跃的发展。所以，在这样的氛围中形成的人类主流艺术，与民间趣味与民间艺术之间，显然有着不同的追求。或者从某种意义上说，民间的艺术更面向历史、过去、从前，而如今主流的艺术则含有一种面向未来的探索，或者说，是一种面向未知世界的探索。其间，精英参与的主流艺术相对来说，要更抽象一点。关于这一点，梁伯也许不能理解。

不过，民间艺术不但有辉煌历史，亦有广泛社会基础，今天中国社会处于转型时代，我们还是要大力保护民间艺术，发展民间趣味，尊重民间艺人。因为中国的艺术，民间是基础，是源泉。我甚至很难用一个金字塔的底座来涵盖它们。但毫无疑问，艺术有文野之分，趣味有民间与精英之分，还有雅俗之分。当代艺术显然呈现极其复杂的状态。而所有这一切都无法抹杀梁伯他们在民间的艺术努力，以及艺术成就。这是我离开深井村后的一个思考。

珠江岸边，深井码头。榕树成行，绿荫如盖。露天搭台，阳光从榕树绿叶间穿过，斑斑驳驳，江风微凉，暖阳下开食。当地小店，三菜一汤，小岛特色。支竹煲鱼头——支竹即腐竹，鱼头鲜味与大条腐竹相得益彰。沙姜猪手——最具个性的粤菜，妙在沙姜异香。上汤枸杞叶——皮蛋衬托枸杞清香，乃羊城日常菜品。紫苏炒螺蛳，螺蛳质量不错，可惜勾芡过多，汤汁无法渗透螺肉。也许螺蛳小菜难入粤菜大厨法眼，此种湖南江西喜食小荤尚未进入羊城菜谱呢。

广州“宋”餐厅：将川菜提升层次

坐落广州珠江新城高档楼厦内的“宋”餐厅，被誉为羊城最高档的川菜餐厅，2019 年名列米其林一星。除了菜品提升档次，不乏创意川菜之外，装饰上可谓先声夺人。

其造型独特，以金属为材料；其布局奇异，以曲径通幽为效果。借助宋朝皇帝徽宗手笔国画创意，辅以幽暗神秘灯光，恰到好处地呈现设计者心目中殊异的中华宋文化氛围。

其设计理念抓住吾心：中华文化经唐入宋，真正走向成熟。由此联想到另一句话：南宋之后无中华。

我浮想翩跹，怦然心动，深感设计者艺术用心良苦而深刻。亦知米其林标准中，环境和服务与菜品深度匹配，所谓美食成为十足文化消费享受行为，而运作者之行为亦堪比艺术：精致讲究，一丝不苟，兼有形式与内蕴之美，相得益彰，熠熠生辉。

“宋”餐厅灯光设计恰到好处，即使厅堂，也用灯光分割成一个一个相对独立的空间。侍者与邻座的面孔并不清晰，餐厅笼罩温馨而眩晕的光芒，携带氤氲在空气中流动。唯有一碟一盘川菜名品迎来她们登台亮相的瞬间，光彩照人，夜色沉醉。

夫妻肺片乃川菜名品。以牛头皮、牛舌、牛肉、牛肚、牛心为主料，卤制之后切成薄片，加上辣椒油、花椒面等辅料精制而成。色泽红亮、麻辣香浓，肉片口感上佳，颇具名气。

麻辣猪脑亦是风味浓郁的川系名菜。猪脑细心蒸制以保持鲜嫩滑润特殊口感，如豆腐滑嫩却又独具一份质感，难以言表，散发着奇异的光芒。

“樟茶鸭子”是川菜中极负盛名的传统菜肴。鸭子经腌、熏、蒸、炸四道工序，传达川味鸭独到风味，充分体现川菜并非简单红油一片、麻辣香锅的大众菜式，亦有精湛厨艺贯穿始终。

“宋”餐厅招牌菜是沸腾老虎斑，将常见斑鱼做出新奇口味：老虎斑整条开片，以红油辣椒香料汤底煮沸，在保持微辣提鲜的前提下，最大限度地凸显了斑鱼肉之鲜美，鱼肉质感上佳。

至于百花羊肚菌清炒芦笋，则是传统经典素菜，佐配红油川菜更显清爽本色，羊肚菌亦让人有高贵之感。主食为四川经典小吃：老成都担担面与红油抄手。让人想到那句名言：少不去成都。此言还有一个现代版：成都，来了就不想走的地方。

不由叹道：川菜别具匠心，云龙风虎处，心有灵犀，吾或可接近一二。

红烧牛肉盖浇饭，17 元一份，广州普通回民店出品，但依旧豪迈：量大菜鲜，牛味透彻。让我瞬间回到敦煌沙漠：大漠孤烟直，长河落日圆。金戈铁马，山呼海啸。

粤菜锦食绣口，精致温柔，已然气候。红油麻辣的川菜、辣不怕红多绿少的湘菜入羊城后则由刚变柔，唯有回民馆不愿驯服，阳刚豪迈英雄，依旧唱响大风歌。

我悲伤地发现自己被大盘饭吓住，没吃完就落荒而逃。粤菜精致，让口舌变刁，饭量变小。

广州酒家：让“色香味形具”美丽升华

广州酒家，羊城老牌资深名店，我选为疫情后正式开禁堂食第一家。名店食材上佳，厨艺精湛不在话下。妙在食材搭配，A+B 焕发奇异风采；看似不相关的食材，因为某种创意勾连，瞬间获得意外惊喜。让“色香味形具”五元素相得益彰，交映生辉。

海南无骨爽皮鸡打头阵；香酥飞帆鱼拼海南椰香虾紧随；浓汤浸龙须远、香梨牛肉、像形墨鱼饺、荷香枣茸蒸荔枝菌、滋味姜芽爆鲍鱼、妙龄乳鸽拼木瓜球等，均是酒家传统名菜与新推创意菜品。

妙龄乳鸽拼木瓜球，卤鸽木瓜一荤一素，半只小鸽玲珑可口，一只貌似三文鱼实质木瓜的点心佐配。鸽肉食罢，木瓜平衡口感，倍感清新。雪梨牛肉，整个梨子炖烂，内含进口上佳牛肉一块，梨子清香与牛肉荤香浑然天成，味道口感交流，可谓上品。

像形墨鱼饺，餐具之美亦成粤菜美学有机组成部分。糯米粉制成墨鱼，小巧可爱，内含鲜虾一只，辅以精调鸡汤清澈无比，桂花碾粉少许加入，鲜美微甜汤汁上浮动一小片香叶，叶片翠绿，诗意盎然——器皿菜品外形之美，已让我沦陷到“买椟还珠”境地，然，此“珠”同样美佳佳矣。昭示美食同样可以提升至诗歌意境：给你味蕾享受之外，还有美感以及关于自然、关于生命的绚烂想象。

恰如同桌书法家所言：想起那一片叶子。怦然心动于美食，已然超越食色而进入艺术层面。如此美丽升华，就在广州酒家一盅一碟之中悄然成就。谁说，厨艺，仅仅是厨艺呢？

广东美食：闪烁地域文化光芒

米其林进入广州，是饮食界的大事。“食在广州”一向自豪，可否容得外人指手画脚？媒体推波逐浪，市民议论纷纷，形成饮食文化的一道风景。2018年米其林首次进入广州市区评选，最高只有一星，也颇受争议。2019年广州米其林评选，终于出现“米其林二星”——广东文华东方酒店由辉师傅主理的“江”餐厅。该餐厅也是广州首家二星餐厅，因三星餐厅连续第二年空缺，故其为2019年为止羊城餐厅米其林最高级别。

据称“江”餐厅主理大厨黄景辉师傅是潮州人，主打新派粤菜。潮州菜与广府菜堪可匹敌，为粤菜两大支柱。辉师傅16岁进入厨房，亦为广东饮食界传奇人物，令人瞩目。我为一开眼界，借家人庆祝生日专门订房品尝。

“江”餐厅探索传统与创新之交流互动，把潮菜精益求精之态度与注重食材本色之追求充分结合，经典粤菜中融入日本和西方元素，令人眼前一亮。椒麻茴香根、老醋拌海蜇头等做餐前佐酒凉菜。主菜亚麻籽烧鸡，半只不大，据说专门饲养，讲究养成天数，烧鸡焦香与鸡味正道完美融合，肉嫩而紧致；亚麻籽为近年热门健康养生食品，加入菜品中，也有顺应时尚之意。鱼子酱鸿运脆皮乳猪，上佳脆皮点缀珍贵鱼子酱，脆皮下面饼紧裹一小截黄瓜，明显借鉴北京烤鸭吃法；摆盘极具日本和风，精致可口。沙巴笋壳鱼，大盘分量，回归粤菜丰盛。清鸡汤炖松茸菌，清水芙蓉风格，纯粹鸡汤衬托出珍贵松茸菌无比清香，令人陶醉。

风范西沙小龙虾，肉质鲜嫩丰厚。20年花雕芙蓉龙虾球，以花雕淳厚酒香与蛋羹衬托虾球，低调温和中提升虾肉境界，精美摆盘，若干香料叶片与一小段绿葱交相辉映，可见艺术匠心超越日常食物，进入美学领域。我直嫌手机配置不够，无法拍出美食光彩。再细细瞧上一眼，不忍下口呵！煎烹椒麻肥牛粒，兼顾摆盘艺术以及客人食量，牛肉火候恰到好处。黑松露鹅肝炒饭，黑松露珍贵，与鹅肝一道将日常米饭提升上位。珊瑚扒芦笋，色泽鲜明，可观可口。香蔓小黄鸭甜品收尾，玲珑小巧，煞是可爱，芒果制成，巧克力点睛，讨得众人一片赞扬声。

米其林餐厅到底是什么评选标准，如此抓人眼球？摘录米其林的星级文字分享如下——

1颗星：值得停车一尝的好餐厅（这样的叙述当然是因为米其林是做轮胎的）。

2颗星：一流的厨艺，提供极佳的食物和美酒搭配，值得绕道前往，但花费不低。

3颗星：完美而登峰造极的厨艺，值得专程前往，可以享用手艺超绝的美食、精选的上佳佐餐酒、零缺点的服务和极雅致的用餐环境，但是要花一大笔钱。

按米其林广告语描述——二星：杰出料理，值得绕道前往。米其林二星，尊贵享受，价格不菲。今家人庆生宴，选择名店。菜价五千余元，15%服务费七百余元，合计六千余元。以六位大人计，每人大约1000元。吃创新粤菜，浓郁西式加日本和风；吃环境享服务，落座太古汇文华东方五星酒店，低调奢华，温馨服务，无微不至。以美学，致生活。美在粤菜食物中，悄然而至，慢慢升华境界。美如何发生？“江”餐厅以单个汉字突兀抢眼，颇具古风，而紧随英文，似乎又暗示中西合璧，英文有“辉”字，点明餐厅灵魂人物黄景辉大厨，而“江”为老板名头，意味无穷。所有标志 Logo 蕴藏另一层不明言之含义，让人浮想联翩呵！粤菜创新似无极限，感受米其林评价标准，提升美食之外的各种元素，延续我对广州酒家天极店粤菜西式之思考，启示颇多。“江”餐厅，你真是广州粤菜皇冠上的宝石吗？

广州老字号酒楼与 20 世纪 80 年代改革开放关系密切，其中香港的影响一目了然。利苑酒楼，就是香港背景。酒楼由号称“南天王”的国民党名将广东军阀陈济棠之子——陈树杰于 1973 年在香港创办，目前已成为国际化粤菜酒家。经常提及的“利尽各方，深知利人终利己；苑肴千百，人间美食集此家”，为利苑集团座右铭。我去的广州利苑珠江新城店身份高贵，价格亦在羊城一般酒楼之上：小小一盘烧肉，十二块麻将大小，价 120 元；一砂锅煲仔饭，也要几百元。味道果然细致入微：一笼虾饺完美无瑕；一碗海鲜饭可以辨识出多种食材；一份奶白菜，亦可从汤汁中感受荤香海鲜多般风情。

羊城酒家，同为粤菜亦有高中低档区分。就像“利苑”身居旺区金融大厦，足以俯瞰同在珠江新城的“点都德”。难怪在利苑嘴吃刁了的资深食客，看不上以全天早茶为招牌的“点都德”餐厅呢。同样菜品，食材与烹饪见出功夫与档次，自然还有跌宕起伏的价位。“一盅两件”已然古风矣。

广州美食优点之一：丰俭由人，高档酒楼与邻居小吃一样引人入胜。广州阿婆牛杂，被称为殿堂级小吃。由 84 岁阿婆在芳村创立，后开进北京路老城区。去年加盟店如雨后春笋，遍布老城，只恨我住的琶洲新城尚未落户。去东山，小碗 12 元大碗 17 元，拼上猪红、腐筋加猪脚姜中卤蛋 20 元大碗，早餐丰盛到极致！小吃亦可大快朵颐。阿婆牛杂是羊城小吃品牌萝卜牛杂的个人品牌。我对羊城美食的喜爱就是从 20 多年前，北京路口的那间萝卜牛杂小店开始。荤素搭配之典范，萝卜清甜衬托牛杂荤香，口感也极具层次：软糯脆甜嚼头，在秘制酱料引诱下渐入佳境。

广东瑶族连山出产鲜玉竹，清洗去须根，用猪骨或老鸡老鸭煲汤，汤之清甜若千年甘泉清冽，竹之脆润如沐浴大山清风，所谓山珍是也。玉竹与沙参莲子百合薏米桂圆等协调煲汤，即成广东名汤之一。我对广东汤料拜服，博大精深矣。拜服处还在于，汤料千奇百怪，天上地下无所不包。岭南湿暖如早春，偶尔秋躁，即可发动千草万木为兵攻击燥热，而祛湿则是常年战法。由此来看，草木皆兵皆药，万物有灵有料，朴素思想全盘贯注于粤人日常生活。广东人时时生存于传统之中，即便都市风汹涌澎湃，这个主旋律仍坚定不移。近年猪价高涨！吃猪肉是幸福的，吃广东连山瑶族非遗腊猪脚炖白萝卜幸福翻倍，兼有我从江苏里下河兴化带回藕夹子，幸福三番。腊猪脚煮开十分钟倒去咸汁，整根萝卜滚刀切大块，入沙钵大火煮小火炖，蕴含深厚腊味与冬萝卜清甜完美携手，让广州元旦之夜回味不已。

广府为广东四大地域文化之首，而广府菜中的顺德菜又是支柱中的支柱。顺德菜最诱人处不是让你赞叹大厨手艺，而是把注意力目光投向食材：不但食材纯正且靓，而且搭配恰到好处。犹如戏曲舞台，亦有独角戏，但更多时候“生旦净末丑”相映生辉，一台好戏开唱。青榄猪展炖响螺，猪肉与海螺相遇，一枚小小青榄伸出小手，左拉右扯，却无形中成为主角，青榄回味，让此汤品清新脱俗。三鲜焖清远鸡，亦是多角色一台戏。三鲜为虾蟹贝，蟹为百鲜之首；沙虾白贝为广府菜常备食材，亦做家常菜白灼虾、白贝水瓜汤；清远鸡为广东三大名鸡之一，以肉质嫩鲜著称。此菜品亮点为充分焖烧，三鲜原汁进入鸡块，让鸡肉异常鲜美；同时，交流互动中的三鲜自身，亦焕发出异样风采，尤其是蟹肉浸透鸡汁，让人食而赞叹。生炒水东芥，亦是广州大小酒家常备菜品。水东芥为广东电白特色食材，享誉岭南。据说正宗粤西电白水东芥菜，犹如西瓜清脆，落地即碎；此菜清脆甜润，菜味浓郁醇厚，且有宽厚富裕气概，可与腊肉海鲜或炒或煲，既承受荤味又不失素菜本色。陈村粉可牛肉荤炒，但素斋一路，纯白至味，最显米香。会食者以广州致美斋生抽佐配少许辣椒，甚是可口。食客可根据自身“辣度”，选择椒圈、剁椒、尖椒佐料；一般正宗顺德广府酒家均提前备妥佐料，或自助或招呼服务生提供。

近年广州年度美食节开办，此时媒体“每日说菜”最抓眼球。我响应亚洲美食节号召，凡是品尝美食，必然微信说菜。焗花肉，平凡菜名，品质却上佳不凡：妙在花肉肥瘦相间，腌制后应该裹薄薄生粉油稍微炸过，口感类似粤菜古老肉，但肉感更直接，舌齿之间，肥之丰腴，瘦之嚼头，相得益彰，妙不可言。又如白灼吊片、咸骨煲淋奶白菜、焗花肉。糖蒜黄花鱼白灼吊片，吊片为新鲜鱿鱼切片，鱿鱼大鲜大腥，悉心加工后突显鲜脆嚼劲，平价海鲜，日常食材，亦可做到上佳口味，靠的就是工序讲究，以及那盘满满沙姜点料提味提鲜。亮点还在海鲜那份来自荤香之嚼劲，有嚼头更有滋味。咸骨粥乃广东名粥之一，妙在咸骨。足量盐腌制猪骨四小时以上，异香生成；将其用砂锅滚沸加入奶白菜，菜之清香倍显咸骨底蕴丰厚，而不加作料，汤水既降低盐度，又让奶白菜身价陡然提升，江湖菜华丽转身可入庙堂矣。咸骨煲淋奶白菜，羊城家常，荤素兼顾，清淡下火，最宜夏日。咸骨现成，菜场切段随时可购。奶白菜似乎亦是特色，江浙两湖可有？糖蒜黄花鱼，粤菜创新。粤人食鱼，清蒸主流。这届美食节论坛，钟南山与另一女院士点“心水粤菜”，不约而同均为清蒸活鱼，钟院士还特别指明喜欢“瘦身鲩鱼”。我家附近餐厅，唯顺德连锁店“鲩鱼仔”最佳。但此品加糖蒜油煎鱼，似学北方烹饪法。我在沈阳、北京、南京均享用过类似做法。但此品以精致取胜，鱼不大煎透，并不红烧，而是多加蒜蓉，以生抽调味，明显有南北兼取推陈出新之匠心独运！盘不豪华鱼不大，厨师用心却让我会心且胃口大好。

广东传统三大菜系撑起粤菜，分别是广府菜、潮汕菜、客家菜。

客家菜的特色之一为养生。我去梅州尝过菜品，多有讲究：苦笋煲猪肉，橄榄蒸鸭子，艾叶黄骨鱼，七指毛桃焗鸡，石斛煲鱼翅，鲫鱼溪黄草。瞧瞧，无一不药膳，无一不食补。梅州城区有一种说法，外地人初到梅州，需经三个步骤进入客家美好生活：洗肺、养胃、陶醉，六个字，三步走。

中秋访潮州鱼店，领略潮人"种田如绣花"之生活态度。川贝雪梨炖鹧鸪，蕴涵丰富，却又无比清甜，鹧鸪之外还有上好猪肉辅助，让梨香单纯变醇厚。胡椒猪肚白果煲，猪肚异香在胡椒白果的衬托中升至佳境，胡椒平衡味道，白果加入温柔。午笋鱼首次品尝，肉嫩而鲜，另有一种软糯口感，令我意外。午笋鱼，台湾叫"午仔鱼"，粤语称"马友鱼"，正式学名为马鲅。因肉质细腻鲜美，称誉为"一鲳、二午、三嘉腊"。潮州鱼店令我印象深刻有三：大海所赐海鲜，食材一流，厨艺以自然原味为原则，远离浓油赤酱；"打冷"技艺印象深刻；陆地所赐"三鸟"与米粿点心，充分体现潮州"种田如绣花"之精致生活态度。红豆粿晶莹剔透，芋头粿以芋头丁等为馅，搭配讲究，味道口感，一丝不苟，就是两个字：讲究！细论讲究，大有大的排场，小有小的章法。瞧那盘平凡炒通菜，因为有揭阳黄豆酱少许提鲜，空心菜也有了别样风景，令人回味。我最看重的恰恰是在平凡不起眼的小事上，却有着"螺蛳壳里做道场"的耐心与细致。寻常食材却能平常中见出不平常，方为真功夫真态度，所谓"看似寻常最奇崛"，实在是另一番境界呵！

一只虾饺，可知厨艺高下？羊城玉堂春暖餐厅可以证明。玉堂春暖餐厅坐落于广州资历最老的白天鹅酒店，为米其林加黑珍珠，双料名牌餐厅。虾饺 65 元一笼，四只摆盘，其中名店虾饺尤重虾之质量，虾好，剥壳入馅时短，蒸得恰到好处，虾仁鲜美出众。据说荔湾越秀老城居民口味最刁，一口即可判断高下，对虾和鱼的要求已抵达维也纳市民对音乐的品味——都是味道，雅俗皆是，令吾心服。千元一盘葵花鸡，主人力推：平时八百八，节假一千一。广府菜“无鸡不成宴”，不动声色葵花鸡，已然主菜霸气。蜜汁叉烧，现场制作。萨其马，老广童年点心，20 世纪 30 年代就是粤菜点心榜单名品：“大同蛋挞，惠如萨其马”。焗海虾，造型挺拔，先声夺人。红米鲜虾肠粉，色彩鲜艳。小笼汤包，美在“一包汤”。清蒸一条鱼，广州请客例排——按著名作家黄爱东西的话说：“此为向食材致敬！”因为只有最鲜活的鱼才可选择原汁原味的清蒸。活鱼剖好，即刻上笼，适时加葱蒜，点蒸鱼生抽。品尝名店名品，香浓满口，致敬粤菜。同时体会米其林黑珍珠既看菜品，亦看服务环境与质量，口服心服矣。

广州当下很火的“点都德”，开出连锁，店布羊城，并落户上海，大受欢迎。在我眼中，其琳琅满目，味道鲜美，却不得老广资深食客赞同，其中原因之一就是虾饺之主料虾——有成批生产入冰柜中央厨房之工业化之嫌。具体流程外人不知，但老广一口下去，就说“点不得”。我撰文推荐“点都德”，也遭内行质疑，无奈。想想也是，从小吃到大的老城正宗，如今到了以外地人为主力的流动人口大军面前，难免质量打折。连锁店以量取胜，以外包装悦人，足够吸引外地人。你看，“点都德”就一马当先杀入魔都，成为粤菜标识的早茶，大受欢迎。只好请老广谅解，我亦外地人食客，以我之味觉撰文向外地人推荐，就算粤菜普及版吧，谅解谅解。自嘲态度诚恳，热爱广州，感恩中致敬粤菜呵。

广州之所以底气十足：食在广州——原因之一就是兼容并蓄，融汇天下美食。比如，宴江南，杭州菜就大有市场，也得老广青睐。领略一下江南菜品吧：神仙老鸭煲，异常鲜美，笋条佐配，可与广州煲汤平分秋色。西湖醋鱼，糖醋引领，百合豌豆点缀艺术气质。糖醋小排，精致美目又可口好食。亮点为非遗作品：葱包桧——外形若春卷，但内涵却是历史经典片断“莫须有陷害岳飞之秦桧”，此为杭州市民间传统小吃。

将油条和小葱裹在面饼内，在铁锅上压烤或油炸至春饼脆黄，配上甜面酱和辣酱。南宋奸臣秦桧，历史罪人。杭州点心师傅，将面粉搓捏成两个象征秦桧夫妻的面人，把它们扭在一起，丢进油锅中压烤，以解心中之恨，并称其为“油炸桧儿”。后经发展演变为“葱包桧”，流传至今。

粤菜之博大精深还与香料有关。比如说，《山海经》中记载的丁香，就在粤菜中扮演了重要的角色。沈括在《梦溪笔谈》中论及丁香的功效以及诗人宋之问的故事，有“日含鸡舌香”的励志故事。唐代宋之问虽满腹经纶，却一直未受到武则天的赏识，私下打听得知武则天嫌他口臭。于是，他上朝时必口含香料以至口气清新，终于得到女皇青睐。由于人们对宋之问讨武则天欢心的从政道德不齿，故此典故逐渐被人遗忘。但丁香用于粤菜确实历史久远，据史料记载宋代时广州就有种植丁香的习惯。丁香用于粤菜，与一位江苏大厨有关。清末民初，外号叫“捞松敖”的厨师跟随他的江苏老板——到广州开办了一间“陆羽居”酒楼，名声渐起，遂成姑苏风味羊城广州江苏菜馆的领头羊。此店菜品后来也逐渐成为粤菜经典。

其中，最为著名的就是捞松熬创制的“筒子豉油鸡”。江苏大厨认为广州的白切鸡仅用清水浸透，香气不足。他另辟蹊径利用酱香扑鼻的豉油代替清水，可惜的是豉油仅有头香欠缺一些回味。江苏大厨想到，广州人常用八角，不妨用丁香替代。八角气味喷香但是比较粗冲平直，而丁香香气则始终优雅并让人心旷神怡，回味不已，调动食欲。捞松敖主理的筒子豉油鸡大受欢迎，有“甜、香、鲜”之美誉。从此粤菜不但多了一味经典名菜，而且多了一个叫“精卤水”的配方，多了一个叫“卤”的烹饪法。这个故事可以说明两点：香料在粤菜烹饪中占有特殊的位置；粤菜始终兼容并蓄，外来厨师所研制的菜品，也可以在不长的时间里成为粤菜名品。再次证明，兼收并蓄乃是粤菜发扬光大的重要原因。粤菜中有许多耳熟能详的香料名称，为大家所熟悉，并在广州日常食材中也时常使用。比如，八角、花椒、小茴香、孜然、沙姜、胡椒、桂皮、姜黄、柠檬、香茅、陈皮、甘草、罗汉果、薄荷、紫苏、迷迭香等。

2019 年 5 月，海心沙亚运会会场，新中轴线，右手花城广场，东塔西塔巍峨，左手珠江荡漾，广州塔高大伟岸。巨大屏幕大字赫赫，中国广州亚洲美食节抢眼夺目。椭圆形舞台熠熠生辉，美食节开场文艺演出即将开场——

南狮大鼓开场，木棉花伴舞，普通话与粤语四重唱：有朋自远方来，美丽广州欢迎你！粤剧登场，满满一台戏曲盛装：有一颗南国红豆，开在雨打芭蕉时候。杂技，穿越奇迹！舞蹈《雨打芭蕉》，广东音乐中绿衣西关女子翩跹起舞，柔美而欢快，一把油纸伞挥洒自如；鸡公榄登场，羊城特色浓郁。小舟滑行，艇仔粥叫卖，幸福日子天天过嘞。巨大汤煲赫赫现身，歌手东山少爷献唱《广州好》。韩国组合表演《乱打》，白色高帽厨师乱打，真刀切剁包菜，诙谐搞笑。继而擂鼓，可惜天热，听得大汗出。四男子演唱《老广的味道》；亚洲各国歌舞纷沓而来，目不暇接，大屏幕辉煌夺目，令人兴奋不已。京剧芭蕾舞，中西交相辉映：芭蕾舞演员穿京剧戏服起舞。《赛龙夺锦》阳刚十足，气势磅礴。花开羊城，开创未来。戴玉强、魏松、莫华伦三大男高音唱《弯弯的月亮》，“呜呜呜呜，岭南风缓缓而起回荡珠江。”……不完全统计，粤菜菜品七千多种，老火靓汤二千多种，美不胜收呵！此即广州亚洲美食节举办之气场与底气！

广州不但美食遍地，美食节日隆重，而且美食研讨、美食著作也是层出不穷。黄爱东西 2019 年新著《至味西关》就是一本珍贵好书。读她的序，行文淡然，却字字透着热爱；妙语堪比名言，若大珠小珠，直落玉盘；看似不动声处，锦绣遍地；不经意拨动心弦，直让珠江波澜起伏。堪称范文呵！黄爱东西善于从日常生活中探究广州羊城个性，看似轻描淡写，实为独门兵器。大雅大俗，街坊四邻，并无泾渭分明，似乎一迈腿就跨过去了；看似千山万水，却不经意一伸手就拉过来了。比如粤剧有好词——“落花满天蔽月光”，可街巷少年会改词唱成“落街无钱买面包”。羊城人却从不追究，“大伙就那么不当回事的过着日子，压根没想起要敝帚自珍”。

毫无疑问，这是作家对生活的体验，对日常的发现。再如黄爱东西说早茶，文字、口吻、讲究方式均值得品味再三：“得闲饮茶，不舍昼夜。”“相请不如偶遇，择日不如撞日。”——这些句子，羊城粤味，跃然纸上。早茶的吃法可以茶市午饭直落，还可以换花样：晚饭夜宵直落。“直落”就是粤语，有一竿子到底的意思。黄爱东西过人处，并不粤语到底，常常跳出来加一个时尚的小点评：“像是场口腹之欲的小型马拉松和须尽欢。”一个是时尚的马拉松，一个是古代诗人李白说的“须尽欢”。相映成趣，相得益彰，且行文活泼，文采斐然，颇具阅读诱惑力。

就像其新著书名——《至味西关，所谓至味》，就来自于粤语的老话：“饭有饭味，菜有菜味，是至味。”指每一种食物最原始本真的味道，是到了极致的味道，有大道至简的意味。这样一种体验的自信，来自黄爱东西幼时居住西关前后 20 年。长年浸染体味，使她对羊城草根市民生活以及惯常的表达交流方式有一种亲切的理解：知根探底，深入骨髓。我读她的作品，常有会心微笑，时有惊讶喜悦。比如，说到羊城人有无宏大的理想，书中写道孙中山、康有为、梁启超，万木草堂，广州农民运动讲习所，黄埔军校，黄花岗 72 烈士墓……黄爱东西认为：这些都是理想主义的，从壮怀激越到清粥小菜的各款理想都具体齐备。但妙就妙在“这里的人都有理想，就是好些理想都特别实在，闹的你以为那不是理想”。因此，一句话总结：“俗世温暖，花好月圆。”羊城人的理想，就是如此接地气，就是新年贺词：家庭合家安康，万事胜意顺利。而黄爱东西的立场又非常的坚定：这些贺词得算是理想，是关于幸福最具体落实的追求和想象。

我们惊喜于这样的一种发现，它不亚于社会科学学术论文的某种观点。这是黄爱东西的方式，也是她的独特发现，是对于这个城市文化个性秘密的精到解码，也是对广州乃至广东美食精神的提升式理解与阐释。这让我惊喜，也让我钦佩。难怪多年前有“黄爱东西为广州符号”之美誉。其中深切体会，丝丝缕缕，无微不至；精妙文字传达，准确理解，一矢中的，神形兼备，妙不可言，令人拍案称绝。

广州亚洲美食节论坛现场，陈晓卿、闫涛、张颐武、王小丫大侃美食。“美食分庙堂与江湖，广州最让我感动的是庙堂美食平民能享受，江湖美食既有惊喜也出品稳定。”——“舌尖”陈晓卿所言甚好！广州“街坊”烟火气让庙堂江湖贯通。此种贯通，颇似所谓精神个性，最难概括，或太实或太缥缈，一言以蔽之：粤菜点点滴滴无不闪烁岭南文化光芒。活活泼泼，跳跃眼前。

食在广州，可缓缓归矣

我对北京路的最初印象可以从一碗萝卜牛杂说起——新大新百货路口那个挂有京保餐厅的萝卜牛杂店。萝卜牛杂装在一口大铁锅中，顾客盈门，一份一份卖得很快，同时摆着广州咸煎饼和油条，与萝卜牛杂构成小吃绝配。还有韭菜猪红汤、萝卜丝糕、鱼蛋、煎饺等传统小吃。临街小小店面保持了几十年，整个店面像一列长长的火车车厢，从开口走进去十几米，广州粥粉面的代表品种琳琅满目：艇仔粥、云吞面、牛腩粉、煲仔饭等等。20 世纪 90 年代路过广州，2003 年定居广州，这家小店，这碗萝卜牛杂就常常是我逛北京路的终点站。

北京路步行街北段有誉为“广州西餐第一家”的太平馆，因为周恩来英名——年轻时与邓颖超在此小聚，有传说举行婚宴，至今名声遐迩。步行街老字号林立：太平馆之外，还有宝生园、致美斋、名盛广场与惠福美食花街等。与北京路相连的惠福美食街，游人如织，巍峨华丽的大佛寺就藏在这条街的深巷里。依然是步行街，古榕如盖，街面清洁。环顾大小店面，既有本土陶陶居、苏记牛杂老店、潮州鱼蛋粉，又有后起的香港餐厅、华辉拉肠、庄臣美食以及各种小资调浓郁的甜品小店，更有川湘各地以及泰式越式异国风味餐厅。老字号萝卜牛杂乃广州本土最普遍最名气的招牌小吃，值得尝试品味。其他如煲仔饭、鱼蛋粉、香港餐厅白切鸡饭、泰式餐厅颇具异国风味的海鲜肉碎汤饭与冬阴海鲜金边粉，均为合适选择。

银记肠粉店是羊城日常粥粉面的一面旗帜。老字号银记肠粉店乃广州名店，遍布羊城，门面不大，连锁经营，顾客盈门，驰名港澳，深受老广喜爱。招牌为传统布拉肠粉，“粉薄、味鲜、爽滑、口感独特”，誉为“白如玉，薄如纸，爽滑微韧，味道鲜美”，20世纪五六十年代，即名扬广州西关老城，香港美食家蔡澜题名“以肠为王”，成为店面的显赫招牌。其优势有二：承传老味道；连锁店遍地开花，小门面专捡居民地。除了顶级肠粉外，粥粉面均有多种选择。

羊城人日常生活离不开肠粉，好似湖南人江西人广西人之于汤粉炒粉，河南人之于烩面，江苏人之于干丝。肠粉分拉肠与抽屉式两种，后者多见于排档，布拉则在店铺。银记虾米韭黄冬菇肠，亮点在虾，虽小却实，粒粒肉紧，嚼劲与拉肠细腻恰成反差，韭黄异香冬菇暗香，一齐帮衬烘托拉肠米香，滑爽入口，开启羊城一天。艇仔粥妙在佐料：鱼片肉片烧肉猪肚蛋皮炸猪皮丝青菜丝花生米，似神仙会，烘托平常白粥，出神入化，跃为上品。此粥清朝时多在珠江小船上买卖，故称艇仔粥。我最爱例排有二：猪红汤配咸煎饼，鲜虾咸骨粥配油条。咸骨粥乃广东名粥，佐以鲜虾更是锦上添花：活虾肉脆味鲜，剥壳入粥；咸骨以盐腌制猪肉骨头，透出肉骨异香，一种较新鲜肉排更为悠长深沉的味道，与熬到不见米粒之白粥米香交相辉映，青菜丝翠绿点缀，小小一碗粥却是色香味俱佳。油条煎饼贵在新鲜上锅，尤其是传统咸煎饼更得趁热吃个焦脆。银记一粉一粥稍显奢侈，需人民币17元。日常顾客一般或粥或肠，或白粥豆浆搭牛肉猪肉肠粉，或一碗鱼片肉片粥，10元上下解决。银记名店，自然价略高于小店，但质量保证，味道不变，信誉上佳。三元及第粉，源自羊城名吃三元及第粥，启于明代，猪杂称“杂底”转意为“及第”，三元指乡试会试殿试。一般用猪肠粉猪肉猪肝三样，与滚粥合成，其白粥熬至米化绵软，三荤汇入，米香浓郁。尤其排档大妈现场烹调，往往风味十足，不似大店此品，猪肝易老，粉汤不浓，名头虽正，形象走样，看来求礼需乡野呵。

与银记布拉肠平分秋色的“抽屉式拉肠”，显得更平民化一些，大街小巷排档店面，一屉一台即可操作。粉汁平铺，放肉沫加鸡蛋，抹平均匀即入屉蒸，一二分钟即熟，用锅铲平刮至卷状，切块装盘，加油与生抽，或厨师点料，或顾客随意自加，快捷简便，入口柔滑，加蛋加肉或选择不加——只吃斋肠，一般本地人配粥，亦是丰俭由人，白粥肉粥鱼片粥，上班族赶时间，多打包带走，另卖一杯豆浆，10 元内打发。羊城本地风味日常早餐，一般三个板块：拉肠与粥为主，粉面为次。拉肠打包，几分钟即可，光顾最多。

干炒牛河是广东菜色的一种，以芽菜河粉牛肉等炒成。河粉，又称沙河粉，源自广州沙河镇。干炒牛河讲究“镬气”，必须猛火快炒。油的分量准确控制，不油不腻，对厨师的技术是一个测试。干炒牛河，在广州、香港以及海外很多粤菜餐厅都是一道必备的主食，是大排档中的常驻军。濑粉也是广州名小吃，虽然经营规模和名头不如肠粉，但颇具特色。有手工和机器制作两种，手工最近传统。传统做法主料是猪油渣，加一点海鲜、虾皮、淡菜等，再佐以鲜菇、葱花、腌萝卜等，生生托出浓郁米香。

羊城老城区，街坊老店煲仔饭，我也喜食榨菜鱼腩饭。有笼仔煲仔两种，笼仔是小蒸笼蒸熟，味道柔和清香；同样食材到了煲仔饭，则一饭一砂煲一火头，单独在米饭上下料点油烹饪，妙在烧出锅巴，飘出喷香，较笼仔味道浓烈，更加诱人。细想煲仔饭味有三层：食材鲜美，比如鱼腩伴着香油与姜丝，充分入味；米饭与鱼肉荤香互动交融，相得益彰；上层中层油汁香味沉淀煲底，让锅巴焕然一新，微焦脆香。可见手工一品一做之煲仔饭，的确比成批制作笼仔饭可见品质，故价格每件高出二元，亦是值得。我还经常享用一份菠萝肉粒炒饭，13 元一份传统餐。猪肉丁加火腿丁加菠萝丁，三丁炒饭，无须太多油，肉粒荤香加菠萝果香，使炒饭有了乡间田野之风。炒饭吾喜，菠萝吾喜，喜上加喜，喜不自禁，风卷残云，一扫而光，食罢直悔未能细细咀嚼，品味再三。

狮头鹅肉饭，潮汕人最爱，爱到深处近痴迷。把当地头有大冠的肥鹅吃得如火如荼，吃得无比精细——鹅之不同部位价格悬殊，青睐鹅头，其次鹅翅，可对？印象中潮汕人不仅对此津津乐道，而且人人好这一口，一如北京烤鸭，重庆火锅，广州白切鸡。我食之，鹅肉卤味透彻，嚼之劲道，较鸡鸭肉粗犷豪放，皮油稍丰。好在卤味细腻，使豪放兼得柔和细腻，潮汕“种田如绣花”性格使然。羊城稻香名店的五仁红米炒饭，十分抢眼。第一眼的联想是“桃红李白”与五仁月饼。亮点首先在色相：白米与红米与瓜子仁与葱花，红白黄绿，色彩纷呈。细细端详，还有杏仁、瓜子仁、松子仁、火腿丁、鸡蛋丁等，仿佛十面埋伏，让白米与红米倾情上演《霸王别姬》。米饭颗粒，嚼劲正好，五仁抱团，汇聚一堂。油不多不少，促果仁释放清香，大大提升炒饭品味。

在我看来，“点都德”与“陶陶居”是广州面对外来游客的两张名片。此外，还有广州酒家等无数名店。到了广州，早茶是一定要喝的。本地粤菜酒楼，在居民集中的地方多有早茶。我推荐“点都德”连锁新店——广州美食的一张名片，其最大的亮点就是随时去都有早茶。而且，把传统羊城早茶做成时尚样式，有一种新派广式早茶感觉。“点都德”这三个字，就是粤语中的点什么都能做到，有心想事成之意。点心精致，造型新颖，色香味上均可圈可点。这种新派早茶既满足了羊城老年人的传统口味，同时又拉住了年轻人追求时尚的感觉。与“点都德”比肩的是“陶陶居”，也是羊城的一张名片，其特点也是把粤菜做成比较时尚的样式。陶陶居也是连锁名店，虽然价格档次上有所区别，但总体上可以适应一般消费者，而且菜品精致，环境优雅，服务上乘。所以，朋友来广州，我第一推荐的就是点都德与陶陶居。

当然，后面还有誉为“广州美食第一家”的广州酒家。广州酒家老字号，也是开遍羊城。距离北京路不远的越华路“天极品”，就是广州酒家开在老城区的最高档的酒家。我光顾一次，印象深刻。

与广州酒家经营理念相近的还有炳胜餐饮集团，其名店开遍羊城。经营之道为中高档以及创新版齐头并进，既有高端公馆，又有中端炳胜，更有面向年轻人的“小炳胜”。一个“小”字耐人寻味：既坚守“做粤菜的代表”，又竭力平衡高要求出品与年轻人的消费理念，不断创新菜品，研发出所谓小炳胜“五大招牌”系列——炭烧海鲜、广式烧腊、啫

啫煲、品味小炒、香辣干锅等，典型地体现了粤菜“维系传统，不断创新”之行业精神。炳胜公馆的姜汁盐焗珍珠龙趸，即是粤菜上品。龙趸，学名为中巨石斑鱼，堪称名贵。此品妙在以一层姜块垫底，将鱼焗熟再浇以秘制汤汁，既保持鱼肉鲜嫩，又有上汁下姜汇合之异香。广州炳胜以鱼生起家，做鱼自然老到。炳胜公馆属于炳胜餐饮集团高端店，2018 年米其林首次潜行广州评选，一星名单中荣列首位，可谓荣耀显赫。

广州作为粤菜广府菜的中心，顺德菜似乎又是“中心之中心”，在北京路老城区也是地盘最大。不妨举几个菜品窥视其风采：“顺德捞起，捞得风生水起！”以取其美好的寓意。标准菜品“捞起”多用鱼生片，但换成猪肚丝为主角，亦有风味。十种配料如众星捧月，各路食材各具其味，与脆且有嚼劲之肚丝交汇，质地味道空前丰富，直如新年焰火五彩缤纷美不胜收呵！

支竹火腩焖鱼件，亦是顺德名品。支竹乃腐竹，腩肉为五花肉，粤菜做法似将腩油炸，火腩为专门制作。此菜鱼鲜肉香，再加以焖烧，入

味深沉，口味上佳。菜餐前小点“甜酸”，白醋腌制红白萝卜、青椒、藕片、木瓜，白红绿黄色泽鲜艳，清脆可口，提供肉鱼大荤后之清爽，亦是传统乡土零食，酷暑夏日尤宜。至于南瓜黄豆焖排骨与荷塘炒酿藕饼，均为由顺德走向粤菜成名之作，色香味俱佳之上品也。顺德拆鱼羹也是平凡中见出奇崛，第三回享用，我才决定应该写写——因为顺德菜有河鲜鸡鹅主角，这个淡淡鱼羹仿佛素颜女子，盛会之下，极易忽视。但每次点菜时却记挂在心，也许素颜虽无惊鸿一瞥，却是人淡如菊般隽永。碎碎鱼肉过油微煎，然后加入丝瓜鲜菇萝卜丝蛋清腐竹芝麻生粉等成羹，鱼香引领各路清香，清爽而不寡淡，酷夏佳肴，与顺德炒粉亦为简食搭档。素颜可人，自有妙处。

香港酒家，或打出“香港厨师主理”的酒店，在保持广州老味道上深得赞誉。比如龙虾为粤菜海鲜上品，“芝士焗龙虾”之芝士乃香港叫法，即西式奶酪，此菜做工讲究，凸显足量虾肉鲜美弹牙，伊面打底既美观又可口实惠。油泡鱼球——所谓“油泡”乃将油煮沸，鱼肉一掠过油，鲜嫩无比；又妙在鱼片遇热油自然成卷；此品亦考验刀工，剔除鱼骨，厚薄适宜。上汤辣椒叶高明有二：无油无盐，若有若无。米沙粥，讲求粥浓，明火白粥为底，加入各种佐料成各种名目粥，龙虾首须皮骨入粥，亦为上佳粥品。“煎蛋白”乃私房菜一种，即由顾客提出要求大厨专门制作：鸡蛋只取蛋白，少油微煎不放盐，看似简单最奇崛：鸡蛋特殊清香淡然出世，可谓化平常为神奇，恰似春色满园姹紫嫣红中有一株幽兰摇曳。

各家酒店均有高招。新大新百货斜对面“田俊会北京路店”，连锁粤菜，茶点饭食俱备。沙姜白切猪手，猪蹄雪白可口，烂熟冷却不失嚼劲。胜瓜蒸墨鱼仔，素荤搭配，海鲜清淡。海蜇拌凉瓜，白绿相间，妙处加入茭头，微微酸甜中又有苦瓜苦味，上等凉菜最合暑天。再如其他名店常见的冬瓜盅，巨大长条冬瓜切半，内置排骨瑶柱薏米等清蒸成汤盅，上桌抢眼，勺汤冬瓜合吃，醇香沁脾，为粤菜名品冬瓜薏米汤之巨型版。鱼滑浸桑叶芽，鱼滑为鱼肉捶打捣烂制成，辅之白蛤提鲜，二者合力托出亮点：桑叶入菜，鱼肉海鲜牵引清甜异香。鸡枞菌蒸排骨，大受好评，菌形优美：犹如林中生灵头戴棕色小帽，菌菇根部白色如靴，头足两色对比，貌若仙子；其味清香，回味雅致。

广东有三大民系：广府，潮汕，客家。客家菜也是粤菜的一支，其中东江盐焗鸡最为有名，也称客家盐焗鸡、客家咸鸡。这道菜制法独特，味道鲜美，皮爽肉滑，骨香味浓。食品首创于广东东江一带，有人把熟鸡用纱纸包好放到盐堆腌储，这种鸡肉鲜香可口，别有风味。后来创制了鲜鸡烫盐焗制的方法，现焗现食。此菜成为客家名菜，并以此形成“盐焗系列”：盐焗凤爪、盐焗狗肉、盐焗猪肚水鱼等。客家菜中，还有酿豆腐也颇具知名度，据说酿豆腐是中原人迁徙岭南后，没有面粉包饺子，只好以豆腐取而代之，鲜嫩豆腐中包含肉馅，亦荤亦素，润滑可口，同时也形成“酿系列”，比如在青椒中放入肉等，也颇受广州食客喜爱。

到广州上酒楼吃饭，尤其是北京路一带的老城区，饮食方式与新城区不同，外来者不妨入乡随俗。一首先开水洗碗。一般正式酒楼碗筷碟杯四样齐全再加一个小小筷托，客人落座需要点茶，服务员张口即问：喝什么茶？常见的两种：铁观音或普洱。旋即上两茶壶水：白开水和茶水。前者用于洗涮餐具，洗罢将水倒入专门小水盆；后者则在洗碗后注入茶杯——这些程序由食客自己完成。初来乍到者，常常混淆两壶水之功能，有的客人喝了许久的白开水，还一边诧异茶为何没上呢。然后点菜，一般需要点汤，先喝汤再吃饭菜。最后结账，称为“埋单”。粤菜点菜是一门大学问，有兴趣者可以进一步学习。

羊城乃大批移民之地，本地粤人虽钟情粤菜，但一向不拒八面来风，故杭帮菜亦有数家：“西湖春天”“外婆家”“江南厨子”“江南味道”，开一家红火一家，深得市民欢心。或许清淡雅致的杭帮菜，原本就与粤菜心心相印，气质呼应呢。这也恰好证明食在广州，还有一个内在精神，既来者不拒，喜迎八面来风，品尝天下美食。比如，杭帮菜就是一个雅字呼应粤菜。西子湖畔，让人遐想，温柔富贵之乡。外婆红烧肉是招牌，东坡肉整块切开，腌鱼四围，冬笋垫底，砂锅蒸熟并小火加热，温度保证肉香鱼香笋香，不但造型诱人，而且颇具风味。韭菜蛤蜊肉、“莼鲈之思”的莼菜汤、杭三鲜、酒酿圆子羹、马家沟芹菜、雪菜炒野笋、素烧鹅、腐皮青菜，均将平常食材提到精致境界，色香味万变不离其宗：明明白白一个“雅”字。黄鱼烧年糕印象尤其深刻，且不说黄花鱼烧得如何鲜美，那薄片白色年糕与鱼汤邂逅于杭州湖边，实乃天作之合——“湖州熟，天下足”，江南鱼米之乡，鱼鲜稻香恰为正道。鱼与米之精妙结合，足以想象：千年之前，北宋南宋，华夏之国，何等富庶？“暖风吹得游人醉”，蒙元入侵前夜的西湖日常生活图景恍若眼前，何等精致讲究？而“南宋之后无中华”——又是何等的沉郁低徊，似归雁悲鸣。哦，还是回到快乐食客吧，面对美食美景，所谓“乐不思蜀”，实在是凡夫俗子情理之中呵！

重庆小面，经江苏卫视主持人孟非不断推荐，名扬天下。红油满碗，麻辣劲爆，夏天光顾，满头大汗，口舌失感。若冬寒光顾，微辣牛腩肥肠小面，一口汤发现肥肠香不香，全靠红油花椒点化，少许一点即刻焕然一新，重庆味道高扬。可见地方小吃均在地方体系之中，离开佐料，难问西东。食罢许久，依旧通体发热，额间微汗，仿佛换了一个天地。其他如清真兰州牛肉拉面、福建沙县小吃、上海大馄饨、东北饺子馆、西安刀削面、山西九毛九、湖南三个辣椒米粉、武汉热干面、上海生煎、南昌炒粉、湖南同乡会，以及一批“新概念湘菜”“新川菜”等在羊城均有市场，本地食客也愿意品尝。以至于出现移民多数的新城区，网络投票选举“最受欢迎菜系”，湘菜川菜占了鳌头。

离北京路不远的北园酒家，彰显粤菜更高一层境界。北园酒家为广州三大园林酒家之首，有“饮茶到泮溪，食饭到北园”之美誉。酒家的五星特级，让人联想五星酒店，均是顶级。1928年创建，已近百年。酒楼置于岭南园林之中，楼台亭阁，山石嶙峋，小桥流水，草木繁茂；山光水色映射满洲窗，五彩缤纷辉煌古典家具，店内长备兰花清雅，刘海粟、郭沫若等名家国画书法琳琅满目。古色古香中有名厨名点，衬托粤菜既华丽多姿又日常实诚之亲和。早茶午饭晚餐，茶点无数，名菜上百，包房雅致，大厅富贵；推窗皆是园林佳景，满桌皆是美食佳肴。早茶丰俭由人，从一盅两件到粥面精品；点菜更是海阔天空，天上飞地下走水中游，几百上千大菜齐备，几十特价家常亦有；点贵挑廉，店家不欺，笑迎八方富豪贵人，亦不拒草根街坊俭朴来客。

只要你安静坐下，茶水滚烫，点心可口，如坐春风，如归故里。彰显食在广州园林羊城，更坦露岭南淡定亲和务实低调之风。北园虽不及南园宽敞，但餐厅包房四围园林，更显亲切，如居家园。羊城旧时原有东西南北四园，东园被广州酒家收购，西园修业停办，唯剩南北两园，倍觉珍贵。雨中访北园，点心之后，有三菜值得评点。芥末芥兰炒北极贝。北极贝外壳平常，但贝肉亮丽，红红贝尖与白嫩贝肉构成红白相间之丰腴；上好芥兰佐助，芥末入菜，口味独特，红白翠绿，色味俱佳。牛肝菌啫滑鸡，贵在一个“啫”字，粤语发音，实质为焗。嫩鸡稍稍腌制，用红葱黄姜佐配秘制酱料，妙在炒焖收汁，味道全在滑嫩鸡块。客家支竹腐乳肉的亮点在五花肉，肥瘦分层，块块带皮，最显猪肉威风；羊城腐乳隐约肉间，暗香浮动。一口下去，肉汁涌动，肥而不腻，舌齿生香；此时腐竹清口吸油，成了优秀配角。粤菜吃到园林酒家，在我看来就算到广州羊城品尝美食登堂入室的水准了。

在我印象中，粤菜两大支柱是广府菜与潮州菜。所谓“食在广州，味在潮州”即是对潮州菜的高度肯定。潮州菜招牌小吃最有个性的是牛杂粿条汤，牛杂丰富，粿汤鲜美。潮汕手打牛肉丸，选黄牛脚筋部分，捶打成泥，掺入牛骨浓汤，名声遐迩，在广州也大有市场，深受欢迎。粤菜清淡，潮菜为最，尤其注重食材自身原汁原味，并用蘸料调剂味道，常有烘托引导提升之效用。正所谓一碟蘸料，让你穿越千里回到潮汕。夜宵砂锅粥，各种食材入粥，任客选择，丰俭由人。正宗潮州沙姜牛肉火锅把牛肉吃得无比细致、风生水起，也是潮菜独门优势。吃牛肉吃到一个极致，再次显示潮人“种田如绣花”之个性，把一头牛分成几十个部位，不同质地口感的牛肉有不同吃法，所以有一网络说法：“没有一头牛可以从潮汕全身而退”。海鲜吃法也是多样，其中排档打冷——腌制生鱼片生虾，配白粥为日常食法。潮汕以滚汤为主，不似粤菜主打老火汤。潮州菜与广府菜和而不同，其个性差异处，恰恰体现粤菜精致讲究、丰富多样的特点。

广州商业广场美食街设计讲究中西融合，菜系交汇。典型一线城市兼容并蓄，四面八方，适应大批新客家融入。湘川云贵杭，京津山东山西内蒙古新疆加东北那疙瘩，应有尽有。有人惊呼“粤菜沦陷”，吾则乐观。问到“粤菜沦陷”时，在广州生活了六十多年的谢老说川菜我也喜欢，可以接受；就像西关大屋，住起来还是高楼西式格局好，好坏有一个比较过程。在我看来，新一轮融汇提升已然开始！瞧瞧等位，最火还是价廉物美粤式早茶午市，且不说广东土著居民为多，关键还是气候，关键还是食材。煲汤煲仔饭，拉肠云吞面，温和淡定，堪称羊城美食底色。温水煮青蛙，岁月稍久，你的“辣度”下降，除了乡愁味道，你不免爱上粤菜。一旦爱上，义无反顾，难以脱身。作家老袁 1968 年去顺德知青插队劳动，他说一个细节让他印象深刻：吃鱼时必须让鱼快乐死，刀工瞬间行云流水般地让大鱼停止呼吸，卧在白色大盘之中。这样没有垂死挣扎的鱼肉异常鲜嫩，高级食客一吃即知。可见，粤菜关键处还是食材加工讲究，菜品精美细致。

米其林评委悄然而至，如顾客一般点餐付费，相当于“微服私访”，然后公布成绩榜，犹如当年去上海。广州饮食界却不太认可，议论纷纷，直抵媒体。舌尖上的中国，百滋百味，最难标准划一。广州更是大菜系下有小菜系，小菜系下有地方菜，地方菜下还有名店菜，可谓八仙过海，各显神通。尤其是羊城老城区，一批老广口味“刁”到极致，舌尖味蕾直让我认识香港酒店老总折服。不看牌子听口碑，一只凤爪食过可知后厨功夫。稍有懈怠，即转他家。故此喜食会食人群实在好比维也纳金色大厅音乐听众，耳朵里自有一个标准：传统。可见，米其林尺子如何衡量天下？不过，话说回来，多一面镜子照照，除了涨价，应该还有其他好处。广州自古码头，八面来风，聚汇天下，扬帆出海，面向世界。所以，胸怀要有，包罗万象。我们欣赏，亦不拒绝，亦不定于一尊，茶照饮，饭照食。

节日美食节是北京路美食的另一片风景，近年兴起的广州城隍庙庙会即是重要美食节。广州城隍庙庙会始于明朝，落在市中心北京路商圈，高楼大厦包围，名气渐小。近年因政府专设庙会，似有重振之势。庙宇规模受限，香火远不如附近大佛寺，好似佛教压道教一头。城隍庙由道士主持，春节庙会中心设城隍庙前小广场，北京路设非遗项目摊位。我在庙会尾声时到访，人不拥挤，但好奇者众，观多买少，多为闲逛。古琴现场演奏，让人肃然起敬，但多不识，嘀咕“古筝吗？”。唉，琴棋书画，传统失矣！榄雕、广彩、铜器、珐琅彩、通草画，辉煌昨日。与非遗摊位相映生辉的是美食区：人声鼎沸，人头攒动，美食当前，食欲大动，广东美食齐齐上场，色香味比拼。好在谢绝臭豆腐麻辣烫出场，温和广东小吃并无刺激性异味。广佛潮似为三大阵营主场，支撑庙会美食。广府小吃历经民国繁华，蔚为大观，佛山番禺似乎保留传统坚定，比如排队最长的佛山祖庙陈氏盲公丸、陈村肠粉与伦教糕。但广州多见中西合璧之作，比如橙子蛋羹。潮州蛤仔烙、手打牛肉丸，令人食过难忘。可惜庙会少了客家与粤西小吃，美中不足。鱿仔烙与蚝仔烙具异曲同工之妙，头一回在琶洲广交会食品博览会遇见台湾蚝仔烙，与台湾大厨温软闽语一道，存入记忆。再遇潮州蚝仔烙，格外亲切，仿佛邂逅故旧熟人——扪心自问，恐怕与童年时代福州小吃锅边糊有关，海鲜味道居然唤醒童年记忆。鱿仔虽不如蚝仔细嫩，但嚼劲好，与鸡蛋同煎，香味卓越，堪比上品。

广州厨师流传“有传统，无正宗”这样的祖训，可见，维系传统是行业前提，但不断创新又是发展动力。广州饮食界还有句行话叫作“出处不如聚处”。如何万变不离其宗？粤菜既坚守传统，又创新发展，这里有一个很难把握的度。但正是如此保持活力的粤菜，才是真正的传统。有专家说，粤菜中的“焗”与“蒸”这些老方法，与现在锅镬气的炒菜其实是大有区别——所谓锅镬气实际上比较低档，属于市民大排档的形式，大概在2000年以后，却意外地红火起来，这多少与青年消费者有关。粤菜高档菜，讲究避开火气——这样一种传统，除了厨师之间的承传外，还有就是羊城老城区中老年退休人员的口味，共同维持着粤菜的传统。这使我想起了欧洲，维也纳的音乐传统，正是靠“无数只懂音乐的耳朵”来承传确认的。这是一个很有意思的现象，可谓异曲同工。

另外，在粤菜中如何保留它的传统样式，让人们在一种老味道中回忆旧时光，同时，又在现代快节奏的生活中掺入一些传统“慢生活”的元素，或许又是更复杂的问题。比如说传统京剧，论其表现现代题材，传统的甩袖、骑马、进门的一些动作就可能消失，因为它表达的是古人的生活方式。对于今人的生活，是否还有保留的必要，这也是可以斟酌的。总而言之，在粤菜传统中蕴含了极其丰富的元素，它既关乎色香味，也关乎传统文化优秀部分的继承以及发扬。就此而论，我们不但要有会吃的群众，也需要会品味知传统的文人加以提升研究。在各个层面中去继承这样一种传统，在这样一个继承发扬的过程中，北京路中心区就是最好的实验场，最好的实践平台。2002 年“非典”横行，北京沉寂，香港满街大口罩，广州则是茶照饮，饭照吃，酒楼依旧。食在广州，不仅说广州美食遍地，更表达“食”在广州人日常生活中至高无上的地位。“不时不食，五味调和”，有厨师、有酒楼、有名店、有食材、有佳肴，更有广大食客消费群体，以及坚定的消费习惯与包罗万象之襟怀。

著名主厨、畅销书作家、电视节目主持人、美食探索家安东尼·波登（Anthony Bourdain）生前对美食的探索与热爱，令我着迷。他在世界上每走的一个脚步都带着食物的香气和人文的温度，世界上恐怕没有第二个人能像他一样，旅行中与美食进行精神对话——他甚至鼓励了多少亚洲小孩勇敢地在学校打开家里准备的午餐便当，改变了美国主流社会对亚洲餐的认知。安东尼坚信：美食如音乐如艺术没有国界，可以化敌为友，可以照亮生活，可以温暖生命——从此刻起，我的美食之作又有了另一种超越本土文化的使命感，言之凿凿，熠熠生辉。我愿意如他一般热爱美食，了解美味与人文、与灵魂的关系，为美食兴趣注入使命感，继续走下去。

《岭南乡愁》之

后记

我所钦佩的广东梁启超——不但有激进无畏的革命精神，而且有平和的“趣味主义”。他说如果从化学的角度将“趣味”从他身上提炼，剩余的其他可能就剩到一个零了。

换言之，梁启超把趣味看成人生的重要元素，若无趣味，这个人生就没有多大意义了。

我读到此话，一矢中的，豁然开朗。恰是我在2015年顿悟人生之后深刻感受到的人生道理。

人到中年，为什么要写散文？除了表达我对岭南本土文化的认识之外，更多的是非公利地表达自己——对世界，对人生，对我们脚下这片岭南大地的点滴感受，与当下功利性颇强的学问，拉开一段距离。

令人欣喜的是，我的人生感悟恰好与梁启超先生的主张心有灵犀。寻到知音，亦是人生一大乐趣呵。

在多个城市生活过，说不上漂泊，中年后却对“乡愁”特别地看重，尤其是父母离世之后。我对三或四世同堂的友人，羡慕不已。

或许，生命中缺什么就更加珍惜什么。

中年停泊广州，让我心安的羊城。于是，我通过写作寻找内心的故乡家园。于是，有了这本《岭南乡愁》。

感谢广东高等教育出版社，让我遂愿；感谢文学前辈章以武老师作序，抬爱视作鼓励；感谢诸位文友多年激励，喜欢我的文字。字短话长，难以一一注明。

我愿《岭南乡愁》寻找到更多知音。

2021年10月于广州琶洲